동영상 강의 나눔복지교육원
www.hrd-elearning.com

KB184335

필기시험 완벽대비!

2025
임상심리사
필기 기출문제집
문제

2급

김형준 / 유상현 공저

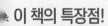 이 책의 특장점!

- 2024년 필기 기출문제와 해설 수록
- **기출문제와 오답정리 :** 필기문제에 대한 분석 도움
- **[실력다지기], [심화학습]** 등의 수록으로 이론 보충학습
- **저자 직강 동영상 강의(유료)** 유튜브 검색 [나눔복지교육원]

PREFACE

2025년 임상심리사 2급 전문가를 꿈꾸시는 수험생 여러분의 최종합격을 기도합니다.

임상심리사는 인간의 심리적 건강 및 적응을 효과적으로 다루어 심신의 건강 증진을 돕는 전문가이며, 국민의 심리적 건강과 적응을 위해 임상심리학적 지식을 활용하여 심리평가, 심리치료 상담, 심리재활, 심리자문 등의 업무수행을 하게 됩니다.

다년간 임상심리사 2급 자격수험서를 이론서, 필기기출문제집, 실기기출문제 및 핵심요약집의 시리즈로 출간하여 합격을 하는데 도움을 드릴 수 있어 기쁜 마음이었습니다. 이젠 2025년의 합격을 위한 도약을 위해 [2025 임상심리사 2급 필기기출문제집]을 출간하였습니다.

[2025 임상심리사 2급 필기기출문제집]의 특징은 다음과 같습니다.

첫째, 2024년까지의 필기기출문제와 해설을 수록하여 수험생 여러분의 합격을 위한 학습에 길잡이가 되도록 하였습니다.

둘째, 기출문제의 오답정리로 필기시험문제를 온전하게 분석할 수 있도록 하여 수험생의 학습용으로 최적화 하였습니다.

셋째, [실력 다지기], [심화] 등의 보충적인 이론내용을 수록함으로서 문제와 관련된 추가학습이 할 수 있도록 내용을 정리하였습니다.

마지막으로 나눔복지교육원(www.hrd-elearning.com) 홈페이지에서 각 문제에 대한 해설 강의를 전문가들로부터 유료로 수강할 수 있으니, 이를 잘 활용해보시길 바랍니다.

감사의 말씀을 드립니다.

[2025 임상심리사 2급 필기기출문제집]이 출간될 수 있도록 함께 해 주신 유상현 교수님께 깊은 감사드리며, 편집과 제작을 맡아주신 고시고시 출판사 최진만 대표님과 임직원 여러분께 깊은 감사를 드립니다.

2025년 수험생 여러분의 최종합격과 여러분의 온 가정에 축복이 가득하시길 기원합니다.

편저자 대표 김형준 씀

임상심리사 2급 시험 개요

1. 개요

1) 자격 분류 : 국가기술자격증
2) 관련부처 : 보건복지부
3) 시험 시행기관 : 한국산업인력공단(www.q-net.or.kr)

2. 임상심리사 2급 전문가의 업무

1) 정신 건강에 문제를 겪는 환자 및 내담자들에 대한 정확한 평가를 위하여 인지능력, 정서, 성격, 적성 등 정신건강 제반사항에 대한 평가를 내린다.
2) 내담자들의 정서적, 성격적, 행동적 문제들에 개입하여 문제해결을 돕는다.
3) 면접과 심리검사의 방법을 이용하는데 이 중 심리검사는 임상심리사의 가장 중요한 평가 도구 중의 하나라고 할 수 있다.
4) 심리검사에는 한 개인의 지적 능력을 평가하는 지능검사에서부터 성격검사, 신경심리검사, 행동관찰 등 다양한 검사가 있다.
5) 심리검사 후 심리평가 보고서를 쓰는데 이 보고서는 정신과 전문의가 진단을 내리고 치료 계획을 세우는데 주요한 참고자료가 된다.
6) 임상적 기법의 평가, 이상행동 등에 관한 기초적 연구나 임상적 연구를 바탕으로 내담자에게 심리상담을 하며 내담자의 정서적, 성격적, 행동적 문제들을 심리학적인 방법으로 접근한다.
7) 정신건강과 관련된 제반 문제들에 대한 프로그램 개발을 위한 작업을 수행한다.
8) 심리치료에 관한 연구를 수행하기도 한다.
9) 심리치료 컨설턴트 또는 교육자로 활동하기도 한다.
10) 대학이나 종합병원에 소속된 교수진들은 오랫동안 구축된 자료를 토대로 심리상담을 새롭게 구성하거나 기존의 심리상담을 수정하고, 평가방법의 정확성 등을 연구하여 활용될 수 있도록 한다.
11) 이 외에도 대학에서 강의를 하거나 심리상담기관이나 병원, 다양한 정부기관에 심리상담 프로그램을 제공하기도 하며, 심리건강과 관련된 행정적인 업무를 수행하기도 한다.

3. 취득방법

1) 응시자격, 시험과목, 검정방법, 시험시간

응시자격		시험과목	검정방법	시험시간
임상심리와 관련하여 1년 이상 실습수련을 받은 자 또는 2년 이상 실무에 종사한 자로서 대학졸업자 및 졸업예정자 등	필기	1. 심리학개론 2. 이상심리학 3. 심리검사 4. 임상심리학 5. 심리상담	각 과목별 20문항씩, 객관식 4지 택일형 (100문제)	2시간 30분
	실기	임상실무	필답형	3시간

※ 임상심리사2급 응시자격은 한국산업인력공단에서 개별적으로 확인 가능

2) 합격기준

구분		합격기준
임상심리사 2급	필기	매 과목 40점 이상, 전 과목 평균 60점 이상
	실기	60점 이상

3) 필기시험 합격 후 실기시험의 응시자격은 필기시험 합격자 발표일로부터 2년간 유예

※ 한국산업인력공단(www.q-net.or.kr)에서 필기시험 면제기간을 개별적으로 확인 가능

4. 대학원 이수기간의 실무경력 인정

1) 대학원의 학과명, 전공명, 학위명 중 어느 하나에서라도 반드시 "심리, 상담, 치료"가 포함되는 과를 의미

2) 단, 직업상담과 같이 교과과정상 심리학분야와 명확히 거리가 먼 학과는 인정불가

※ 심리학 분야로의 인정 가능 확인을 위한 도움 자료

구분			인정여부
학과명	전공명	학위명	
유아교육학과	유아교육심리전공	문학석사	인정
교육학과	상담심리전공	교육학석사	인정
예술치료학과	미술치료전공	예술치료학석사	인정
아동심리치료학과	-	심리치료학석사	인정
상담학과	기독교(가족)상담	상담학석사	인정
심리치료학과	미술치료학전공	문학석사	인정

3) 예외조항 : 심리, 상담, 치료관련 학과가 아닌 경우, 임상심리사 2급의 필기과목인 심리학개론, 이상심리학, 심리검사, 임상심리학, 심리상담 중 3과목 이상을 대학원 이수기간 중 이수하였을 때 인정(학사과정은 해당 없음) 단, 이수과목 명칭이 필기과목과 동일해야 함.

5. 연도별 응시자 및 합격률

임상심리사 2급 합격률						
연도	필기			실기		
	응시	합격	합격률(%)	응시	합격	합격률(%)
2024년	8,975	5,920	66	7,634	3,028	39.7
2023년	7,941	5,928	74.7	7,521	2,965	39.4
2022년	5,915	4,644	78.5	6,792	2,054	30.2
2021년	6,469	5,465	84.5	6,461	2,614	40.5
2020년	5,032	4,003	79.44	3,674	870	23.68
2019년	6,016	4,012	66.67	3,015	292	9.68
2018년	5,621	3,885	69.10	6,189	1,141	18.4
2017년	5,294	4,442	83.69	6,196	1,063	17.18
2016년	5,424	4,492	82.72	5,810	1,327	22.86
2015년	4,442	3,174	73.02	5,330	826	16.34
2014년	3,455	3,151	91.2	3,367	476	14.14
2013년	2,405	2,070	86.10	2,136	770	36
2012년	1,475	875	59.30	1,201	345	28.70
2011년	1,092	802	73.40	1,037	177	17.10
2010년	900	785	87.20	1,013	363	35.80
2009년	763	675	88.50	814	28	3.40
2008년	622	589	94.70	640	178	27.80
2007년	475	457	96.20	490	311	63.50
2006년	293	266	90.80	293	80	27.30
2005년	164	146	90.90	209	77	36.80

6. 시험일정

회별	필기시험			응시자격 서류제출 (필기합격자 결정)	실기(면접)시험		
	원서접수 (휴일제외)	시험 시행	합격(예정)자 발표		원서접수 (휴일제외)	시험시행	합격자 발표
제1회	1.13(월) ~ 1.16(목)	2.7(금) ~ 3.4(화)	3.12(수)	2.7~3.21	3.24(월) ~ 3.27(목)	4.20(일)	6.13(금)
제2회	4.14(월) ~ 4.17(목)	5.10(목) ~ 5.30(금)	6.11(수)	5.12~6.20	6.23(월) ~ 6.26(목)	7.19(토)	9.12(금)
제3회	7.21(월) ~ 7.24(목)	8.9(토) ~ 9.1(월)	9.10(수)	8.11~9.19	9.22(월) ~ 9.25(목)	11.8(토)	12.24(수)

INFORMATION

임상심리사 2급 응시자격 서류제출

1. 응시자격

◆ 국가기술자격법 시행규칙 별표11의4(제10조의2제3항)

> ① 임상심리와 관련하여 1년 이상 실습수련을 받은 자 또는 2년 이상 실무에 종사한 자로서 대학졸업자 및 그 졸업예정자
> ② 외국에서 동일한 종목에 해당하는 자격을 취득한 자

※ 다만 ②호에 해당하는 외국자격은 현재 없으므로 ①호 기준만 적용됨

2. 응시자격에서 ① 호 기준으로 응시한 사람이 제출할 서류

1) 임상심리사 2급 응시자격 서류 제출 경우의 수(응시자격 요건)

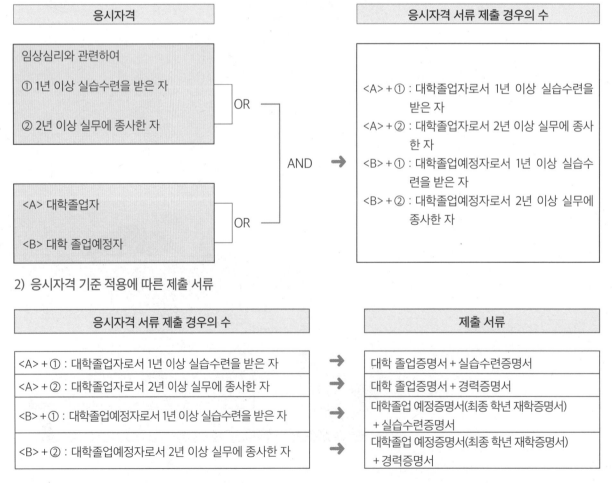

2) 응시자격 기준 적용에 따른 제출 서류

응시자격 서류 제출 경우의 수		제출 서류
<A> + ① : 대학졸업자로서 1년 이상 실습수련을 받은 자	→	대학 졸업증명서 + 실습수련증명서
<A> + ② : 대학졸업자로서 2년 이상 실무에 종사한 자	→	대학 졸업증명서 + 경력증명서
<B> + ① : 대학졸업예정자로서 1년 이상 실습수련을 받은 자	→	대학졸업 예정증명서(최종 학년 재학증명서) + 실습수련증명서
<B> + ② : 대학졸업예정자로서 2년 이상 실무에 종사한 자	→	대학졸업 예정증명서(최종 학년 재학증명서) + 경력증명서

3. 실습수련과 실무경력과의 차이

1) 실습수련과 실무경력의 일반적 비교

구분	실습수련	실무경력	비고
언제	실습수련기관에서 정한 시간 (고용보험 등 4대 보험 가입 ×)	근로계약을 체결한 근무 시간 (고용보험 등 4대 보험 가입 ○)	실무경력은 직장개념으로 고용보험 등 4대 보험에 가입함
어디서	병원, 상담센터(대학교 부설기관 포함) 등	병원, 상담센터(청소년상담센터, 심리연구소), 교정시설, 복지관 등	일반적으로 실무경력의 범위가 넓음
무엇을	심리상담, 심리검사, 심리평가, 심리치료 등의 임상심리와 관련된 실습	심리상담, 심리검사, 심리평가, 심리치료 등의 실무	
어떻게	실습수련 감독자(Supervisor)의 지도를 받아서	감독자의 지도 필요 없음	
왜	(전공이수 과정으로, 또는 정신보건임상심리관련) 실습 수련을 인정받기 위하여	일정 보수를 받으며 사회생활	

2) 근로계약을 체결하고 일정 보수를 받는 직장에서의 근무 개념인 실무경력과는 구분이 되며, "실습수련확인서(또는 실습수련증명서)"상에는 실습수련기간, 실습수련 내용, 실습수련 감독자의 내용이 기재되어 있어야 함

3) 실무 경력을 증빙하는 경우에도 임상심리와 관련된 업무를 수행했다는 내용 필요
   ① 경력증명서상에 재직기간, 담당 업무내용(심리상담, 심리검사, 심리평가, 심리자문, 심리치료 등)이 명시적으로 기재가 되어 있을 것
   ② 정확한 재직기간의 확인을 위하여 4대 보험(국민연금, 건강보험, 고용보험, 산재보험) 중 하나를 선택하여 경력증명서와 함께 제출
   ③ 실기접수 및 응시자격 서류제출 기간에는 고용보험 자료를 공단에서 전산 조회가 가능하므로 4대 보험 가입증명서 없이도 경력증명서만으로도 확인이 가능

4. 실습수련과 실무경력과의 차이

1) 실습수련확인서 서식은 법정서식으로 정해진 것은 없으나, 가급적 공단에서 지정한 서식(실습수련증명서)을 활용 - "실습수련확인서(또는 실습수련증명서)"상에는 실습수련기간, 실습수련 내용, 실습수련 감독자의 내용이 기재되어 있어야 함
2) 사설기관에서 실습수련을 받은 경우에는 기관의 확인을 위한 절차로 사업자등록증명원을 추가로 첨부하여 제출

5. 경력증명서 제출

실습수련확인서와는 달리 경력증명서는 국가기술자격법 시행규칙 별지 제7호의 법정서식을 활용하기를 권장. 다만, 회사 서식에도 재직기간, 담당 업무내용 등의 내용이 모두 기재되어 있다면 인정이 가능

6. 실습수련확인서 예시

실습수련증명서

주소	서울시 마포구 공덕동 370 - 4 (전화번호: 02 - 3271 - 9114)		
성명	(한글) 홍 길 동	주민등록번호	790101 - 1234567

증명사항	실습기간	2010년 4월 1일 - 2011년 3월 31일	총합계 1년 월 일 (실습수련기간은 만으로 산정)
	실습시간	주 3회(1일 8시간)	
	실습수련 내용 (구체적으로 기재할 것)	장애아동관련 심리상담, 심리검사 등	
	실습수련 감독자(지도자)	박 ○ ○ · 비고	임상심리전문가 제○○호 (비고란은 의무기재사항 아님)

국가기술자격법 시행령 제12조의2 및 같은법 시행규칙 제14조제2항의 규정에 의한 국가기술자격검정(임상심리사 1,2급) 응시자격 증명을 위한 실습수련확인서를 제출합니다.

20 년 월 일
위 본인 홍 길 동 (서명 또는 인)

위 기재사항이 사실과 다름없음을 증명합니다.

20 년 월 일

기 관 명 : ○○병원
주   소 : 서울시 ○○구 ○○동 ○○○-○   전화번호 : 02-○○○○-○○○○
사업자등록번호 또는 대표자 주민등록번호 : ○○○-○○-○○○○○○
대 표 자 :   김 ○ ○   (인)

한국산업인력공단 이 사 장 귀하

※ 주의사항 : 이 증명은 국가기술자격검정 응시자격 증명을 위한 것이므로 허위작성 또는 위조 등으로 사실과 다를 때에는 3년 이내에 동일한 자격종목에 응시할 수 없으며, 이미 취득한 자격의 취소 처분은 물론 형사처벌(공·사문서의 위조, 변조 등)을 받을 수 있습니다.
※ 국가기술자격법 시행령 제33조의2항(고유식별정보의 처리)에 근거하여 응시자격에 관한 수험자의 개인정보를 수집할 수 있습니다.

7. 경력증명서 예시

경 력 증 명 서

※ 뒤쪽의 경력증명서 작성방법을 읽고 작성하시기 바랍니다.   (앞 쪽)

제출인 (본인)	성 명 홍길동					주민등록번호 790101 - 1234567	
	전화번호 010 - 0000 - 0000						
	주 소 서울시 마포구 공덕동 370-4 (전화번호: 02-3271-9114)						

증명 사항	재직기간		소속 및 직위	담당 업무 내용 (구체적으로 작성할 것)
	2011년 1월 1일 ~ 2012년 12월 31일	2년 개월	상담심리사	심리검사 실시 및 해석상담(MMPI, MBTI, 진로발달 심리상담 등)
	년 월 일 ~ 년 월 일	년 개월		
	년 월 일 ~ 년 월 일	년 개월		
	년 월 일 ~ 년 월 일	년 개월		
	년 월 일 ~ 년 월 일	년 개월		

「국가기술자격법 시행령」 제12조의2제2항 및 같은 법 시행규칙 제14조제2항에 따라 국가기술자격 검정 응시자격 증명을 위한 경력증명서를 제출합니다.

20 년 월 일

위 본인   홍 길 동   (서명 또는 인)

한국산업인력공단 이사장 귀하

위 사항이 사실과 다름 없음을 증명합니다.

20 년 월 일

기관명 : ○○시 청소년 상담센터   전화번호 : ○○○○-○○○○

주 소 : ○○시 ○○동 ○○번지

사업자등록번호 또는 대표자 주민등록번호 :   ○○○ - ○○ - ○○○○○

대표자 김 ○ ○   (인)

한국산업인력공단 이사장 귀하

유 의 사 항

이 증명은 국가기술자격검정 응시자격 증명을 위한 것이므로 거짓으로 작성하거나 위조 등을 하여 사실과 다를 때에는 3년 이내에 동일한 자격종목에 응시할 수 없으며, 이미 취득한 자격의 취소처분은 물론 형사처벌(공문서·사문서의 위조, 변조 등)을 받을 수 있습니다.

INFORMATION

임상심리사 2급 출제 기준(필기)

직무 분야	보건·의료	중직무분야	보건·의료	자격 종목	임상심리사 2급	적용 기간	2025. 01. 01 ~ 2029. 12. 31

○ 직무내용 : 국민의 심리적 건강과 적응을 위해 기초적인 심리평가, 심리검사, 심리치료 및 상담, 심리재활, 및 심리교육 등의 업무를 주로 수행하며, 임상심리사 1급의 업무를 보조하는 직무이다.

필기검정방법	객관식	문제수	100	시험시간	2시간 30분

필기과목명	문제수	주요항목	세부항목	세세항목
심리학 개론	20	1. 심리학의 역사와 개관	1. 심리학의 역사	1. 심리학의 정의와 목적
				2. 심리학의 성장과 발전
				3. 심리학의 최근 동향
		2. 발달심리학	1. 발달의 개념과 설명	1. 발달의 개념
				2. 발달연구의 접근방법
				3. 전생애 발달
			2. 발달심리학의 연구주제	1. 인지발달
				2. 사회 및 정서 발달
		3. 성격심리학	1. 성격의 개념	1. 성격의 정의
				2. 성격의 발달
			2. 성격의 이론	1. 정신역동이론
				2. 현상학적 이론
				3. 특성이론
				4. 인지 및 행동적 이론
				5. 심리사회적 이론
		4. 학습 및 인지 심리학	1. 학습심리학	1. 조건형성
				2. 유관학습
				3. 사회 인지학습
			2. 인지심리학	1. 뇌와 인지
				2. 기억 과정
				3. 망각
		5. 심리학의 연구 방법론	1. 연구방법	1. 측정
				2. 자료수집방법
				3. 표본조사
				4. 연구설계
				5. 관찰
				6. 실험
		6. 사회심리학	1. 사회지각	1. 인상형성
				2. 귀인이론

필기과목명	문제수	주요항목	세부항목	세세항목
이상 심리학	20	7. 동기와 정서	2. 사회적 추론	1. 사회인지
				2. 태도 및 행동
			1. 동기 심리학	1. 동기이론
				2. 동기의 기능
			2. 정서 심리학	1. 정서이론
				2. 정서의 기능
		1. 이상심리학의 기본개념	1. 이상심리학의 정의 및 역사	1. 이상심리학의 정의
				2. 이상심리학의 역사
			2. 이상심리학의 이론	1. 정신역동 이론
				2. 행동주의 이론
				3. 인지적 이론
				4. 통합이론
		2. 이상행동의 유형	1. 신경발달장애	1. 유형
				2. 임상적 특징
			2. 조현병 스펙트럼 및 기타 정신병적 장애	1. 유형
				2. 임상적 특징
			3. 양극성 및 관련 장애	1. 유형
				2. 임상적 특징
			4. 우울장애	1. 유형
				2. 임상적 특징
			5. 불안장애	1. 유형
				2. 임상적 특징
			6. 강박 및 관련 장애	1. 유형
				2. 임상적 특징
			7. 외상 및 스트레스 관련 장애	1. 유형
				2. 임상적 특징
			8. 해리장애	1. 유형
				2. 임상적 특징
			9. 신체증상 및 관련 장애	1. 유형
				2. 임상적 특징
			10. 급식 및 섭식장애	1. 유형
				2. 임상적 특징
			11. 배설장애	1. 유형
				2. 임상적 특징
			12. 수면 - 각성 장애	1. 유형
				2. 임상적 특징
			13. 성기능부전	1. 유형
				2. 임상적 특징
			14. 젠더 불쾌감	1. 유형
				2. 임상적 특징

INFORMATION

필기과목명	문제수	주요항목	세부항목	세세항목
			15. 파괴적, 충동조절 및 품행 장애	1. 유형
				2. 임상적 특징
			16. 물질관련 및 중독 장애	1. 유형
				2. 임상적 특징
			17. 신경인지장애	1. 유형
				2. 임상적 특징
			18. 성격장애	1. 유형
				2. 임상적 특징
			19 변태성욕장애	1. 유형
				2. 임상적 특징
심리검사	20	1. 심리검사의 기본개념	1. 자료 수집 방법과 내용	1. 평가 면담의 종류와 기법
				2. 행동 관찰과 행동평가
				3. 심리검사의 유형과 특징
			2. 심리검사의 제작과 요건	1. 심리검사의 제작과정 및 방법
				2. 신뢰도 및 타당도
			3. 심리검사의 윤리문제	1. 심리검사자의 책임감
				2. 심리검사에 관한 윤리강령
		2. 지능검사	1. 지능의 개념	1. 지능의 개념
				2. 지능의 분류
				3. 지능의 특성
			2. 지능검사의 실시	1. 지능검사의 지침과 주의사항
				2. 지능검사의 절차
				3. 지능검사의 기본적 해석
		3. 표준화된 성격검사	1. 성격검사의 개념	1. 개발 과정
				2. 구성 및 특성
				3. 척도의 특성과 내용
			2. 성격검사의 실시	1. 성격검사의 실시와 채점
				2. 성격검사의 기본적 해석
		4. 신경심리검사	1. 신경심리검사의 개념	1. 신경심리학의 기본 개념
				2. 인지 기능의 유형 및 특성
				3. 주요 신경심리검사의 종류
			2. 신경심리검사의 실시	1. 면담 및 행동관찰
				2. 주요 신경심리검사 실시
		5. 기타 심리 검사	1. 아동 및 청소년용 심리검사	1. 아동 및 청소년용 심리검사의 종류
				2. 아동 및 청소년용 심리검사의 실시

필기과목명	무제수	주요항목	세부항목	세세항목
임상심리학	20		2. 노인용 심리검사	1. 노인용 심리검사의 종류
				2. 노인용 심리검사의 실시
			3. 기타 심리검사	1. 검사의 종류와 특징
				2. 투사 검사의 종류와 특징
				3. 기타 질문지형 검사의 종류와 특징
		1. 임상심리학의 역사와 개관	1. 임상심리학의 역사와 개관	1. 임상심리학의 성장과 발전
				2. 정신병리 접근법의 발달과정
				3. 진단체계 발달과정
				4. 발달정신병리
			2. 임상심리학의 이론	1. 정신역동 관점
				2. 행동주의 관점
				3. 생물학적 관점
				4. 현상학적 관점
				5. 통합적 관점
		2. 심리평가 기초	1. 면접의 제개념	1. 면접의 개념
				2. 면접의 유형
			2. 행동평가 제개념	1. 행동평가의 개념
				2. 행동평가의 방법
			3. 성격평가 개념	1. 성격평가의 개념
				2. 성격평가의 방법
			4. 심리평가의 실제	1. 계획
				2. 실시
				3. 해석
		3. 심리치료의 기초	1. 행동 및 인지행동 치료의 개념	1. 행동 및 인지행동 치료의 특징
				2. 행동 및 인지행동 치료의 종류
			2. 정신역동적 심리치료의 개념	1. 정신역동치료의 개념
				2. 역동적 심리치료 시행 방안
			3. 심리치료의 기타 유형	1. 인본주의치료
				2. 기타 치료
		4. 임상 심리학의 자문, 교육, 윤리	1. 자문	1. 자문의 정의
				2. 자문의 유형
				3. 자문의 역할
				4. 지역사회심리학
			2. 교육	1. 교육의 정의
				2. 교육의 유형
				3. 교육의 역할

필기과목명	문제수	주요항목	세부항목	세세항목
심리상담	20	5. 임상 특수분야	3. 윤리	1. 심리학자의 윤리
				2. 심리학자의 행동규약
			1. 개념과 활동	1. 행동의학 및 건강심리학
				2. 신경심리학
				3. 법정 및 범죄심리학
				4. 소아과심리학
				5. 지역사회심리학
		1. 상담의 기초	1. 상담의 기본적 이해	1. 상담의 개념
				2. 상담의 필요성과 목표
				3. 상담의 기본원리
				4. 상담의 기능
			2. 상담의 역사적 배경	1. 국내외 상담의 발전과정
			3. 상담관련 윤리	1. 윤리강령
		2. 심리상담의 주요 이론	1. 정신역동적 상담	1. 기본개념
				2. 주요 기법과 절차
			2. 인간중심 상담	1. 기본개념
				2. 주요 기법과 절차
			3. 행동주의 상담	1. 기본개념
				2. 주요 기법과 절차
			4. 인지적 상담	1. 기본개념
				2. 주요 기법과 절차
			5. 기타 상담	1. 기본개념
				2. 주요 기법과 절차
		3. 심리상담의 실제	1. 상담의 방법	1. 면접의 기본방법
				2. 문제별 접근방법
			2. 상담의 과정	1. 상담의 진행과정
				2. 상담의 시작과 종결
			3. 집단상담	1. 집단상담의 정의
				2. 집단상담의 과정
				3. 집단상담의 방법
		4. 중독상담	1. 중독상담 기초	1. 중독모델
				2. 변화단계이론
				3. 정신약물학
			2. 개입방법	1. 선별 및 평가
				2. 동기강화 상담
				3. 재발방지

필기과목명	문제수	주요항목	세부항목	세세항목
		5. 특수문제별 상담유형	1. 학습문제 상담	1. 학습문제의 기본특징
				2. 학습문제 상담의 실제
				3. 학습문제 상담시 고려사항
			2. 성문제 상담	1. 성문제 상담의 지침
				2. 성피해자의 상담
				3. 성 상담시 고려사항
			3. 비행청소년 상담	1. 청소년비행과 상담
				2. 비행청소년에 대한 접근방법
				3. 상담자의 역할
				4. 비행청소년 상담시 고려사항
			4. 진로상담	1. 진로상담의 의미 및 이론
				2. 진로상담의 기본지침
				3. 진로상담시 고려사항
			5. 위기 및 자살상담	1. 위기 및 자살상담의 의미 및 이론
				2. 위기 및 자살상담의 기본지침
				3. 위기 및 자살상담시 고려사항
			6. 장노년 상담	1. 장노년 상담의 의미 및 이론
				2. 장노년 상담의 기본지침
				3. 장노년 상담 시 고려사항

INFORMATION

임상심리사 2급 출제 기준(실기)

직무 분야	보건·의료	중직무 분야	보건·의료	자격 종목	임상심리사 2급	적용 기간	2025. 01. 01 ~ 2029. 12. 31

○ 직무내용 : 국민의 심리적 건강과 적응을 위해 기초적인 심리평가, 심리검사, 심리치료상담, 심리재활, 및 심리교육 등의 업무를 주로 수행하며, 임상심리사 1급의 업무를 보조하는 직무이다.
○ 수행준거 : 1. 기초적인 심리평가를 수행하고 그 결과를 해석하고 적용할 수 있다.
　　　　　　 2. 임상심리학 지식을 통해 기초적인 심리상담 및 심리치료를 할 수 있다.

실기검정방법	필답형	시험시간	3시간

실기과목명	주요항목	세부항목	세세항목
임상실무	1. 기초심리 평가	1. 기초적인 심리검사 실시/채점 및 적용하기	1. 지능검사를 지침에 맞게 실시, 채점하고 해석할 수 있다. 2. 표준화된 성격검사를 지침에 맞게 실시, 채점하고 해석할 수 있다. 3. 투사 검사를 지침에 맞게 실시, 채점할 수 있다. 4. 신경심리검사를 지침에 맞게 실시, 채점할 수 있다. 5. 다양한 행동 평가 방법을 활용하여 목표행동을 규정하고 자료를 수집할 수 있다.
	2. 기초심리 상담	1. 심리상담하기	1. 내담자와 관계형성을 할 수 있다. 2. 내담자의 심리적 특성을 평가할 수 있다. 3. 상담 목표와 계획을 수립할 수 있다. 4. 수퍼비전 하에 상담을 진행할 수 있다.
	3. 심리치료	1. 심리치료하기	1. 내담자와 치료관계를 형성할 수 있다. 2. 기초 행동수정법을 적용할 수 있다. 2. 대인관계증진법을 적용할 수 있다. 3. 아동지도법을 적용할 수 있다. 4. 아동청소년 스트레스 관리 프로그램을 실시할 수 있다.
	4. 자문, 교육, 재활	1. 자문하기 2. 교육하기	1. 기초적인 자문을 할 수 있다 1. 심리교육프로그램을 개발할 수 있다. 2. 심리교육을 시행할 수 있다. 3. 심리건강을 홍보할 수 있다.
		3. 심리재활하기	1. 심리사회적 기능을 평가할 수 있다. 2. 심리재활 계획을 수립할 수 있다. 3. 심리재활 프로그램을 실시할 수 있다. 4. 사례관리를 할 수 있다.

임상심리사 2급 자격 취득자에 대한 법령상 우대현황

법령명	조문내역	활용내용
공무원임용시험령	제27조 경력경쟁채용시험등의 응시자격 등(별표7, 별표8)	경력경쟁채용시험등의 응시
공무원임용시험령	제31조 자격증 소지자 등에 대한 우대(별표12)	6급 이하 공무원 채용시험 가산대상 자격증
교육감 소속 지방공무원 평정규칙	제23조 자격증 등의 가산점	5급 이하 공무원, 연구사 및 지도사 관련가점사항
국가공무원법	제36조의2 채용시험의 가점	공무원 채용시험 응시가점
군무원인사법 시행령	제10조 경력경쟁채용 요건	경력경쟁채용시험으로 신규채용할 수 있는 경우
군인사법 시행규칙	제14조 부사관의 임용	부사관 임용자격
근로자직업능력 개발법 시행령	제27조 직업능력개발훈련을 위하여 근로자를 가르칠 수 있는 사람	직업능력개발훈련교사의 정의
근로자직업능력 개발법 시행령	제28조 직업능력개발훈련교사의 자격취득(별표2)	직업능력개발훈련교사의 자격
근로자직업능력 개발법 시행령	제44조 교원 등의 임용	교원임용시 자격증 소지자에 대한 우대
기초연구진흥 및 기술개발지원에 관한 법률 시행규칙	제2조 기업부설연구소 등의 연구시설 및 연구전담요원에 대한 기준	연구전담요원의 자격기준
연구직 및 지도직공무원의 임용 등에 관한 규정	제26조의2 채용시험의 특전(별표6, 별표7)	연구사 및 지도사공무원 채용시험시 가점
중소기업 인력지원 특별법	제28조 근로자의 창업 지원 등	해당 직종과 관련 분야에서 신기술에 기반한 창업의 경우 지원
지방공무원 임용령	제17조 경력경쟁임용시험등을 통한 임용의 요건	경력경쟁시험등의 임용
지방공무원 임용령	제55조의3 자격증 소지자에 대한 신규임용시험의 특전	6급 이하 공무원 신규임용시 필기시험 점수 가산
지방공무원 평정규칙	제23조 자격증 등의 가산점	5급 이하 공무원·연구사 및 지도사 관련 가점사항
행정안전부 소관 비상대비자원 관리법 시행규칙	제2조 인력자원의 관리 직종(별표)	인력자원 관리 직종
국가기술자격법	제14조 국가기술자격 취득자에 대한 우대	국가기술자격 취득자 우대
국가기술자격법 시행규칙	제21조 시험위원의 자격 등(별표16)	시험위원의 자격
국가기술자격법 시행령	제27조 국가기술자격 취득자의 취업 등에 대한 우대	공공기관 등 채용시 국가기술자격 취득자 우대
국회인사규칙	제20조 경력경쟁채용 등의 요건	동종직무에 관한 자격증소지자에 대한 경력경쟁채용
군무원인사법 시행규칙	제18조 채용시험의 특전	채용시험의 특전
비상대비자원 관리법	제2조 대상자원의 범위	비상대비자원의 인력자원 범위

INFORMATION

임상심리사 2급 시험 합격 Tip

1. 합격을 위한 준비 Tip

1) 필기시험 합격을 위한 준비 Tip

① 합격의 바이블인 기출문제는 반드시 확인 점검하길 바랍니다.

기출문제에 대해서는 두 번 이상의 학습이 요구되는데, 이는 임상심리사 2급 시험은 문제은행식 출제이기 때문에 필기시험을 가볍게 합격하기 위해서는 기출문제의 반복학습이 매우 중요합니다.

② [심리학개론], [심리검사], [이상심리학]에서 과락(40점 미만)이 나오지 않도록 이론적 내용을 철저하게 숙지하길 바랍니다.

포괄적인 영역을 담고 있는 [심리학개론]은 난이도의 기복이 심한 과목입니다. [심리학개론]의 학습 분량도 많습니다. [심리검사]는 각종 검사의 채점이나 해석이 나오면 어렵게 출제되는 부분이며, 이는 실기시험에서도 많은 문제가 출제됩니다. 각종 검사의 최신버전 내용(MMPI - 2, 웩슬러 지능검사 - 4번째 또는 5번째 판 등)에 대해 숙지하는 것이 바람직합니다. [이상심리학]에서는 DSM - 5의 전반적인 장애내용을 숙지해두는 것이 좋습니다.

③ [심리상담]이나 [임상심리학]은 필기시험에서 쉽지만, 실기시험에서 많은 문제가 출제되므로 이론을 잘 학습하길 바랍니다.

특히 [심리상담]이 실기시험에서 가장 많이 출제되므로 이론학습을 잘 해두시고 [임상심리학]은 필기시험에서 전형적으로 쉽게 출제되는 과목이지만, 이론을 등한시하면 안 되는데 그 이유는 실기시험에서 많이 출제되고 있기 때문입니다.

④ 필기시험이 CBT시험으로 변경되었습니다.

2022년 3회부터 필기 시험이 컴퓨터 기반 시험(CBT) 시험으로 변경된 만큼 기존 다양한 기출문제 유형을 미리 숙지하는 것이 중요합니다. 그리고 온라인 모의고사 형태의 모의시험을 최소한 한번 이상은 응시해보는 것도 도움이 될 것입니다.

2) 실기시험 합격을 위한 준비 Tip

① 필기시험과 마찬가지로 실기시험에서도 기출문제에서 40~50% 정도 출제가 되고 있기 때문에 기출문제는 될 수 있는 대로 모두 점검하길 바랍니다.

기출문제의 분량이 방대하지만, 합격을 위한 지름길이기 때문에 기출문제들을 점검하고 특히, 기출문제에서 반복되어 나온 문제, 새로운 유형의 문제들에 대해 집중적인 학습을 하시길 바랍니다. 그리고 많이 나오는 [심리검사], [심리상담] 과목을 중심으로 작성연습을 꼭 해야 합니다.

② 실기시험은 주관식/필답형으로 답안을 작성해야 하는 시험이기 때문에, 직접 작성연습을 해보는 것이 가장 최선의 길이라는 것을 명심하길 바랍니다.

사전에 작성 연습 없이 시험장에 간다면, 작성하는데 체계적인 답안을 써 내려가기가 쉽지 않습니다. 따라서 문제의 예시 답안을 직접 작성해보아야 합니다. 이러한 부단한 노력은 실제 시험장에서 자신감을 갖게 할 것이며, 차분히 체계적으로 답안을 써 내려가는데 많은 도움이 될 것입니다.

합격수기

드디어 실기시험까지 최종합격했습니다 ~ ^^

닉네임 : 착칸이

이번에 실기시험까지 합격했네요~^^

1차 필기시험은 5과목 제 나름대로 서브노트를 만들어서 이용했어요.
2003년부터 최근 기출문제를 보고 서브노트를 작성했지요.
국가자격시험은 문제은행으로 출제되어서 기출문제를 어느 정도 파악해서 공부하시면 합격하실 수 있을 것
같아요.

2차 실기시험은 많이 공부하셔야 할 것 같아요.
기출문제는 물론 나올 만한 문제들을 노트로 만들어서 외우시면 좋을 것 같습니다.
학습에 정답은 없어요.
전공서적을 꼼꼼히 공부하시거나 강의 하시는 교수님에게 물어서 정답을 만들었습니다.

이번에는 의외로 제가 만든 문제도 나와서 합격하지 않았나 생각해 봅니다.
그리고 1급 2차실기도 정리해서 외웠습니다. 혹시나 해서요...

인터넷에서 떠도는 답들은 정답이 아닌 것도 많기 때문에, 책을 보시고 정리하셨으면 좋을 것 같습니다.

그리고 김형준 교수님의 강의가 참 좋아요. 쉽게 설명해주시고 공부를 잘 할 수 있도록 동기를 부여해 주세요.

아무튼 공부하는 학생님들 열심히 하시면 합격이 다가옵니다.
저도 실기시험까지 3번 만에 합격했으니까, 여러분들은 더욱 더 잘 할 수 있다고 믿으리라 생각합니다.

감사합니다.

CONTENTS

포기하지 않은 시험, 합격의 영광

닉네임 : 因쌤 - 강因

합격하지 못했으리라 생각하면서 혹시나 하고 핸드폰 문자를 들여다 본 순간 나도 모르게 함성을 지르고 말았습니다. 합격! 많은 시험을 치고 합격을 하면서 살아 왔지만 오늘처럼 기뻤던 적이 있었나 생각해봅니다.

제 나이 올해 49세.
작년 여름, 필기에서 합격을 하고 실기는 자신이 없어 아예 응시하지 않았고, 올해 첫 시험 실기도전에서 48점으로 불합격. 조금만 더 공부하면 합격할 수 있겠다는 생각으로 다시 도전, 실기시험 두 번째에 합격을 하였습니다.

작년엔 타 출판사, 올해는 나눔북의 기출문제와 요약본 한권으로 준비했습니다.
6월부터 계획을 세우고 전공 서적으로 공부하기 시작하여 기출문제를 분석하고 요약본을 먼저 읽고 다시 전공 서적으로 깊이 있게 공부하였습니다. 그렇게 한 과목씩 공부를 해 나갔습니다. 8월에 들어서는 두 출판사의 기출문제를 중심으로 출제영역의 빈도수를 파악하고, 한 문제에 두 출판사의 조금씩 다른 해설을 하나로 정리하였고, 기출문제는 2003년부터 거의 암기 하다시피 했습니다. 그리고 카페의 합격 수기와 시험정보 및 자료를 참고했습니다. 또 올해 1차 시험에서 실패한 요인을 분석하고 모자라는 부분에 시간투자를 하였습니다.

시험 날, 시험문제를 받아서 문제만 쭉 훑어보았는데 머리가 하얀 백지가 되는 당황함.ㅎㅎ
시험문제 방향이 전혀 다르게 출제된 것이었습니다. 다시 한 번 차분히 문제를 읽으며 답안을 작성하였습니다. 답을 적지 못한 하얀 빈칸들, 비워두지 않고 다 채웠습니다.
그리고 드디어 발표! 점수는 높지 않았습니다. 두 번 시험에 응시하면서 느끼게 된 생각은 평소에 상담, 심리치료, 심리검사 등에 대한 폭 넓은 공부를 해야 한다는 것입니다. 저는 정해진 모범답안처럼 작성하지 않았습니다. 평소 제가 알고 있는 내용을 중심으로 짧게 답안을 작성하였습니다. 평소에 공부를 해두면 시험답안 작성 시 유리할 것 같습니다. 자신이 이해한 만큼 작성하니 부분점수 인정이 좋았는지 제가 생각했던 것보다 점수가 잘 나왔습니다.

지금도 임상심리사가 되려고 도전하는 분들 모두 포기하지 마시고 지속적으로 공부하길 바랍니다. 청소년상담사에도 두 번 낙방했는데 이번 임상심리사 합격으로 용기를 얻어 내년에 다시 도전하려고 합니다. 모든 분들 힘내시고 화이팅 하시길~~~~^^*

2024 임상심리사 2급 필기 기출문제

2023 임상심리사 2급 필기 기출문제

CONTENTS

2024

임상심리사 2급
필기 기출문제

제1회 임상심리사 2급 필기 기출문제

정답 및 해설 p.26

제1과목 | 심리학개론

001 Fishbein의 합리적 행위이론(Reasoned Action Theory)에 의하면 행위의도는 행위에 대한 태도와 무엇에 의해 결정된다고 하는가?

① 주관적 사회규범(SN)
② 주위 사람의 뜻에 동조하려는 동기(MC)
③ 행위로 인해 얻게 될 보상(B)
④ 자신이 가치롭다고 생각하는 속성(NB)

002 강화에 요구되는 반응의 수를 어떤 평균을 중심으로 변화시키는 강화계획은?

① 고정간격계획
② 고정비율계획
③ 변화비율계획
④ 변화간격계획

003 유아의 초기결핍이 지속적인 영향을 주는 영역과 가장 거리가 먼 것은?

① 언어능력
② 지적능력
③ 운동기능
④ 정서발달

004 굶주린 개에게 종소리를 들려주어 조건형성을 하는 파블로프의 실험에서 무조건 자극은 무엇인가?

① 종소리
② 먹이
③ 침을 흘림
④ 불빛

005 다음 현상을 가장 잘 설명할 수 있는 것은?

> 철수는 영희와의 약속장소에 지하철로 가는 도중 안전사고가 발생하여 정한 시간에 늦었음에도 불구하고, 영희는 철수가 약속시간을 잘 지키지 않는 성격특성을 가지고 있다고 생각한다.

① 절감원리   ② 공변이론
③ 대응추리이론   ④ 기본적 귀인오류

006 다음 중 실험법과 조사법의 가장 근본적인 차이점은?

① 실험실 안에서 연구를 수행하는지의 여부
② 변인을 통제하는지의 여부
③ 연구변인들의 수가 많은지의 여부
④ 연구자나 연구 참가자의 편파가 존재하는지의 여부

007 태도의 3가지 주요 구성요소에 해당하지 <u>않는</u> 것은?

① 인지적 요소   ② 감정적 요소
③ 귀인적 요소   ④ 행동적 요소

008 소거가 영구적인 망각이 아니라는 증거가 될 수 있는 것은?

① 자극 일반화(stimulus generalization)
② 변별(discrimination)
③ 조형(shaping)
④ 자발적 회복(spontaneous recovery)

009 다음 중 망각의 원인에 대한 설명으로 <u>틀린</u> 것은?

① 분명히 읽었던 정보를 기억할 수 없는 원인은 비효율적 부호화 때문이라고 할 수 있다.
② 소멸이론에서 망각은 정보 간의 간섭 때문이라고 주장한다.
③ 새로운 학습이 이전의 학습을 간섭하기 때문에 망각이 일어나는 것을 역행성 간섭이라고 한다.
④ 망각을 인출실패로 간주하는 주장도 있다.

010 달이 구름 속을 떠다니는 것처럼 보이는 현상은?

① 깊이지각
② 형태지각
③ 가현운동
④ 유인운동

011 미네소타 다면적 인성검사(MMPI)와 캘리포니아 심리검사(CPI)의 비교설명으로 옳은 것은?

① MMPI는 구조화된 검사인 반면, CPI는 비구조화된 검사이다.
② MMPI는 투사검사인 반면, CPI는 질문지 검사이다.
③ MMPI는 임상장면의 규준집단을 사용하여 개발된 반면, CPI는 정상인을 규준집단으로 개발된 검사이다.
④ MMPI는 과거 행동에 중점을 둔 반면, CPI는 미래 행동에 중점을 두고 있다.

012 Kohlberg의 도덕적 발달단계에서 인습적 수준에 해당하는 단계는?

① 보상 지향단계
② 상호 조화를 지향하는 단계
③ 벌 및 복종 지향 단계
④ 보편적인 도덕원리 지향

013 잘생긴 사람을 보면 그 사람이 성격도 좋고 리더십도 있을 것이라고 생각하는 경향은?

① 후광효과
② 초두효과
③ 평균원리
④ 귀인

014 다음 중 동조의 예로 가장 적당한 것은?

① 내가 좋아하는 스타가 광고하는 음료수를 산다.
② 어느 대통령 후보의 연설에 감동해서 그를 지지한다.
③ 상관의 부당한 지시를 마지못해 따른다.
④ 미니스커트가 유행이어서 나도 미니스커트를 입는다.

015 성취행동에 대한 귀인유형 중 내부적이면서 불안정한 것은?

① 과제 난이도
② 능력
③ 운
④ 노력

016 다음 중 내적 타당도를 위협하는 요소가 <u>아닌</u> 것은?

① 제3의 변수 개입
② 시험효과
③ 측정 도구상의 문제
④ 낮은 통계 검증력

017 Maslow의 욕구의 위계이론에서 제일 밑바탕에 있는 가장 기본적인 욕구는 무엇인가?

① 생리적 욕구
② 안정 욕구
③ 소속감 욕구
④ 자아실현욕구

018 '대학생들은 축구와 야구 중에 어느 것을 더 좋아하는가'라는 문제를 검증하는 경우처럼, 빈도나 비율의 차이검증에 가장 적합한 분석 방법은?

① t 검증
② F 검증
③ Z 검증
④ X^2 검증

019 Freud의 심리성적 발달단계와 Erikson의 심리사회발달단계가 해당연령별로 바르게 짝지어지지 <u>않은</u> 것은?

① 출생~약 18개월 : 구강기, 신뢰감 대 불신감
② 약 18개월~약 3세 : 항문기, 자율성 대 수치감
③ 약 3세~약 6세 : 생식기, 친근성 대 고립감
④ 약 6세~약 11세 : 잠복기, 근면성 대 열등감

020 Freud가 제시한 성격구조 중 원초아의 특징은?

① 욕구지연의 원리
② 쾌락의 원리
③ 양심의 원리
④ 현실의 원리

021 반항성 장애의 병인론에 관한 설명으로 **틀린** 것은?

① 최근에는 XYY증후군과 행동문제 간의 원인에 대해서 지지 연구가 부족한 편이다.

② 테스토스테론과 같은 호르몬과 관련 있다는 설명이 있다.

③ 정신분석학적으로는 초자아의 결함으로 이 장애를 설명한다.

④ 정상 아동에 비해서 반항성 장애 아동들은 더 높은 각성수준을 지니고 있다.

022 환각(hallucination)은 다음 중 어떤 부분의 왜곡인가?

① 지각   ② 행동

③ 사고   ④ 관계

023 다음 중 알츠하이머형 치매에 대한 설명으로 **틀린** 것은?

① 기억 착오와 혼돈이 뚜렷한 특징이다.

② 알츠하이머형 치매와 밀접한 관련이 있다고 밝혀진 신경전달물질은 도파민이다.

③ 가계에 따라 전달되는 경향이 있으며, 남성보다는 여성에게서 더 빈번히 발생한다.

④ 뇌혈관 질환이나 비타민 B12 부족으로 인해 점진적인 기억과 인지장해를 보이는 경우에는 진단을 배제한다.

024 다음 중 사회공포증의 증상이 **아닌** 것은?

① 당황할 가능성이 있는 사회적 상황에 대한 공포

② 백화점, 영화관 등 넓은 공간에 대한 지속적 공포

③ 자신의 공포가 과도하고 비합리적임을 인식

④ 두려워하는 사회적 상황을 회피

025 DSM - 5에서 해리성 정체감 장애에 대한 설명과 가장 거리가 **먼** 것은?

① 기억에 있어서 빈번한 공백을 경험한다.

② DSM - 5에서는 빙의 경험을 해리성 정체감 장애의 증상과 기본적으로 동일하다고 여기고 있다.

③ 한 사람 안에 둘 이상의 각기 다른 정체감을 지닌 인격이 존재하는 경우를 말한다.

④ 최면에 잘 걸리지 않는 성격을 보인다.

026 다음 중 DSM - 5에서 분류하고 있는 이상하고 특이한 집단인 성격장애인 A군에 포함되지 <u>않는</u> 것은?

① 편집성 성격장애 　　　　　　　　　② 조현성 성격장애
③ 조현형 성격장애 　　　　　　　　　④ 회피성 성격장애

027 '외모가 중요해', '나는 언제나 다른 사람의 주의를 끌어야 해', '감정은 즉각적으로 직접 표현헤야 해' 등과 같은 인지도식을 가진 성격장애는?

① 편집성 성격장애 　　　　　　　　　② 연극성 성격장애
③ 자기애성 성격장애 　　　　　　　　④ 강박성 성격장애

028 불안장애의 대표적인 원인론 중 2요인 학습이론과 거리가 <u>먼</u> 것은?

① 모델링의 효과를 잘 설명한다.
② 공포 감소에 대한 노출치료의 이론적 근거를 제공한다.
③ 2요인이란 고전적 조건형성과 조작적 조건형성을 각각 말한다.
④ Mowrer가 주장하였다.

029 다음 중 치매와 우울증의 증상 구분에 관한 설명으로 옳은 것은?

① 치매는 기억손실을 감추려는 시도를 하는데 반해 우울증에서는 기억손실을 불평한다.
② 치매는 자기의 무능이나 손상을 과장하는데 반해 우울증에서는 숨기려 한다.
③ 우울증보다 치매에서 알코올 등의 약물남용이 많다.
④ 우울증에서는 증상의 진행이 고른데 반해 치매에서는 몇 주 안에도 진행이 고르지 못하다.

030 이미 존재하지 않는 신체 부분에 대한 환각으로, 사지를 절단한 후에 흔히 나타나는 것은?

① 반사환각 　　　　　　　　　　　　② 팬텀(phantom)현상
③ 운동환각 　　　　　　　　　　　　④ 신체환각

031 조현성 성격장애(Schizoid PD)의 주요증상에 해당하지 <u>않는</u> 것은?

① 친밀한 관계를 원하지도 즐기지도 않는다.
② 거의 항상 혼자서 하는 활동을 선택한다.
③ 사고와 언어가 괴이하거나 엉뚱하다.
④ 타인의 칭찬이나 비평에 무관심해 보인다.

032 주의력결핍 및 과잉행동장애(ADHD)에 관한 설명으로 <u>틀린</u> 것은?

① 주된 어려움 중 한 가지는 충동 통제의 결함이다.
② 타인의 행동을 적대적으로 해석하는 특성을 가지고 있다.
③ 신호자극에 대해 각성하는데 문제가 생겨 이 장애가 발생할 수도 있다.
④ 청소년 후기보다 전기, 그리고 소녀보다 소년에게서 더 흔하게 나타난다.

033 다음 중 주의력결핍 및 과잉활동장애의 특성에 해당되지 <u>않는</u> 것은?

① 수줍음
② 산만성
③ 학업문제
④ 또래들과 어울리는데 어려움

034 반사회적 성격장애의 일반적 행동특성과 거리가 <u>먼</u> 것은?

① 높은 충동성
② 목표 지향적 활동의 결여
③ 공포 유발자극에 대한 과도한 불안반응
④ 정서적 자극과 흥분, 스릴의 추구

035 알코올 중독과 비타민 B1(티아민) 결핍이 결합되어 만성 알코올중독자에게 발생하는 장애로, 최근 및 과거 기억을 상실하고 새롭게 기억을 형성하지 못하는 인지손상장애는?

① 간질
② 혈관성 치매
③ 헌팅턴 질환
④ 코르사코프 증후군

036 알코올 의존의 원인으로 <u>틀린</u> 것은?

① 생물학적 입장에서는 유전적 요인이나 알코올 신진대사 기능에서의 차이를 원인으로 본다.

② 사회문화적 관점에서는 음주에 대한 사회의 관대한 태도가 알코올 의존의 원인이라고 본다.

③ 행동주의 입장에서는 알코올이 불안을 줄여주는 단기적 강화효과가 알코올 의존의 원인이 된다고 본다.

④ 정신분석적 입장에서는 알코올 의존을 남성다움을 나타내는 한 방법으로 간주한다.

037 인지이론에 따르면 범불안장애 환자는 불확실성에 대한 인내력이 부족하여 "만일 …하면 어떡하지?"라는 내면적 질문을 계속하여 던지는 경향이 있다. 특히 이러한 질문과 대답을 반복하는 연쇄적인 사고 과정 속에서 점점 더 부정적이고 끝장난다는 식의 결과를 예상하게 되는 데 이와 같은 특징을 무엇이라고 하는가?

① 주지화(Intellectualization)

② 파국화(catastrophizing)

③ 침투적 사고(intrusive thoughts)

④ 노출(exposure)

038 다음 중 조현병 발병의 원인으로서 도파민 가설을 지지하는 증거가 <u>아닌</u> 것은?

① 도파민 억제제들이 조현병 치료에 효과가 있다.

② 조현병 치료약물들이 도파민 부족이 원인으로 알려진 파킨슨씨병 증상을 일으킨다.

③ 파킨슨씨병 치료약물인 L - Dopa가 어떤 사람들에겐 조현병과 유사한 증상을 일으킨다.

④ 도파민을 활성화시키는 Amphetamine이 조현병 환자들의 증상을 완화시킨다.

039 다음은 무엇에 관한 설명인가?

> IQ점수가 70보다 낮은 사람들 중 약 85%가 해당한다. 이들은 학교에 입학할 때까지는 정상아동과 반드시 구분되지는 않는다. 10대 후반이 되면 통상적으로 6학년 수준의 학업능력을 학습할 수 있다.
>
> 성인이 되면 사회적, 경제적인 문제가 있어서 도움이 필요하더라도, 숙련을 요하지 않는 작업장이나 보호받는 작업장에서는 자활할 수 있으며, 결혼을 해서 아이를 낳아 기를 수 있다.

① 가벼운 정신지체

② 중간 정도의 정신지체

③ 심한 정도의 정신지체

④ 아주 심한 정도의 정신지체

040 A양은 음대 입학시험을 앞두고 소리가 나오지 않는 증상이 일어났다. 다음 중 가장 가능성이 높은 진단은?

① 강박장애

② 건강염려증

③ 기능성 신경학적 증상 장애

④ 특정공포증

041 심리평가를 위한 면담기법 중 비구조화된 면담 방식의 장점으로 볼 수 있는 것은?

① 면담자 간의 진단 신뢰도를 높일 수 있다.　② 연구 장면에서 활용하기가 용이하다.
③ 중요한 정보를 깊이 있게 탐색할 수 있다.　④ 점수화하기에 용이하다.

042 웩슬러 지능검사에 대한 해석 시 주의해야 할 점이 아닌 것은?

① 동작성 검사와 언어성 검사 점수의 차이는 중요한 의미가 있다.
② 개인의 내적 분석을 통해 강점과 약점이 무엇인지를 알아낸다.
③ 규준분석을 통해 다른 사람에 비해 얼마나 높은지를 비교한다.
④ 단기기억력 등 특정 능력은 한 가지 소검사에서만 측정된다.

043 다음 중 Luria - Nebraska 신경심리검사에 포함되지 않는 척도는?

① 운동　　　　　　　　　　　　② 리듬
③ 집중　　　　　　　　　　　　④ 촉각

044 다음 중 성격 특질이론 혹은 유형이론에 입각하여 개발된 성격 검사가 아닌 것은?

① 아이젱크 성격검사(EPI)
② 캘리포니아 성격검사(CPI)
③ 네오 성격검사(NEO - PI)
④ 16 성격검사(16 - PF)

045 검사 - 재검사 신뢰도 방법으로 심리검사의 신뢰도를 구할 때의 단점에 관한 설명으로 틀린 것은?

① 두 검사 사이의 시간 간격이 너무 길면 측정대상의 속성이나 특성이 변할 가능성이 있다.
② 반응 민감성에 의해 검사를 치르는 경험이 개인의 진점수를 변화시킬 가능성이 있다.
③ 두 검사 사이의 시간 간격이 너무 짧으면 첫 번째 검사 때 응답했던 것을 기억해서 그대로 쓰는 이월효과가 있다.
④ 경비가 절감되나 시간이 너무 오래 걸린다.

046 다음 중 베일리 발달척도(BSID - II)를 구성하는 하위 척도가 <u>아닌</u> 것은?

① 정신척도(mental scale)

② 사회성 척도(social scale)

③ 행동평정척도(behavior rating scale)

④ 운동척도(motor scale)

047 다음 중 외상성 뇌 손상의 심각도에 영향을 미치는 요인과 가장 거리가 <u>먼</u> 것은?

① 연령

② 성격

③ 반복된 두부외상

④ 상해 전 알코올 남용 여부

048 다음 중 학생의 성취도를 알아보려고 할 때 가장 적합한 검사는?

① Vineland Adaptive Behavior Scales

② Wisconsin Behavior Rating Scale

③ Woodcock - Johnson Psycho - educational Battery

④ Conners Teacher Rating Scale

049 GATB 직업적성검사의 하위검사에 포함되지 <u>않는</u> 것은?

① 기구 대조검사   ② 표식검사

③ 종선기입검사   ④ 운동기능검사

050 웩슬러 지능검사의 특징이 <u>아닌</u> 것은?

① 편차지능지수를 사용한다.

② 집단용 검사이다.

③ 다차원적으로 인지 능력을 평가한다.

④ 아동용(WISC)과 성인용(WAIS) 검사의 지능지수 산출방식은 동일하다.

051 MMPI와 비교할 때 성격평가 질문지(PAI)의 특징이 <u>아닌</u> 것은?

① 문항의 수가 더 적다.　　　　　　　② 임상척도의 수가 더 적다.
③ 임상척도 이외에 대인관계 척도를 포함한다.　　　④ 4지 선다형이다.

052 다음은 MMPI의 2개 척도 상승 형태분석의 한 예이다. 어느 척도 상승에 해당하는 것인가?

> 이 프로파일은 반사회적 인격장애의 특징을 나타낸다. 즉, 사회적 규범과 가치관, 제도에 대해 무관심하거나 무시하며 반사회적 행위, 권위에 대한 거부 문제가 흔히 나타난다. 이들의 성격 특징은 충동적이고 무책임하며 타인과 관계에서 신뢰할 수 없다.

① 4 - 9　　　　　　　　② 2 - 7
③ 1 - 2　　　　　　　　④ 3 - 5

053 MMPI 타당도 척도에 관한 설명으로 <u>틀린</u> 것은?

① 무반응 점수(?)에서 높은 점수가 검사의 후반부 문항에서 응답하지 않는 것 때문이라면 임상척도에 미치는 영향이 그리 크지 않다.
② 허위척도(L)은 자신을 좋게 보이려고 다소 고의적으로 사소한 단점마저도 부인하는 세련되지 못한 방어를 평가한다.
③ 신뢰성 점수(F)가 T 65인 사람은 고의적으로 나쁘게 왜곡하여 대답했을 가능성이 있다.
④ 교정척도(K)는 방어성과 경계심을 평가한다.

054 기억 장애를 보이고 있는 환자에게 기억 및 학습능력을 평가하는데 가장 적합한 것은?

① Trail Making Test　　　　　　② SCL - 90 - R
③ Face - Hand Test　　　　　　④ WMS - R

055 직업지도를 하기 위하여 실시해야 할 표준화 검사는?

① 지능검사　　　　　　　② 적성검사
③ 흥미검사　　　　　　　④ 인성검사

056 문장완성검사(SCT)에 관한 설명으로 가장 적절한 것은?

① 심사숙고하여 떠오르는 생각을 기록하도록 해야 한다.

② 인격 심층에 관한 정보를 알 수 있는 검사이다.

③ 완성되지 않은 문장을 완성하도록 되어 있는 투사검사 중의 하나이다.

④ 상상력과 창의력을 알아볼 수 있는 검사이다.

057 23개월 유아가 연령에 비해 체격이 작고 아직도 걷는 것이 안정적이지 않으며, 말할 수 있는 단어가 '엄마, 아빠'로 제한되었다는 내용을 주 증상으로 내원하였다. 이 유아에게 실시할 수 있는 검사로 적합한 것은?

① 그림지능검사   ② 유아용 지능검사

③ 덴버 발달검사   ④ 삐아제식 지능검사

058 다음 중 신경심리검사에 관한 일반적인 설명으로 옳은 것은?

① 피검자의 인구통계학적 및 심리사회적 배경에 따라 반응이 달라진다.

② 신경심리평가에서는 전통적인 지적 기능평가와 성격평가는 필요하지 않다.

③ 정상인과 노인의 기능평가에는 사용되지 않는다.

④ 뇌손상은 단일한 행동지표를 나타낸다.

059 지능이란 기본적 능력으로서 판단력, 이해력, 논리력, 추리력, 기억력이 그 주요소라고 정의하고, 정상아동과 정신지체 아동을 감별하기 위한 목적으로 최초의 실용적인 지능검사를 제작하여 지능검사 발달에 공헌한 사람은?

① Galton   ② Binet

③ Spearman   ④ Wechsler

060 배터리 검사의 장점으로 옳지 <u>않은</u> 것은?

① 평가되는 기능에 관한 자료가 종합적이다.

② 검사의 구성에 따라서 개개 환자의 원래 기능수준에 대한 평가가 가능하다.

③ 임상적 평가목적과 연구목적이 함께 충족될 수 있다.

④ 배터리 검사는 다양한 심리검사를 실시하는 심리사의 채용을 촉진한다.

061 다음에 해당하는 심리학자의 윤리원칙은?

> 심리학자들은 부적절한 이중관계를 피하는 데 모든 노력을 기울여야 한다.

① 유능성　　　　　　　　　　　　② 성실성
③ 사회적 책임　　　　　　　　　　④ 전문적이고 과학적인 책임

062 다음 중 임상심리학의 역사에 관한 설명으로 옳은 것은?

① 임상심리학의 발전에 최초로 가장 직접적인 공헌을 한 사람은 독일의 Wundt이다.
② 1910년대의 Witmer에 의해 표준화된 심리검사의 사용이 증가되었다.
③ Binet와 Simon은 1896년에 최초의 심리상담소를 설립하였다.
④ 임상심리학이 전문직으로서 인정을 받고 영역이 크게 확대된 계기는 제2차 세계대전이다.

063 임상심리학자의 고유한 역할과 가장 거리가 먼 적은?

① 사례관리　　　　　　　　　　　② 심리평가
③ 심리치료　　　　　　　　　　　④ 심리학적 자문

064 MMPI에서 각 임상척도의 평균과 표준편차로 옳은 것은?

① 평균 50, 표준편자 15　　　　　② 평균 50, 표준편차 10
③ 평균 100, 표준편차 15　　　　　④ 평균 100, 표준편차 10

065 MMPI 임상척도의 제작방식은?

① 내적 구조접근 및 요인분석
② 내적 내용접근 및 연역적 접근
③ 외적 준거접근 및 경험적 준거 타당도방식
④ 직관적 방식

066 심리상담 및 치료의 과정에서 나타나는 현상과 가장 거리가 <u>먼</u> 것은?

① 내담자는 상담자가 아무런 요구 없이 인간으로서의 관심을 베푼다는 것을 경험한다.

② 상담관계에서 내담자는 처음부터 새로운 방식으로 반응하고 행동하게 된다.

③ 상담 장면에서는 일반적이고 추상적인 자료보다는 그 상황에서의 실제행동을 다룬다.

④ 치료유형에 차이가 있음에도 불구하고 심리치료에는 공통요인이 작용한다.

067 다음 상황에서 교사가 채택할 강화계획으로 가장 적합한 것은?

> 학급에서 가장 잘 떠드는 철수는 수업 중 떠드는 행동을 하지 않는다면, 교사에게 칭찬을 받을 것이라고 지시를 받았다. 그러나 실제로 학급의 모든 학생들이 한 두 번씩은 수업 중 잡담을 하곤 하였다.

① DRL(differential reinforcement of low rates)

② DRO(differential reinforcement of zero responding)

③ DRI(differential reinforcement of incompatible responding)

④ CSR(concurrent schedules of reinforcement)

068 자기보고형 성격검사를 실시한 결과 의도적 왜곡 가능성이 높아 결과해석에 어려움이 있다. 다음 중 이러한 의도적 왜곡을 최소화할 수 있는 검사는?

① 지능검사   ② 신경심리검사

③ MBTI   ④ 로샤검사

069 다음 중 임상심리사의 윤리기준에 관한 설명으로 틀린 것은?

① 임상심리사는 자신의 전문 영역 밖의 실무를 절대로 해서는 안 된다.

② 실시와 해석에 자격이 있는 사람만이 심리 평가도구를 사용할 수 있지만, 경우에 따라서는 자격없는 사람이 검사를 사용해도 무방하다.

③ 임상심리사는 전문적인 방식으로 치료적 관계를 구성해야 한다.

④ 임상심리사는 자신의 수련, 경험, 학위 및 활동들을 잘못 나타내는 공적 진술을 피해야 한다.

070 다음 상담자에게 효율적인 치료를 위해 가장 필요한 것은?

> 심리치료 상담을 시행하는 사람은 정서적으로 보다 성숙하고 안정될 것을 요구받는다. 상담자는 자신의 개인적인 문제와 관련하여 지나치게 공격적인 내담자 또는 잠재적인 동성애 갈등을 지닌 내담자 등 특정 문제를 보이는 내담자와의 관계에서 악영향이 발생한다.

① 임상실습훈련　　　　　　　　　　② 지도감독
③ 개인적 심리치료　　　　　　　　　④ 소양교육

071 임상현장에 종사하면서 과학자 - 전문가모형(scientist - practitioner model)에 충실하기 위한 이유 또는 방안과 거리가 <u>먼</u> 것은?

① 임상심리학의 주된 영역 중의 하나가 연구이므로, 임상심리학자는 임상장면에 적용 가능한 연구방법론을 개발하고, 그 기술과 기법에 능숙한 임상가가 되어야 한다.
② 대부분의 연구는 집단에 초점을 두고 개인차가 무시되어 개인적인 특성이 상실되므로, 실험분석은 질적분석과 논리적인 일반화 작업을 증진시켜야 한다.
③ 임상심리학자는 일차적으로 과학자가 되어야하며, 임상 실제 활동에 대한 타당도를 제공해야 하고, 연구를 통해 이를 규명해야 한다.
④ 집단비교연구법은 임상적 의문점을 잘 해결해주어, 임상현장에 많은 기여를 하였다.

072 1896년에 임상심리학의 시작으로 간주되는 심리상담소를 설립한 사람은?

① S. Freud　　　　　　　　　　　② W. James
③ F. Galton　　　　　　　　　　　④ L. Witmer

073 임상심리학자의 새로운 전문영역 중에서 비만 스트레스 관리 등과 가장 밀접히 관련되는 것은?

① 신경심리학　　　　　　　　　　　② 건강심리학
③ 법정심리학　　　　　　　　　　　④ 아동임상심리학

074 다음 중 행동평가 방법에 관한 설명으로 **틀린** 것은?

① 자연관찰은 참여자가 아닌 관찰자가 환경 내에서 일어나는 참여자의 행동을 관찰하고 기록하는 방법이다.

② 유사관찰은 제한이 없는 환경에서 관찰하는 방법이다.

③ 참여관찰은 관찰하고자 하는 개인이 자연스런 환경에 관여하면서 기록하는 방식이다.

④ 자기관찰은 자신이 개인과 환경 간의 상호작용에 관한 자료를 수집하도록 한다.

075 주의력 결핍 - 과잉행동장애(ADHD)는 상황을 종합적으로 분석하고, 목표를 계획하고, 실행하는 기능에 결함을 보인다고 한다. 뇌와 행동과의 관계에서 볼 때 어떤 부위의 결함을 시사하는가?

① 전두엽 손상   ② 측두엽의 손상

③ 변연계의 손상   ④ 해마의 손상

076 다음 중 행동평가에서 강조하는 내용을 모두 고른 것은?

> ㄱ. 행동평가는 행동주의 심리학 또는 행동치료에 이론적 근거를 두고 있다.
> ㄴ. 행동평가에서는 행동의 중요한 원인으로 특성을 강조한다.
> ㄷ. 행동평가에서는 문제행동뿐만 아니라 문제 행동이 일어나기 쉬운 특수한 자극 상황도 평가한다.
> ㄹ. 행동평가는 특수한 상황에서 나타나는 환자의 구체적인 행동, 사고, 감정 및 생리적 반응에 관한 자료를 수집한다.

① ㄱ   ② ㄱ, ㄷ

③ ㄱ, ㄷ, ㄹ   ④ ㄱ, ㄴ, ㄷ, ㄹ

077 교통사고를 당한 뒤 자동차에 대한 두려움이 생겨 퇴원하지 않겠다는 30대 여자환자에 대한 적합한 자문활동이 **아닌** 것은?

① 체계적 둔감법을 사용하여 자동차에 대한 공포증을 치료해 준다.

② 홍수법으로 자동차에 대한 공포증을 치료해준다.

③ 입원하고 있는 동안 장기적 정신분석치료를 통해 성격개조를 권한다.

④ 입원을 계속해서 얻는 부차적 이득이 있는지 평가한다.

078 행동의학에서 두통치료에 가장 권장되는 심리적 기법은?

① 바이오 피드백과 이완
② 심상훈련
③ 인지치료
④ 주의전환

079 파킨슨병 및 헌팅턴병 같은 운동장애의 발병과 관련이 가장 큰 것은?

① 변연계
② 기저핵
③ 시상
④ 시상하부

080 자문역할을 수행함에 있어 행사조직, 부모나 내담자와의 동반자 관계 개발, 특정 내담자에 적합한 과정 찾기 등이 목표가 되는 자문모델은?

① 조직인간관계 모델
② 조직사고 모델
③ 조직옹호모델
④ 과정모델

081 노인상담에 관한 설명으로 **틀린** 것은?

① 상담자는 노인의 일반적인 의학적 상태에 주의를 기울인다.

② 상담자는 노년기의 전반적인 특성에 대한 지식을 갖추고 있어야 한다.

③ 고부 갈등과 같은 가족 간의 갈등 문제에서는 다른 가족 구성원의 참여로 도움을 받을 수 있다.

④ 노인은 다른 내담자와는 달리 보호가 더 필요하므로 상담자를 향한 의존을 허용한다.

082 다음 중 인지적 결정론에 따른 치료적 접근과 입장이 다른 하나는?

① 합리적 정서치료   ② 점진적 이완훈련

③ 인지치료   ④ 자기교습 훈련

083 다음은 사례관리의 단계 중 어디에 해당하는가?

- 상호목표를 정한다.
- 목표의 우선순위를 정한다.
- 전략을 세운다.
- 목표 달성을 위한 최선의 전략을 선택한다.

① 사정하기   ② 계획하기

③ 조정하기   ④ 철수하기

084 가족 구성원을 상실한 가족에게 나타나는 비애반응의 단계를 바르게 나열한 것은?

ㄱ. 신체적 고통 단계

ㄴ. 죄책감 단계

ㄷ. 적의반응 단계

ㄹ. 일상적 행동 곤란단계

ㅁ. 죽은 사람과의 기억에 휩싸이는 단계

① ㄱ → ㅁ → ㄴ → ㄷ → ㄹ   ② ㄱ → ㄴ → ㄷ → ㄹ → ㅁ

③ ㅁ → ㄱ → ㄷ → ㄴ → ㄹ   ④ ㅁ → ㄴ → ㄱ → ㄷ → ㄹ

085 다음은 무엇에 관한 설명인가?

> Rogers가 제시한 바람직한 심리상담자의 태도 중 상담자가 내담자의 경험 또는 내담자의 사적인 세계를 상담자가 민감하게 그리고 정확하게 이해하려는 노력

① 공감
② 진실성
③ 긍정적 존중
④ 예민한 관찰력

086 합리적 - 정서적 치료 상담의 ABCDE과정을 바르게 나열한 것은?

① 선행사건 - 신념체제 - 결과 - 논박 - 효과
② 신념체제 - 선행사건 - 결과 - 논박 - 효과
③ 결과 - 선행사건 - 신념체제 - 논박 - 결과
④ 논박 - 선행사건 - 신념체제 - 결과 - 효과

087 상담이론 중 주로 겉으로 드러나는 내담자의 증상이나 장애행동을 없애거나 바람직한 적응행동을 습득시키는 데 초점을 두는 상담접근법은?

① 인지치료
② 행동치료
③ 정신분석치료
④ 현실치료

088 전화상담을 이용하는 내담자의 특성 및 상황과 가장 거리가 <u>먼</u> 것은?

① 부끄러움이 심하거나 대면상담을 꺼리는 상태
② 생활상의 이유로 직접 상담을 받으러 갈 수 없는 상황
③ 절망적인 상황으로 인식하여 자살을 시도하려는 순간 이야기하고 싶은 상태
④ 두려워하는 상황이나 자신의 핵심감정을 명료하게 이해하고 수용하는 상태

089 합리적 - 정서적 치료에서 제시하는 비합리적 생각 중에 「자기 자신이 시도하는 일은 결과적으로 제대로 되지 않을 것」이라고 믿는 생각은 어디에 해당되는가?

① 당위성
② 과잉 일반화
③ 절대적 사고
④ 부정적 예언

090 내담자들이 보이는 행동이나 사고를 체계적으로 측정하는 방법으로 개인의 자연환경에서 행동을 평가하기 위해 내담자로 하여금 스스로 자신의 행동을 관찰하고 주간행동기록표, 일일활동일지, 자동적 사고 기록지 등을 작성하도록 하는 방법은?

① 임상적 면담법(clinical interview)

② 자기보고형 검사(self - report test)

③ 자기감찰(self - monitoring)

④ 생리적 측정법(physiological measurement

091 다음 중 자조집단과 치료집단에 대한 설명으로 옳은 것은?

① 생활상의 여러 문제들을 다루기에는 치료집단이 더 적절하다.

② 자조집단에서는 변화를 위한 촉진보다는 수용적이고 지지적인 분위기를 제공하는데 관심이 있다.

③ 치료집단의 리더로는 집단성원과 동일한 문제로 분투한 사람이 좋다.

④ 정신건강과 관련된 심각한 문제는 자조집단이 더 적절하다.

092 다음 중 심리상담에서 경청의 방해 요인이 <u>아닌</u> 것은?

① 상대방의 말에 포함된 단서를 포착하여 감정을 읽어주고 반응을 확인하는 것

② 상대방에게 전적으로 주의를 기울이기보다는 자기가 다음에 할 말을 생각하고 있는 것

③ 자신의 역할이나 자기가 상대방에게 어떻게 보이느냐에 대하여 지나치게 신경을 쓰는 것

④ 자신을 타인의 위치에 두는 공감적인 태도 없이 상대를 편견으로 판단하고 평가하는 것

093 다음 중 집단상담의 장점과 가장 거리가 <u>먼</u> 것은?

① 심리적으로 상처를 입을 가능성이 줄어들어 치료속도가 빠르다.

② 다양한 성격의 소유자들과 접할 수 있다.

③ 시간과 비용면에서 경제적이다.

④ 새로운 행동을 현실 검증해 볼 수 있는 기회를 제공한다.

094 다음 사례에서 A씨의 자살 전조 신호와 가장 거리가 <u>먼</u> 행동은?

> A씨는 자살을 시도했으나 다행히 일찍 발견되어 미수에 그쳤다. 사실 그동안 A씨는 가족들에게 자신의 자살 시도에 대한 사전 신호를 여러 번 보냈으나, 가족들은 미처 눈치 채지 못하였다. 아마 가족들이 A씨의 신호를 미리 알아차렸더라면, 자살기도를 예방할 수 있었을 뿐만 아니라, 이에 대한 적절한 지도를 할 수 있었을 것이다.

① 자신이 아끼던 물건을 동생에게 주었다.
② 전보다 식욕이 현저히 떨어졌다.
③ 공연히 들떠서 말을 많이 했다.
④ 자신은 죽으면 화장을 원한다고 말했다.

095 정신분석적 상담접근에 관한 설명으로 <u>틀린</u> 것은?

① 정신분석에서는 꿈을 활용한다.
② 정신분석에서 내담자의 저항은 중요하지 않다.
③ 내담자와 상담가의 관계는 전이과정으로 개념화된다.
④ 정신분석적 치료의 목표는 무의식을 의식화하고 자아를 강하게 하는 데 있다.

096 자기가 화가 난 것을 의식하지 못하고 상대방이 자기에게 화를 냈다고 생각하는 것은?

① 승화 ② 투사
③ 부정 ④ 퇴행

097 다음 중 접수면접에서 자살의도를 보고한 내담자에게 취해야 할 조치로 옳은 것은?

① 자살의도에 대하여 그 다음 회기 때도 내담자에게 묻는다.
② 즉시 경찰에 알린다.
③ 주 호소만을 다룬다.
④ 차트에 적고 내담자의 사인을 받아 놓는다.

098 지금과 여기, 현재의 체험을 중시하는 치료이론이 <u>아닌</u> 것은?

① 인간중심적 치료   ② 게슈탈트 치료

③ 정신분석   ④ 실존치료

099 다음 중 집단상담자의 역할과 가장 거리가 <u>먼</u> 것은?

① 느낌보다는 지적인 측면에 관심을 불러일으킨다.

② 집단활동의 시작을 돕는다.

③ 집단의 방향을 제시하고 집단규준을 발달시킨다.

④ 의사소통 및 상호작용을 촉진시킨다.

100 다음은 무엇에 대한 설명인가?

> 기본적으로는 내담자의 감정, 경험 및 잠재력에 대해 긍정적인 존중과 관심을 전달하는 것이고, 궁극적으로는 내담자를 한 인간으로서의 가치와 자유인으로 잠재력에 대해 매우 깊은 긍정적 존중을 전달하는 것이다.

① 공감   ② 반영적 경청

③ 내용의 재진술   ④ 수용적 존중

제2회 임상심리사 2급 필기 기출문제

정답 및 해설 p.61

제1과목 | 심리학개론

001 다음 ( )에 알맞은 것은?

> 어떤 고등학교의 2학년 1반 학생들과 2반 학생들의 지능지수 평균은 110으로 같으나, 1반 학생들의 시능지수 분포는 80~140인 반면에 2반 학생들의 분포는 95~120으로서 ( )는 서로 다르다.

① 중앙치   ② 최빈치
③ 변산도   ④ 통계치

002 다음 중 강화(reinforcement)에 관한 설명으로 틀린 것은?

① 계속적 강화보다는 부분강화가 소거를 더욱 지연시킨다.
② 고정비율 계획보다는 변화비율 계획이 소거를 더욱 지연시킨다.
③ 강화가 지연됨에 따라 그 효과가 감소한다.
④ 어떤 행동에 대해 돈을 주거나 칭찬을 해 주는 것은 일차 강화물이다.

003 어떤 연구에서 종속변인에 나타난 변화가 독립변인의 영향 때문이라고 추론할 수 있는 정도를 의미하는 것은?

① 내적 신뢰도   ② 외적 신뢰도
③ 내적 타당도   ④ 외적 타당도

004 Freud가 제시한 성격의 구조가 발달하는 순서로 올바른 것은?

① 초자아 - 원초아 - 자아   ② 자아 - 원초아 - 초자아
③ 원초아 - 자아 - 초자아   ④ 자아 - 초자아 - 원초아

005 Carl Rogers의 성격이론에서 심리적 적응에 가장 중요한 역할을 한다고 가정하는 것은?

① 자아강도(ego strength) ② 자기(self)

③ 자아이상(ego ideal) ④ 인식(awareness)

006 살인 사건이나 화재 등으로 죽는 사람과 심장 마비로 죽는 사람 중 누가 더 많은지를 묻는 질문에서 사람들이 흔히 범하는 확률추론 과정의 오류는?

① 가용성 발견법 ② 대표성 발견법

③ 확증 편향 ④ 연역적 추리

007 다음 (   )안에 들어갈 가장 알맞은 것은?

> S. Frued의 주장에 따르면 신경증적 불안은 (   )에서 온다.

① 환경에 있는 실제적 위협

② 환경 내의 어느 일부를 과장해서 해석함

③ Id의 충동과 Ego의 억제 사이의 무의식적 갈등

④ 그 사회의 기준에 맞추어 생활하지 못함

008 다음 중 조작적 조건형성에 대한 설명으로 <u>틀린</u> 것은?

① 조형(shaping)은 차별 강화(differential reinforcement), 계속적 접근(successive approximation)의 두 요소를 통하여 이루어진다.

② 미신적 행동은 비 유관강화(non - contingent reinforcement)의 예이다.

③ Premack 원리는 강화의 상대성을 제시하고 있다.

④ 어떤 반응이 부분적 강화보다는 계속적 강화로 획득되면 소거시키기가 어려워진다.

009 다음 중 기억에서 입력된 정보 속성의 유사성에 따라서 망각이 일어나는 것은?

① 쇠퇴 ② 대치

③ 인출실패 ④ 간섭

010 다음 중 고전적 조건형성과 관계가 <u>없는</u> 것은?

① Pavlov의 개의 소화과정 연구
② 고차적 조건형성
③ 자극 일반화와 변별
④ 미신적 행동과 학습된 무력감

011 어떤 사람의 발달이 방해를 받은 결과로 그 사람이 특정 발달단계에 그대로 머물러 있게 하는 방어기제는?

① 퇴행
② 고착
③ 반동형성
④ 전위

012 다음 중 설단현상(Tip - of - the - tongue phenomenon)과 가장 관련이 있는 것은?

① 청킹(군집화)
② 인출
③ 약호화(부호화)
④ 유지

013 집단으로 일을 수행할 때, 혼자 일할 때보다 더 적은 노력을 들이는 현상은?

① 사회적 촉진
② 사회적 동조
③ 집단적 극화
④ 사회적 태만

014 범죄자를 추적하는 추적견을 훈련시키거나 서커스에서 탁구를 하는 비둘기 등의 동물을 훈련시킬 때 사용되는 도구적 조건형성 과정의 방법은?

① 조형(shaping)
② 미신행동(superstition)
③ 조건강화(conditioned reinforcer)
④ 강화계획(reinforcement schedule)

015 Kohlberg의 도덕성 발달이론에 관한 설명으로 옳은 것은?

① 자신의 양심을 판단기준으로 삼는 것은 인습적 수준이다.
② 나쁜 일을 해도 신체적 처벌을 받지 않으면 괜찮다고 생각하는 것은 인습적 수준이다.
③ 타인의 인정을 받기 위하여 규칙이나 도덕을 지키는 것은 인습 이후 수준이다.
④ 도덕발달의 세 가지 수준을 누구나 어느 정도 다 소유하고 있다.

016 다음 중 모집단의 범위와 변산도를 가장 잘 설명하는 통계방법은?

① 평균편차   ② 범위

③ 표준편차   ④ 상관계수

017 정신분석적 관점에서 성(性)이나 공격성의 욕구가 갑작스럽게 느껴질 때의 불안감은 다음 중 어디에 해당하는가?

① 신경증적 불안   ② 도덕적 불안

③ 현실 불안   ④ 분리불안

018 Freud와 비교하여 Erikson이 주장하는 인간의 발달에 관한 관점의 내용만을 바르게 짝지은 것은?

ㄱ. 초기경험이 성격발달에 중요하다. ㄴ. 성격은 단계에 따라 발달한다. ㄷ. 성격은 전 생애를 통해 발달한다. ㄹ. 성격발달의 사회문화적 요인을 강조한다.

① ㄱ, ㄴ   ② ㄴ, ㄷ

③ ㄷ, ㄹ   ④ ㄱ, ㄹ

019 설득은 어떤 사람의 명시적인 요청에 대한 반응으로 일어나는 행동변화인데, 다음 중 설득을 일으키는 기법이 <u>아닌</u> 것은?

① 문간에 발 들여놓기 효과(foot - in - the - door effect)

② 인지 부조화이론(cognitive dissonance theory)

③ 낮은 공 절차(lowball procedure)

④ 면전에서 문 닫기 효과(door - in - the - face effect)

020 혼자 있을 때보다 옆에 누가 있을 때 과제의 수행이 더 우수한 것을 일컫는 현상은?

① 몰개성화   ② 군중 행동

③ 사회적 촉진   ④ 동조 행동

021 각 성격장애의 일반적인 증상에 대한 설명으로 옳은 것은?

① 강박성 성격장애 - 다른 사람에 의해 부당하게 취급되거나 이용될 것이라는 생각 때문에 타인에 대한 의심과 불신감을 특징적으로 나타낸다.

② 분열성 성격장애 - 타인에 대한 관심과 흥미가 부족하여 타인과 지속적인 사교적 관계를 맺지 못 한다.

③ 자기애성 성격장애 - 이성에 대한 관심과 욕구가 지나치게 강하고, 외모와 신체적 매력을 통해 관심을 끌려는 행동이 지배적이다.

④ 의존적 성격장애 - 타인으로부터 호감을 받기를 갈망하지만 비난 또는 거절을 받을지도 모른다는 두려움 때문에 지속적으로 대인관계를 기피하게 된다.

022 다음 사례에서 A씨에 대해 일차적으로 고려 가능한 진단명으로 가장 적합한 것은?

43세 여자 환자인 A 씨는 입원 사유에 대해서 "나는 아무 문제 없다. 나의 억울함을 증명하고, 남편의 부정을 명백히 밝히기 위해서 왔다."고 말했다. 그녀는 남편이 바람을 피우고 있으며, 적반하장격으로 남편이 오히려 화만 낸다고 했다. 남편이 바람을 피운다고 생각하는 증거로 "밤에 발기가 안 되는 게 분명 낮에 바람을 피우고 온 것일 것이다."라고 말을 했다. 남편의 보고로는 부인이 말도 안 되는 이유로 의심하며, 해명해도 계속해서 따지고 수시로 직장에 전화하거나 퇴근 시간에 맞춰서 회사 앞에서 기다리고 있는 등 피곤해서 못 살겠다고 호소했다. 이들은 결혼한 지 15년 되었으며 부인은 대학 졸업 후 20여 년간 교사 생활을 해왔고 현재 학교 생활상 별문제는 없다고 했다.

① 조현병, 편집증적 유형
② 망상장애
③ 연극성 성격장애
④ 편집성 성격 장애

023 다음 중 틱(tic)의 특징이 아닌 것은?

① 갑작스럽고 빠른 동작 또는 음성
② 반복적인 동작 또는 음성
③ 율동적인 동작 또는 음성
④ 상동증적인 동작 또는 음성

024 다음 밑줄 친 표현된 정서의 의미로 옳은 것은?

> 가족들의 표현된 정서(expressed emotion)에 대한 연구에 의하면 가족들의 표현된 정서가 조현증의 재발율을 높인다고 한다.

① 지나치게 정서적 지지와 격려를 제공하는 것
② 비판적이고 과도한 간섭을 하는 것
③ 냉정하고, 조용하며, 무관심한 것
④ 관여하지 않으며, 적절한 한계를 정해주지 못하는 것

025 Abramson 등의 '우울증의 귀인이론(attributional theory of depression)'에 관한 설명으로 틀린 것은?

① 우울증에 취약한 사람은 실패경험에 대해 내부적, 안정적, 전반적 귀인을 하는 경향이 있다.
② 실패경험에 대한 내부적 귀인은 자존감을 손상시킨다.
③ 실패경험에 대한 안정적 귀인은 우울의 만성화에 기여한다.
④ 실패경험에 대한 특수적 귀인은 우울의 일반화를 조장한다.

026 정신분석적 입장에서 볼 때 강박장애와 밀접하게 연관된 주요 방어기제가 아닌 것은?

① 투사　　　　　　　　　② 고립
③ 대치　　　　　　　　　④ 취소

027 다음 중 물질의존에 대한 설명으로 틀린 것은?

① 내성이 나타난다.
② 금단증상이 나타난다.
③ 물질사용을 중단하거나 조절하려고 해도 뜻대로 되지 않는다.
④ 물질사용으로 인하여 신체적·정신적 문제가 생기면 사용을 중지한다.

028 다음 사례에서 가장 가능성이 높은 진단은?

> A 씨는 자주 불안하다는 생각을 하곤 했으며 가족들과 다투고 나면 온 몸이 쑤시곤 했다. 어느 날 방안에 누워 있는데 천장에 걸려있는 전등이 자신에게 떨어지면 큰일이라는 생각이 들었고 실제로 전등이 자신의 배 위로 떨어진다는 상상을 했다. 그런데 웬일인지 배 밑의 신체 부분에 감각을 잃게 되었고 움직일 수 없었다. 병원을 찾았으나 신체적 원인을 발견하지 못했다.

① 건강염려증   ② 전환장애
③ 신체화장애   ④ 신체변형장애

029 다음 중 어떤 장애를 가진 아동이 성인이 되었을 때 해당 장애의 증상을 나타낼 가능성이 가장 낮은 것은?

① 기능적 유뇨증   ② 지능이 낮은 자폐증
③ 어린 나이에 시작된 품행장애   ④ 주의력 결핍 및 과잉행동 장애

030 다음 중 조현병의 음성증상의 예를 모두 고른 것은?

> ㄱ. 피해망상   ㄴ. 표정 없는 얼굴
> ㄷ. 말이 느림   ㄹ. 환청

① ㄱ, ㄴ   ② ㄴ, ㄷ
③ ㄷ, ㄹ   ④ ㄱ, ㄴ, ㄷ

031 해리성 정체감 장애의 특징이 아닌 것은?

① 지배적 성격에서는 다른 성격으로 있었던 기간에 대한 기억상실을 호소한다.
② 이 장애를 보이는 사람은 흔히 어렸을 때 신체적으로나 성적으로 학대받은 경험이 있다.
③ 심한 혼란으로 정신과적인 치료를 받은 경험을 갖고 있다.
④ 최면에 잘 걸리지 않는 성격을 보인다.

032 다음 인지장애 중 치매 진단 기준에 해당되지 않는 것은?

① 실행증(apraxia)   ② 실어증(aphasia)
③ 실인증(agnosia)   ④ 섬망(delirium)

033 다음 중 편집성 성격장애의 특징적인 증상은?

① 의심   ② 과대망상
③ 정서의 변동   ④ 정서적 무관심

034 조현성 성격장애와 조현형 성격장애의 공통점만을 짝지은 것은?

ㄱ. 의심이나 편집증적 사고
ㄴ. 괴이한 사고와 언어
ㄷ. 메마르거나 제한된 정서표현
ㄹ. 사회적 고립

① ㄱ, ㄴ   ② ㄴ, ㄷ
③ ㄷ, ㄹ   ④ ㄴ, ㄹ

035 다음 중 불안에 관한 설명으로 옳은 것은?

① 객관적으로 경험되는 불쾌한 정서이다.
② 환경에 적응하기 위한 생체의 기본적 반응 양식이다.
③ 걱정의 원인이 분명하다.
④ 생리적 각성은 일어나지 않는다.

036 DSM - 5에서 B군 성격장애에 속하지 <u>않는</u> 것은?

① 연극성 성격장애   ② 편집성 성격장애
③ 경계성 성격장애   ④ 자기애성 성격장애

037 아동 및 청소년기 장애로서, 다른 사람의 기본 권리나 나이에 적합한 사회규준이나 규율을 위반하는 행동양상이 반복적이고 지속적으로 나타나는 것은?

① 품행장애   ② 적대적 반항장애
③ 간헐적 폭발성 장애   ④ 주의력결핍/과잉행동장애

038 성 장애 및 성 정체감 장애에 관한 설명으로 **틀린** 것은?

① 성도착과 관련된 장애는 남성이 대부분이다.

② 동성애(homosexuality)를 하위 진단으로 포함한다.

③ 의상 도착증(transvestism)은 성적인 자극물로 옷을 사용하는 경우이다.

④ 자신의 해부학적인 성을 변화시키고 하는 증상은 성 정체감 장애(gender identity disorder)와 관련된다.

039 이상행동을 설명하는 이론적 관점 중 다음의 특징을 설명하는 것은?

> 환경으로부터 주어지는 심리사회적 스트레스와 그에 대응하는 개인의 특성을 고려해야 한다는 입장이다. 대부분의 이상행동은 개인의 삶의 과정에서 겪게 되는 불행한 사건이 계기가 되어 나타나는 경우가 많다. 그러나 똑같은 불행한 사건을 경험한 사람들이 모두 동일한 이상행동을 나타내는 것이 아니다. 이는 심리사회적 스트레스가 이상행동을 촉발히는 원인이 되니, 개인마다 성격이나 심리직 특싱이 딜라서 불행한 사건에 대저하는 방식이 각기 다르고 그 심리적 결과도 다르기 때문이다.

① 취약성 스트레스 모델   ② 심리사회적 모델

③ 사회적 학습이론   ④ 인지 이론

040 다음과 가장 관련이 높은 정신장애는?

> 다른 남자의 아내와 간음하는 생각을 하는 것은 그러한 행위를 한 것과 같다는 믿음인 사고 - 행위융합(thought - action fusion)

① 주요 우울장애   ② 강박장애

③ 외상 후 스트레스 장애   ④ 일반화된 불안장애

041 Rosenzweig의 그림좌절검사(picture frustration test)에서는 표출되는 공격성의 세 방향을 구분하고 있다. 세 방향에 속하지 <u>않는</u> 것은?

① 투사지향형   ② 내부지향형

③ 외부지향형   ④ 회피지향형

042 MMPI를 해석할 때는 대개는 상승척도 쌍, 즉 T점수가 70을 초과하여 가장 높은 2개의 척도를 중심으로 논의하게 된다. 다음은 어떤 상승척도 쌍에 대한 설명인가?

> 가장 두드러진 특징은 편집증적 경향과 사고장애이다. 사고는 자폐적, 단절적, 우회적이며, 사고 내용들은 기태적이다. 주의집중의 곤란과 판단력의 장애를 보인다. 체계화된 망상을 보이며 비현실감을 호소하고 많은 시간을 백일몽과 환상 속에서 보낸다.

① 1 - 3 / 3 - 1 유형   ② 2 - 0 / 0 - 2 유형

③ 6 - 8 / 8 - 6 유형   ④ 4 - 9 / 9 - 4 유형

043 다음 중 성격검사의 구성타당도를 평가하는 방법과 가장 거리가 <u>먼</u> 것은?

① 성격검사의 요인을 분석한다.

② 다른 유사한 성격을 측정하는 검사와의 상관을 구한다.

③ 관련 없는 성격을 측정하는 검사와의 상관을 구한다.

④ 전문가들로 하여금 검사 내용을 판단하게 한다.

044 MMPI를 해석하는 데 있어서 피검자의 검사태도 및 프로파일의 타당도를 알아보기 위해 고려해야 할 사항과 가장 거리가 <u>먼</u> 것은?

① 검사 수행에 걸린 시간   ② 무응답의 개수

③ F 척도의 상승도   ④ Pa 척도의 변화폭

045 다음 중 지능이론과 학자가 올바르게 짝지어진 것은?

① Guilford는 지능을 일반적인 지적 활동과 관련되는 일반요인(g - factor)으로 구분하였다.

② Cattell은 지능을 선천적이며 개인의 경험과 무관한 결정성 지능과, 후천적이며 학습된 지식과 관련된 유동성 지능으로 구분하였다.

③ Thurstone은 지능이 7개의 요인으로 구성되어 있다고 보는 다요인설을 주장하고, 이를 인간의 기본정신능력이라고 하였다.

④ Spearman은 지능에 대한 3차원적 구조모델을 제안하였는데 내용, 조작, 결과의 모든 가능한 조합으로 지능의 요인들을 제시하고 있다.

046 베일리 척도에 관한 설명으로 <u>틀린</u> 것은?

① 정상발달로부터의 이탈 여부 및 정도를 파악하기 위해서 고안되었다.

② 영아의 능력은 분명히 구별되는 여러 가지 요인으로 구성되어 있다는 가정에 근거한다.

③ 개정된 베일리 척도는 1개월에서 42개월까지의 영아를 대상으로 사용할 수 있다.

④ 발달지수는 평균이 100, 표준편차가 15인 일종의 정상화된 표준점수이다.

047 타당도의 종류에 관한 설명으로 옳은 것은?

① 구인타당도 - 검사가 측정하고자 하는 이론적 개념을 검사에서 측정하고 있는 정도이다.

② 공인타당도 - 검사 점수와 예측 행동 자료가 일정한 시간을 두고 수집된다.

③ 예언타당도 - 관심 있는 동일 특성을 측정하는 검사 외의 다른 대안적 방법에서 측정된 내용과의 관계를 보는 것이다.

④ 내용타당도 - 특정한 도구의 정확성에 대한 평정이다.

048 Stanford - Binet 지능검사에 관한 설명으로 <u>틀린</u> 것은?

① 정신연령과 실제(생활)연령 간의 비율을 토대로 지능수준을 계산하였다.

② 추후 평균이 100이고 표준편차가 16인 표준점수로 개정하였다.

③ 언어성과 동작성 검사로 구성되어 있다.

④ 초기 검사는 20세 이상에게는 적용하기 어려웠다.

049 다음 중 검사가 측정하고자 하는 속성을 제대로 측정하였는지를 논리적 사고에 입각한 논리적 분석과정을 통해 주관적으로 판단하는 타당도는?

① 공인타당도   ② 구인타당도
③ 내용타당도   ④ 예측타당도

050 집단용 지능검사의 특징으로 옳은 것은?

① 개인용 검사에 비해 지적 기능을 보다 신뢰성 있게 파악할 수 있다.
② 대규모 실시로 실시와 채점, 해석이 상대적으로 어렵다.
③ 개인용 검사에 비해 임상적인 유용성이 높다.
④ 선별검사(screening test)로 사용하기에 적합하다.

051 다음은 어떤 검사에 대한 설명인가?

> • 정신연령 1~5세, 생활연령 1~12세 아동을 대상으로 한 검사이다.
> • 흔히 정신지체 아동, 자폐성 아동, 발달장애아동 등에게 실시한다.
> • 검사시행자가 직접 아동과 놀이 공간에서 상호작용하면서 평가한다.
> • 모방, 지각, 소근육, 대근육, 눈 - 손 협응, 언어이해, 언어표현 등 7개 영역의 발달수준을 평가한다.
> • 대인감정, 사람사귀기, 물건 다루기, 감각, 언어 등의 영역에서 병리적 행동이나 정신장애의 정도를 평가한다.

① 교육진단검사   ② 유아 발달 수준검사
③ 덴버 발달검사   ④ 고대 - 비네 검사

052 다음 신경심리검사에 관한 설명으로 <u>틀린</u> 것은?

① 가벼운 초기 뇌 손상의 진단에는 효과적이지 못하다.
② 치료효과 및 회복과정을 진단해 줄 수 있다.
③ 우울장애와 치매상태를 감별해 줄 수 있다.
④ 특정 인지기능 평가를 위한 단일 신경심리검사가 선호되는 추세이다.

053 다음 (   ) 안에 들어갈 알맞은 것은?

> 지능검사가 개인의 일반적인 능력을 측정하는 것이라면, (   )는 특정 학업과정이나 직업에 대한 앞으로의
> 수행능력과 적응도를 예측하는 검사를 말한다.

① 창의성 검사　　　　　　　　　　　　② 성취도 검사
③ 적성검사　　　　　　　　　　　　　④ 발달검사

054 다음 중 BGT(Bender Gestalt Test)의 장점에 관한 설명으로 틀린 것은?

① 적절하게 말할 수 있는 능력이 없거나, 말할 수 있는 능력은 있으나 얘기를 하기 싫어할 때 유용하다.
② 피검자가 말로 의사소통할 능력이 충분히 있더라도 언어적 행동으로 성격의 강점과 약점에 관한 정보를
　얻기 힘들 때 유용하다.
③ 뇌 기능에 장애가 있는 피검자에게 유용하다.
④ 자기 자신을 과장되게 표현하려는 피검자에게 유용하다.

055 MMPI의 임상척도 중 자신의 신체적 기능 및 건강에 대하여 과도하고 범적인 관심을 갖는 양상을 측정하는
척도는?

① 건강염려증 척도(Hs)　　　　　　　② 우울증 척도(D)
③ 히스테리 척도(Hy)　　　　　　　　④ 편집증 척도(Pa)

056 MMPI 8~9 척도가 70T 이상으로 상승한 사람들에 대한 진단적 해석으로 적합하지 <u>않은</u> 것은?

① 대인관계에서 의심과 불신감이 많아서 타인과 깊은 정서적 교류를 회피하고 일정한 거리를 유지한다.
② 망상과 정서적 부적절성이 특징적이다.
③ 주의집중에 심한 어려움이 있다.
④ 정서적으로 무감동하며 발병이 서서히 진행된다.

057 다음 중 어린이용 시지각 - 운동통합의 발달검사로, 24개의 기하학적 형태의 도형으로 이루어진 지필검사는?

① VMI　　　　　　　　　　　　　　② BGT
③ CPT　　　　　　　　　　　　　　④ CBCL

058 다음 중 신경심리검사에 해당되지 <u>않는</u> 것은?

① H - R(Halstead - Reitan Battery)

② L - N(Luria - Nebraska Battery)

③ BGT(Bender Gestalt Test)

④ Rorschach

059 MMPI 타당도 척도에서 F척도는 상승해 있고 L척도는 보통 수준이며 K척도가 낮은 경우 피검자 특성과 가장 거리가 <u>먼</u> 것은?

① 피검자는 솔직하고 자기 비판적이다.

② 심리적으로 단순하여 상황에 지나치게 감정적으로 대응하는 편이다.

③ 다소 도덕적으로 엄격하고 심리적으로 융통성이 없다.

④ 혼자 있기를 좋아하는 편으로 많은 심리적 문제를 인정하고 있다.

060 다음 중 성취도 검사의 일종인 기초학습 기능검사가 평가하기 어려운 영역은?

① 독해력   ② 공간추론 능력

③ 계산 능력   ④ 철자법 능력

061 심리사회적 또는 환경적 스트레스와 조합된 생물학적 또는 기타 취약성이 질병을 일으킨다는 것은?

① 상호적 유전 - 환경 조망   ② 병적 소질 - 스트레스 조망

③ 사회적 조망   ④ 생물학적 조망

062 수련을 끝낸 임상심리 전문가들이 집단 개업활동을 할 때 주의해야 할 사항은?

① 자기의 결정, 직업윤리, 활동에 대한 개인적인 책임

② 직업적인 경쟁과 성격적인 충돌 가능성

③ 독립적인 사무실의 확보 비용

④ 개인적이고 직업적인 고립감

063 다음 중 고전적 조건형성의 원리를 응용한 치료기법은?

① 혐오치료   ② 토큰경제

③ 타임아웃 기법   ④ 부적 강화

064 아동 또는 청소년의 폭력비행을 상담할 때 부모를 통한 개입법으로 가장 효과적인 것은

① 자녀가 반사회적 행동을 하면 심하게 야단을 치게 한다.

② 사회에서 용인되는 행동을 보이면 일관되게 보상을 주도록 한다.

③ 가족모임을 열어서 훈계를 하도록 한다.

④ 폭력을 휘둘렀을 때마다 부모가 자녀를 매로 다스리게 한다.

065 Wölpe의 상호억제원리와 밀접히 관련된 행동치료기법은?

① 혐오치료   ② 행동조성

③ 긍정적 강화   ④ 체계적 둔감화

066 최초로 임상심리학이라는 용어를 사용하였고, 또 최초로 심리진료소를 개설한 학자는?

① W. Wundt
② L. Witmer
③ S. Freud
④ C. Rogers

067 심리검사를 실시하거나 면접을 시행하는 동안 임상심리학자가 취해야 할 태도와 기장 거리가 <u>먼</u> 것은?

① 행동관찰에서는 다른 사람 또는 다른 장면에서는 관찰할 수 없는 비일상적 행동이나 그 환자만의 특징적인 행동을 주로 기술한다.
② 관찰된 행동을 기술할 때에는 어떤 상황에서 어떤 방식으로 불안을 나타내는지를 구체적 용어로 설명하는 것이 바람직하다.
③ 정상적인 적응을 하고 있는 사람들도 심리검사와 같은 생소한 상황에 직면할 때는 여러 가지 특징적인 행동을 나타내게 되는데 이러한 일반적인 행동까지 평가보고서에 포함시키는 것이 좋다.
④ 평가보고서에는 주로 환자의 특징적인 행동과 심리검사 결과 뿐만 아니라 외모나 면접자에 대한 태도, 의사소통 방식, 사고, 감정 및 과제에 대한 반응에서 특징적인 내용까지 포함시키는 것이 좋다.

068 다음 중 심리치료를 통해 가장 양호한 성과를 거둘 것으로 예상되는 환자는?

① 최근 스트레스와 관련하여 급성 증상을 보이는 환자
② 지능이 평균 이하이고 언어 능력이 낮은 환자
③ 정신병이 있는 환자
④ 오래 지속된 성격장애 환자

069 행동평가에서 명세화해야 하는 것으로 적합하지 <u>않은</u> 것은?

① 행동결과
② 목표행동
③ 성격특질
④ 선행조건

070 다음 중 효과적인 경청과 가장 거리가 <u>먼</u> 것은?

① 내담자가 심각한 듯 얘기를 하지만, 면접자가 보기에는 그렇게 보이지 않을 때에는 중단시킨다.
② 면접자는 반응을 보이기에 앞서서, 내담자가 스스로 말할 시간을 충분히 주려고 한다.
③ 면접자는 내담자에게 주의를 많이 기울인다.
④ 내담자가 문제점을 피력할 때 가로막지 않고, 문제점에 관한 논쟁을 피하지 않는다.

071 인지치료에서 강조하는 내용과 가장 거리가 먼 것은?

① 내담자로 하여금 자신의 신념들을 파악하게 한다.

② 내담자의 비합리적 생각을 변화시키기 위하여 논리적인 분석을 한다.

③ 내담자의 미해결된 과제를 지금 - 여기서 해결하도록 조력한다.

④ 내담자는 자기의 문제를 이해하고 해결할 수 있는 자각 능력과 의식기능을 가지고 있으므로 지시적이고 능동적이며 구조적 접근을 실시한다.

072 다음 중 뇌의 편측성 효과를 탐색하는 방법은?

① 뇌파검사   ② 동물외과술

③ 신경심리검사   ④ 이원청취기법

073 다음 중 인지 - 행동적 상담에 관한 설명으로 틀린 것은?

① 공포상황에서의 노출과 같은 행동기법이 인지기법에 동반되어 사용된다.

② 역기능적인 도식과 기대를 기능적으로 수정하는데 치료 목표를 둔다.

③ 세계에 대한 개인의 지각과 자신의 경험세계를 강조하여 자기실현의 추구를 가정한다.

④ 자동적 사고의 탐지와 평가가 중요한 초점이 된다.

074 다음 중 반응성 효과가 적고 관찰자로 하여금 광범위한 자연 장면에서 행동을 기록할 수 있도록 해주기 때문에 생태학적 타당도를 높일 수 있는 행동평가 방법은?

① 자기 - 감찰   ② 참여관찰

③ 비참여관찰   ④ 행동평가 면접

075 다음 중 평가적 면접에서 면접자의 태도로서 그 중요도가 가장 낮은 것은?

① 수용   ② 해석

③ 이해   ④ 진실성

076 신경심리학적 기능을 연구하는 방법 중 비침입적인 방법에 해당하는 것은?

① 양전자방출단층촬영(PET)
② WADA 검사
③ 심전극(Depth electrode)
④ 뇌파(EEG)

077 체계적 둔감법에 관한 설명으로 틀린 것은?

① 기본 절차는 조작적 조건형성의 원리에 기초한 치료기법이다.
② 주로 불안과 관련된 부적응 행동의 치료에 사용된다.
③ 불안을 일으키는 자극들을 반복적으로 이완상태와 짝 지운다.
④ 신경성 식욕부진증, 충동적 행동, 우울증을 치료하는데도 사용된다.

078 임상심리학의 역사에 관한 내용으로 틀린 것은?

① Pennsylvania 대학교에 심리진료소를 설립한 것이 임상심리학의 탄생에 결정적 역할을 하였다.
② 1차 세계대전 당시 군인선발을 위한 심리검사의 개발은 임상심리학의 발전에 크게 기여하였다.
③ 임상심리학의 임상수련 모델인 과학자 - 전문가 모형은 Boulder 회의에서 채택되었다.
④ 1950년대 이후 항정신병 약물치료제 개발은 가정에 있던 많은 환자들을 정신병원으로 입원시키는 계기가 되었다.

079 두뇌 기능의 국재화에 관한 설명으로 옳은 것은?

① Lashley는 국재화 이론에 반론을 제기하였다.
② Broca 영역은 좌반구 측두엽 손상으로 수용적 언어결함과 관련된다.
③ Wernicke 영역은 좌반구 전두엽 손상으로 표현 언어결함과 관련된다.
④ MRI 및 CT가 개발되었으나 기능 문제 확인에는 외과적 검사가 이용된다.

080 다음 중 대뇌피질 각 영역의 기능에 관한 설명으로 옳은 것은?

① 측두엽 - 망막에서 들어오는 시각정보를 받아 분석하며 이 영역이 손상되면 안구가 정상적인 기능을 하더라도 시력을 상실하게 된다.
② 후두엽 - 언어를 인식하는 데 중추적인 역할을 하며 정서적 경험이나 기억에 중요한 역할을 담당한다.
③ 전두엽 - 현재의 상황을 판단하고 상황에 적절하게 행동을 계획하고 부적절한 행동을 억제하는 등 전반적으로 행동을 관리하는 역할을 한다.
④ 두정엽 - 대뇌피질의 다른 영역으로부터 모든 감각과 운동에 관한 정보를 다 받으며 이러한 정보들을 종합한다.

081 Rogers의 인간중심상담에서 상담자에게 요구되는 3가지 태도에 해당하지 <u>않는</u> 것은?

① 일치성   ② 객관적 관찰

③ 공감적 이해   ④ 무조건적 존경(존중)

082 다음 중 가족치료의 이론적 근거에 해당되는 것은?

① 순환의 사고   ② 합산의 원칙

③ 개인주의   ④ 선형의 사고

083 집단상담에서 집단응집력에 관한 설명으로 <u>틀린</u> 것은?

① 응집력이 높은 집단은 자기 개방을 많이 한다.

② 응집력은 집단상담의 성공에 매우 중요한 요소가 된다.

③ 응집력이 낮은 집단은 지금 - 여기에서의 사건이나 일에 초점을 맞춘다.

④ 응집력이 높은 집단은 집단의 규범이나 규칙을 지키지 않는 다른 집단원을 제지한다.

084 정신분석적 상담에서 내적 위험으로부터 아이를 보호하고 안정시켜주는 어머니의 역할처럼, 내담자가 막연하게 느끼지만 스스로는 직면할 수 없는 불안과 두려움에 대해 상담자의 이해를 적절한 순간에 적합한 방법으로 전해주면서 내담자에게 의지가 되어주고 따뜻한 배려로 마음을 녹여주는 활동을 무엇이라고 하는가?

① 버텨주기(holding)

② 역전이(counter transference)

③ 현실검증(reality testing)

④ 해석(interpretation)

085 다음 중 전화상담에서 가장 중심이 되어야 하는 활동은?

① 위기상황에 대한 판단   ② 신뢰관계의 구축

③ 감정의 이해   ④ 통찰의 유발

086 다음 중 정신분석기법이 <u>아닌</u> 것은?

① 자유연상   ② 해석
③ 억압   ④ 저항의 분석

087 청소년들의 바람직한 목표행동을 설정해두고, 이 행동에 근접하는 행동을 보일 때 단계적으로 강화를 주어 점진적으로 바람직한 행동에 접근하도록 만드는 치료기법은?

① 역할연기   ② 행동조형(조성)
③ 체계적 둔감화   ④ 재구조화

088 재활모형의 3단계(손상, 장애, 핸디캡) 중 핸디캡(불이익) 단계에서 발생하는 예로 가장 적합한 것은?

① 환각, 망상이 나타나는 것   ② 직무능력이 부족한 것
③ 일상 생활기술이 부족한 것   ④ 취업이 안 되는 것

089 진로교육을 실시하기 위한 일반적인 지도단계를 순서대로 바르게 나열한 것은?

ㄱ. 진로탐색단계	ㄴ. 진로인식단계
ㄷ. 진로준비단계	ㄹ. 취업

① ㄱ - ㄴ - ㄷ - ㄹ   ② ㄴ - ㄱ - ㄷ - ㄹ
③ ㄴ - ㄷ - ㄱ - ㄹ   ④ ㄱ - ㄷ - ㄴ - ㄹ

090 체계적 둔감법(systematic desensitize)의 기초가 되는 학습원리는?

① 혐오 조건형성   ② 고전적 조건형성
③ 조작적 조건형성   ④ 고차적 조건형성

091 진로의사결정 모델에 관한 설명으로 옳은 것은?

① 기대모델은 대안들을 하나씩 순차적으로 줄여가는 진로의사결정 모델이다.
② 배제모델은 진로선택 시 유인가와 기대의 상호작용에 의해 진로를 결정한다.
③ 갈등모델은 의사결정의 스트레스가 의사결정을 촉진한다고 가정한다.
④ 효용모델은 의사결정 과정에서 항상 갈등이 발생한다고 가정한다.

092 다음 중 실존주의 상담접근에서 제시한 인간의 기본조건에 해당하지 <u>않는</u> 것은?

① 인간은 누구나 자기인식 능력을 가지고 있다.

② 자신의 정체감 확립과 타인과 의미 있는 관계를 수립한다.

③ 인간은 완성을 추구하는 경향이 있다.

④ 죽음이나 비존재에 대해 인식한다.

093 다음 중 가족상담의 원리와 가장 거리가 <u>먼</u> 것은?

① 문제로 지목된 가족원에게 초점을 두어 사례를 개념화한다.

② 과거의 사건이나 경험보다 현재 일어나는 양상을 다룬다.

③ 가족 구성원들의 관심사를 이해하고 수용한다.

④ 자기 의견을 분명히 표현하고 다른 입장을 경청하는 의사소통을 촉진한다.

094 인간중심 상담기법에서는 내담자의 심리적 부적응, 부조화된 행동 그리고 이해할 수 없는 행동의 가장 중요한 원인이 어디에서 비롯되는 것으로 보는가?

① 무의식적 갈등   ② 자각의 부재

③ 현실의 왜곡과 부정   ④ 자기와 경험 간의 불일치

095 다음 중 상담목표의 구성요소에 대한 설명으로 <u>틀린</u> 것은?

① 과정목표는 내담자의 변화에 필요한 상담분위기의 조성과 관련된다.

② 과정목표에 대한 결과는 내담자의 책임이다.

③ 결과목표는 내담자가 상담을 통해 이루고자 하는 구체적인 삶의 변화와 관련된다.

④ 결과목표는 일반적으로 객관적일수록 효과적이다.

096 성피해 아동의 심리치료에 관한 설명으로 <u>틀린</u> 것은?

① 피해 아동의 연령에 따라 적절한 심리치료를 실시한다.

② 피해 아동의 심리적 상처를 자극하지 않기 위해서 퇴행행동을 모두 받아준다.

③ 치료의 초기에는 아동과 어머니(보호자)가 같이 치료를 시작한다.

④ 치료의 보조기구(도구)로 신체인형을 사용한다.

097 자살방지센터에서 긴급한 자살 상황에 처한 사람으로부터 걸려온 전화를 받는 자원봉사자의 가장 효과적인 행동요령은?

① 점검표(check list)를 앞에 놓고, 전화를 건 사람에게 자세한 질문을 던진다.

② 자살동기를 묻지 않는다.

③ 자살계획을 털어놓을 때까지 기다려야 한다.

④ 자살하지 말라고 지시한다.

098 집단상담자는 집단원이 비생산적 행위를 할 때 이러한 행위를 저지 또는 제한할 수 있다. 집단성원의 비생산적 행위에 해당하지 <u>않는</u> 것은?

① 여러 명이 한 명에게 계속 감정을 표출한다.

② 특정 집단 성원에게 개인적 정보를 캐묻는다.

③ 자기 - 드러내기를 시도한다.

④ 사회 현상에 대한 자신의 의견을 늘어놓는다.

099 다음 중 가족상담에 관한 설명으로 <u>틀린</u> 것은?

① 가족 구성원 중 8세에서 13세의 아동은 참석시키지 않는다.

② 가족이 상담에 대한 동기를 상실했을 때 종결을 결정하는 것이 바람직하다.

③ 상담자는 부모에게 올바른 역할에 대한 정보를 제공할 수 있다.

④ 가족 구성원 중에서 한 명과 개인 상담을 실시할 수 있다.

100 행동주의 집단상담의 절차를 바르게 나열한 것은?

ㄱ. 문제에 적합한 상담목표를 구체화	ㄴ. 결과를 객관적으로 평가하고 피드백
ㄷ. 문제가 되는 행동의 정의 및 평가	ㄹ. 상담계획을 공식화하고 방법을 적용

① ㄱ → ㄴ → ㄷ → ㄹ

② ㄴ → ㄷ → ㄱ → ㄹ

③ ㄷ → ㄱ → ㄹ → ㄴ

④ ㄹ → ㄱ → ㄷ → ㄴ

제3회 임상심리사 2급 필기 기출문제

정답 및 해설 p.97

제1과목 | 심리학개론

001 개를 대상으로 한 Pavlov의 고전적 조건형성 실험에서 조건반응(ㄱ)과 무조건 반응(ㄴ)에 해당하는 것을 순서대로 바르게 연결한 것은?

> 연구자는 개 앞에 있는 창에 불빛을 비춘다. 몇 초 후에 약간의 고깃가루가 접시에 공급되고 불빛이 꺼진다. 개는 배가 고픈 상태이고 상당한 타액을 분비한다. 이러한 과정을 몇 차례 되풀이한 후에 개는 고깃가루가 공급되지 않아도 불빛에 대한 반응으로 타액을 분비하게 된다.

① ㄱ - 고기 덩어리, ㄴ - 타액분비 ② ㄱ - 타액분비, ㄴ - 타액분비
③ ㄱ - 불빛, ㄴ - 고기 덩어리 ④ ㄱ - 타액분비, ㄴ - 불빛

002 다음 중 기억정보가 아날로그 방식으로 표상됨을 나타내는 예는?

① 심적 회전 ② 마디(Node)와 연결로(Link)
③ 디지털 컴퓨터 ④ 명제

003 Kohlberg의 도덕발달이론에 관한 설명과 가장 거리가 먼 것은?

① 도덕발달단계들은 보편적이며 불변적인 순서로 진행된다.
② 문화권에 따른 차이와 성차 그리고 사회계층의 차이를 충분히 고려하지 않았다는 비판을 받고 있다.
③ 도덕적 인식이 전혀 없는 단계, 외적 준거와 행위의 결과에 의해 판단하는 단계, 행위의 결과와 의도를 함께 고려하는 단계 순으로 나아간다.
④ 벌과 복종지향, 개인적 보상 지향, 대인관계 조화지향, 법과 질서 지향, 사회계약 지향, 보편적 도덕원리 지향의 단계 순으로 나아간다.

004 학습을 외현적 행동의 변화라기보다는 오히려 지식의 습득이라는 측면에서 학습과 수행을 개념적으로 분리 시켜 잠재학습(latent learning)을 설명한 학자는?

① Thorndike
② Tolman
③ Köhler
④ Bandura

005 다음 실험을 실시한 심리학자와 실험 결과가 바르게 짝지어진 것은?

> 어미로부터 격리된 새끼 원숭이에게 (A) 철사로 만들어졌지만, 우유병이 있는 모조 어미 원숭이 및 (B) 부드러운 천으로 만들어진 모조 어미 원숭이와 각각 시간을 보낼 수 있도록 했을 때 새끼 원숭이는 어떤 행동을 보일까?

① Harlow : (A)보다 (B)와 더 많은 시간을 보낸다.
② Harlow : (B)보다 (A)와 더 많은 시간을 보낸다.
③ Bowlby : (A)보다 (B)와 더 많은 시간을 보낸다.
④ Bowlby : (B)보다 (A)와 더 많은 시간을 보낸다.

006 노년기 발달에 관한 설명과 가장 거리가 <u>먼</u> 것은?

① 우울증 경향이 증가한다.
② 내향성 경향이 높아진다.
③ 경직성 경향이 강해진다.
④ 기존의 성역할이 강화된다.

007 Piaget의 인지발달이론 단계 중 전조작기 단계의 아동이 보이는 사고의 주된 특징은?

① 대상영속성 개념의 결핍
② 감각운동 도식에 의해 세상 이해
③ 자아 중심성
④ 부분 - 전체 관계에 대한 통찰

008 다음 중 성격이론에 대한 설명으로 틀린 것은?

① Allport : 성격은 과거 경험에 의해 학습된 행동성향으로, 상황이 달라지면 행동성향도 변화한다.
② Cattell : 특질을 표면특질과 근원특질로 구분하고, 자료의 통계분석에 근거하여 16개의 근원특질을 제시했다.
③ Rogers : 현실에 대한 주관적 해석 및 인간의 자기실현과 성장을 위한 욕구를 강조했다.
④ Freud : 본능적인 측면을 지나치게 강조하여 사회환경적 요인을 상대적으로 경시했다.

009 어떤 조건자극이 일단 조건 형성되고 나면, 이 자극과 유사한 다른 자극들도 무조건 자극과 연합된 적이 없음에도 불구하고 조건반응을 야기하는 것은?

① 소거
② 자발적 회복
③ 변별
④ 자극일반화

010 Kelley의 공변 모형에서 사람들이 내부 혹은 외부귀인을 할 때 고려하는 정보가 <u>아닌</u> 것은?

① 일관성(consistency)
② 특이성(distinctiveness)
③ 현저성(salience)
④ 동의성(consensus)

011 부분 보고법과 전체 보고법을 이용한 Sperling의 기억에 관한 실험은 무엇을 알아보기 위한 것인가?

① 감각기억의 크기
② 단기기억의 한계
③ 단기기억의 소멸
④ 장기기억의 생성

012 기억정보의 처리과정으로 옳은 것은?

① 부호화 → 저장 → 인출
② 저장 → 인출 → 부호화
③ 저장 → 부호화 → 인출
④ 부호화 → 인출 → 저장

013 Rogers의 성격이론에 관한 설명으로 <u>틀린</u> 것은?

① 경험의 객관적인 측면을 강조한다.
② 무조건적 긍정적 존중을 강조한다.
③ 자신의 경험을 있는 그대로 받아들일 수 있는 사람이 적응적이다.
④ 사람들은 자기와 경험 사이에 일관성을 유지하려고 한다.

014 정신분석에 대한 설명으로 <u>틀린</u> 것은?

① Freud는 정신결정론과 무의식적 동기를 강조한다.
② Jung은 집단무의식의 중요한 구성요소를 원형이라 가정한다.
③ Adler는 생물학적 측면보다는 사회적 요인이 성격에 미치는 영향을 강조한다.
④ 적응적인 성격이란 3가지 성격요소 중 어느 한 요소가 지배적이고 다른 두 요소가 조화를 이루는 경우이다.

015 Festinger의 인지 부조화(Cognitive dissonance) 이론을 가장 잘 설명한 것은?

① 사람들은 자신의 지식과 감정 그리고 행동의 모든 측면이 일치하지 않으면 불쾌감을 경험한다.
② 사람들의 의견과 태도는 항상 행동과 일치하지 않는다.
③ 사람들은 집단 속에서 집단의 뜻에 동조할 때 인지부조화가 일어난다.
④ 인지부조화는 타인과의 관계가 원만하지 못할 때 발생한다.

016 인간의 성격과 관련된 관점들 중 결정론적인 관점들로만 짝지어진 것은?

① 정신분석학 - 조작적 조건형성
② 인본주의적 관점 - 특성이론
③ 관찰학습 - 실존주의적 관점
④ 현상학적 관점 - 사회학습이론

017 하나를 보면 열을 안다는 속담처럼 타인을 지각할 때 내적으로 일관되게 평가하는 경향은?

① 후광효과
② 긍정적 편파
③ 자기 이행적 예언
④ 단순 접촉효과

018 인지부조화가 발생하는 조건이 <u>아닌</u> 것은?

① 취소 불가능한 개입
② 자발적 선택
③ 불충분한 유인가
④ 욕구좌절

019 고전적 조건형성의 확립에는 조건자극과 무조건자극의 시간적 관계가 중요한데, 다음 중 가장 효과적인 조건은?

① 동시조건 형성
② 흔적조건 형성
③ 지연조건 형성
④ 역행조건 형성

020 유발된 행동과 보상이 우연히 동시에 발생하여 학습되는 행동은?

① 일반화
② 미신행동
③ 조작행동
④ 변별

021 **불안장애를 치료하는데 효과적인 벤조디아제핀의 생물학적 기제는?**

① 신경전달물질인 GABA의 활동을 차단한다.
② GABA의 방출을 증가시킨다.
③ 신경전달물질인 세로토닌의 활동을 차단한다.
④ 세로토닌의 방출을 촉진한다.

022 **기분장애에 관한 설명으로 틀린 것은?**

① 주요 우울과 양극성 장애는 모두 일화적 기분장애이다.
② 기분 부전장애는 우울 증상이 특징이며 양극성 장애보다 더 극단적인 기분 변동을 일으킨다.
③ 기분 부전장애와 순환성 기분 부전장애는 모두 만성적 기분 장애이다.
④ 주요 우울은 낮은 기분, 부정적 인지, 수면과 식욕 방해의 특징을 보인다.

023 **알코올 남용에 대한 설명과 가장 거리가 먼 것은?**

① 반복적인 알코올 사용으로 인해 직장, 학교, 가정에서의 중요한 임무를 수행하지 못한다.
② 신체적으로 해를 주는 상황에서 반복적으로 알코올을 사용한다.
③ 반복적인 알코올 사용과 관련된 법적인 문제를 일으킨다.
④ 알코올 사용을 경감하거나 사용하지 않을 때 금단증상이 나타난다.

024 **성 정체감 장애에 관한 설명으로 틀린 것은?**

① 1차 및 2차 성징을 제거하려는 성전환 수술에 집착한다.
② 반대 성을 가진 사람으로 행동하고 인정되기를 바란다.
③ 자신의 생물학적 성에 대해 지속적으로 불쾌감을 느낀다.
④ 반대 성의 옷을 입는 경우가 많아, 흔히 복장도착적 물품음란증으로 중복 진단된다.

025 지적 장애(intellectual disability)의 진단적 특징으로 <u>틀린</u> 것은?

① 임상적 평가와 개별적으로 실시된 표준화된 지능 검사로 확인된 지적기능의 결함이다.

② 적응기능의 결함으로 인해 독립성과 사회적 책임의식에 필요한 발달학적, 사회문화적 표준을 충족하지 못한다.

③ 20세 이전에 발병한다.

④ 지적 결함과 적응기능의 결함은 발달시기 동안에 시작된다.

026 여러 가지 운동 틱과 1가지 또는 그 이상의 음성 틱이 1년 이상의 기간 동안 반복적으로 나타나는 장애는?

① 레트장애   ② 뚜렛장애

③ 운동기술장애   ④ 아스퍼거장애

027 DSM - 5에 따르면, 성기능 장애에 해당되지 <u>않는</u> 것은?

① 조루증   ② 성별 불쾌감

③ 남성 성욕감퇴장애   ④ 남성 발기장애

028 범불안 장애를 보이는 사람의 인지적 특징과 가장 거리가 <u>먼</u> 것은?

① 잠재적 위험에 예민하다.

② 잠재적 위험이 발생할 확률을 높게 평가한다.

③ 타인으로부터 이용당할 가능성에 민감하다.

④ 사건이 발생할 경우 자신의 대처능력을 과소평가한다.

029 Jellinek이 제시한 알코올 중독이 되는 4단계에 관한 설명으로 <u>틀린</u> 것은?

① 전 알코올 증상단계(pre alcoholic phase)에서는 반복적으로 술을 마심으로써 긴장이 해소된다.

② 전조단계(prodromal phase)에서는 음주에 대해 죄의식을 갖지만 음주 동안 일어난 일에 대해서는 기억한다.

③ 결정적 단계(crucial phase)에서는 음주에 대한 통제력이 상실되어 가족과의 문제를 일으킨다.

④ 만성단계(chronic phase)에서는 알코올에 대해 내성과 금단 반응이 나타난다.

030 DSM - 5에서 광범위성 발달장애에 포함되지 <u>않는</u> 것은?

① 반응성 애착장애　　　　　　　② 자폐성 장애
③ 아스퍼거 장애　　　　　　　　④ 소아기 붕괴성 장애

031 다음 중 공황장애를 가진 내담자를 심리치료하는 데 가장 효과적인 방법은?

① 행동조형　　　　　　　　　　② 자유연상법
③ 점진적 노출법　　　　　　　　④ 혐오조건화

032 소현병을 설명하는 소인 - 스트레스이론(diathesis - stress theory)에 대한 설명으로 가장 적합한 것은?

① 소인이 스트레스를 야기한다.
② 스트레스가 소인을 변화시킨다.
③ 소인과 스트레스는 서로 억제한다.
④ 소인은 스트레스 상황에서 발현된다.

033 다음 조현병 증상들 중 성질이 다른 하나는?

① 정서의 메마름　　　　　　　　② 언어의 빈곤
③ 의지결여　　　　　　　　　　④ 환각

034 다음과 같은 증상의 진단으로 가장 적합한 정신장애는?

A군은 어렸을 때부터 말을 알아듣는 것이나, 말하는 것이 몹시 느려서 다른 사람을 대하면 자기를 바보로 여기는 것 같아 예민하게 반응하였으며 조금만 자기에게 소홀하면 자기를 따돌리고 바보 취급하는 것으로 받아들였다. 대학에 들어와서도 다른 학생들이 자기와 함께 하지 않으면 자기를 무시하고 바보 취급한다고 생각하여 자주 싸우려고 하고, 실제로 싸울 때도 많았다. 자신은 언제나 옳고 다른 사람을 위하려고 하는데 주위의 사람은 언제나 자기를 해치려 하고 무시하려 한다고 화를 낸다. 그는 친구 관계가 아주 빈약하며 타인을 의심하고 경계한다.

① 정신병질　　　　　　　　　　② 편집성 성격장애
③ 기분장애　　　　　　　　　　④ 사회공포증

035 다음 중 삼환식 항우울제의 부작용이 <u>아닌</u> 것은?

① 입이 마름　　　　　　　　　② 변비
③ 시야 흐림　　　　　　　　　④ 체중 감소

036 기분장애의 '카테콜아민(catecholamine) 가설'의 설명으로 옳은 것은?

① 정신분열증이 도파민의 부족에 기인한다는 입장
② 우울증이 노르에피네프린의 부족에 기인한다는 입장
③ 우울증이 생물학적 및 환경적 원인의 상호작용에 기인한다는 입장
④ 조증이 세로토닌의 증가에 기인한다는 입장

037 다음 중 자폐 스펙트럼 장애의 증상이 <u>아닌</u> 것은?

① 사회적 상호작용 및 의사소통의 지속적인 결함
② 과잉행동과 충동성
③ 동일성에 대한 고집
④ 행동이나 관심에서의 반복적이며 상동적인 증상

038 아동, 청소년기에 진단되는 사회 공포증에 관한 설명으로 <u>틀린</u> 것은?

① 10세 이전에 주로 발생한다.
② 자기 집중화와 자기 비판적 사고와 연관된다.
③ 사회적 상황에 노출되면 급성 불안발작이 나타난다.
④ 생리적 신체반응을 남들이 알아차릴 것이라고 여긴다.

039 다음 중 적대적 반항장애(Oppositional Defiant Disorder)로 진단 받은 아동에게서 관찰할 수 있는 행동은?

① 자신도 모르게 쉴 사이 없이 눈을 깜빡거리거나 일정한 몸짓을 하며 때로는 괴상한 소리를 내기도 한다.
② 엄마와 떨어지는 것에 대한 불안으로 학교 가기를 거부한다.
③ 사회적으로 정해진 규칙을 위반하거나 타인의 권리를 침해한다.
④ 어른들과 논쟁을 하고 쉽게 화를 낸다.

040 성기능 장애의 하나로써 남성이 사정에 어려움을 겪으며 성적 절정감을 느끼지 못하는 장애는?
① 조루증   ② 지루증
③ 남성 발기장애   ④ 성교 통증장애

041 지능에 관한 설명과 가장 거리가 먼 것은?

① 부모의 양육태도가 지능에 영향을 미칠 수 있다.
② 일반적 지능에는 유의한 성차가 없다.
③ 지능과 창의성 간의 상관관계는 낮은 편이다.
④ 학업성취도는 언어성 검사보다 비언어성 검사와 상관관계가 더 높은 편이나.

042 다음 중 실행적 기능(executive function)을 담당하는 뇌 부위가 손상된 환자의 평가결과와 가장 거리가 먼 것은?

① 벤더 도형검사(BGT)에서 도형의 배치 순서를 평가하는 항목의 점수가 유의하게 낮았다.
② 웩슬러 지능검사에서 차례 맞추기 소검사의 점수가 유의하게 낮았다.
③ Stroop test의 간섭시행 단계에서 특히 점수가 낮았다.
④ 웩슬러 지능검사에서 기본지식 소검사의 점수가 유의하게 낮았다.

043 지능검사를 해석하는 일반적 원칙으로 옳은 것은?

① 지능검사에서 발견한 피검자의 행동특징과 반응내용은 결과해석에 중요치 않다.
② 지능검사는 개인이 현재까지 학습해 온 것을 측정하기 보다는 개인의 능력 자체를 측정하는 것이라고 보는 것이 타당하다.
③ 한 피검자의 프로파일 양상을 해석할 때 각 피검자 고유의 과거력, 행동특징, 현재의 상황들까지 고려할 필요는 없다.
④ 지능검사는 과학적인 검증을 거쳐 개발되기는 하였지만 어디까지나 인위적으로 표집하여 구성된 문항의 집합일 뿐, 결과의 일반화에는 신중을 기하여야 한다.

044 MMPI 상승척도 쌍에 관한 해석으로 틀린 것은?

① 1~3 : 우울감이 동반되는 신체적 증상을 나타낸다.
② 4~6 : 만성적인 적대감과 분노감이 있으며, 이로 인해 친밀한 관계를 형성하기 어렵다.
③ 6~8 : 사고장애와 현실 판단력 장애 등 정신병적 상태를 나타낸다.
④ 7~0 : 불안과 긴장 수준이 높고, 이로 인해 사회적 상황을 회피하는 경향을 나타낼 수 있다.

045 주제통각검사(Thematic Apperception Test : TAT)의 실시에 관한 설명으로 옳은 것은?

① 수검자가 '이 사람은 남자인가요? 여자인가요?'라고 묻는 경우, 검사 요강을 참고하여 성별을 알려준다.

② 자연스러운 반응을 위해, 수검자의 반응이 지나치게 피상적이고 기술적인 경우(예를 들어, 소년이 바이올린 앞에 있다)라도 검사자가 개입해서는 안 되며, 다음 반응으로 넘어가야 한다.

③ 카드를 보여주고, 각 그림을 보면서 될 수 있는 대로 연극적인 장면을 만들어 보라고 지시한다.

④ 모든 수검자에게 24장의 카드를 전부 실시한다.

046 일반적으로 정신장애의 진단을 목적으로 하는 심리검사는?

① CPI   ② MMPI

③ MBTI   ④ 16PF

047 다음에 제시된 검사제작 과정을 순서대로 나열한 것은?

ㄱ. 검사목적에 관한 조작적 정의	ㄴ. 문항 작성 및 수정
ㄷ. 검사목적의 명세화	ㄹ. 신뢰도, 타당도, 규준작성
ㅁ. 예비검사 실시와 문항분석	ㅂ. 최종검사 제작

① ㄱ → ㄷ → ㄴ → ㅁ → ㅂ → ㄹ   ② ㄱ → ㄷ → ㅁ → ㄴ → ㄹ → ㅂ

③ ㄷ → ㄱ → ㄴ → ㅁ → ㅂ → ㄹ   ④ ㄷ → ㄱ → ㄴ → ㅂ → ㄹ → ㅁ

048 다음 중 MMPI의 9번 척도 상승과 관련된 해석으로 가능성이 가장 높은 것은?

① 과잉 행동   ② 사고의 혼란

③ 정서적 침체   ④ 신체증상

049 다음 다면적 인성검사(MMPI)의 해석방식 중 '내용에 근거한 해석'에 관한 설명으로 **틀린** 것은?

① Harris - Lingos의 하위 척도 등이 포함된다.

② 문항에 대한 요인분석을 통해 개발된 척도들이 포함된다.

③ 내용타당도에 근거하기 때문에 경험적 타당도는 요구되지 않는다.

④ 문항들에 대한 내용분석에 근거하여 이론적 척도를 구성할 수 있다.

050 MMPI 임상척도 중 점수가 지나치게 하강하는 경우도 점수가 상승하는 것과 같은 의미로 해석하기도 하는 척도는?

① 척도 2 　　　　　　　　　　　　② 척도 4

③ 척도 6 　　　　　　　　　　　　④ 척도 8

051 다면적 인성검사(MMPI)를 제작할 때 정상인 집단과 정신장애인 집단을 설정하고, 이 두 집단을 구별해 줄 수 있는 문장들을 선정하여 문항을 제작하는 방식은?

① 내용방법(content method), 즉 논리적·합리적 방법

② 요인분석방법(factor analysis method)

③ 구인(구성)타당도 접근법(construct validity approach)

④ 경험적 준거 접근법(enpirical criterion - keying approach)

052 MMPI의 실시방법에 관한 설명으로 <u>틀린</u> 것은?

① 검사를 실시하는 방의 분위기는 조용하고 안정되어 있어야 한다.

② 피검자들이 피로해 있지 않고 권태를 느끼지 않는 시간을 택하는 것이 좋다.

③ 피검자의 독해력 여부를 확인하는 일이 중요하다.

④ 피검자가 환자이고, 개인적으로 실시할 경우에는 검사자와 피검자 간에는 친화력이 중요치 않다.

053 BGT 검사에 대한 설명으로 <u>틀린</u> 것은?

① 두뇌의 기질적인 손상 유무를 밝히기 위한 목적에만 사용이 가능하다.

② 정신지체가 있는 피검자에게 사용할 수 있다.

③ 문화적 요인이나 교육적 배경에 별로 영향을 받지 않는다.

④ 언어표현 능력이 없는 피검자에게 유용하다.

054 다음 중 MMPI에 관한 설명으로 **틀린** 것은?

① 제1차 세계대전 중 많은 사람들을 선발하는 과정에서 필요성이 대두되어 제작되었다.

② 성격검사의 유형 중 객관식 성격검사에 해당하는 대표적 검사이다.

③ 어느 한 문항이 특정 속성을 측정한다고 생각되면 특정척도에 포함시키는 논리적, 이성적 방법에 따라 제작되었다.

④ MMPI 검사의 일차적인 목표는 정신과적 진단분류를 위한 측정이며, 일반적 성격특성에 관한 유추도 어느 정도 가능하다.

055 다음 중 Wechsler가 제시한 지능의 정의에 해당되는 것은?

① 지능은 판단하고 이해하고 추론하는 능력이다.

② 지능은 목표를 가지고 행동하고 합리적으로 사고하며, 환경을 효과적으로 다룰 수 있는 능력의 집합이다.

③ 지능은 유전자에 의해 전수되는 타고난 능력이다.

④ 사회문화적 경험이나 조건 형성된 능력으로써 적응능력을 말한다.

056 다음은 Thurstone이 제안한 지능에 관한 다요인 중 어느 요인을 지칭하는 예인가?

> 4분 이내에 'D' 자로 시작되는 말을 가능한 많이 적어보시오.

① 언어요인

② 단어 유창성 요인

③ 공간요인

④ 기억요인

057 다음 중 MMPI에서 F 척도가 매우 높을 때의 가능한 해석과 가장 거리가 **먼** 것은?

① 전형적인 신경증 증상

② 무선적인 반응

③ 심한 정서적 혼란

④ 부정 왜곡 경향

058 개인용 지능검사(K - WAIS)에서 편차 지능지수(deviation IQ)에 대한 설명 중 **틀린** 것은?

① 편차지능지수는 모집단의 평균을 100, 표준편차를 15로 규정한 정상분포곡선 상의 표준점수이다.

② 어느 개인의 편차지능지수가 100이라면, 지능수준으로 볼 때, 그 개인은 동일 연령의 모집단 내에서 중간 정도의 위치에 있다.

③ 평균을 100, 표준편차를 15로 규정한 편차지능지수인 경우, IQ 70은 표준편차 - 2의 위치에 해당되는 지능지수이다.

④ 편차지능지수 100을 나른 표준짐수로 환산한다면 Z전수로는 1, T점수로는 50에 각각 해당된다.

059 다음 중 나머지 세 사람들과 공통점이 적은 지능이론을 주장한 사람은?

① Gardner

② Guilford

③ Spearman

④ Thurstone

060 ADHD(주의력 결핍 및 과잉행동장애)에서 나타날 수 있는 보편적인 지능검사 소검사들의 특징은?

① 산수, 숫자외우기 문제 점수의 저하

② 토막 짜기, 어휘 문제 점수의 상승

③ 언어성 IQ가 동작성 IQ보다 상승

④ 차례 맞추기, 이해문제 점수의 상승

061 면접을 평가하기 위에 사용되는 타당도 유형에 관한 설명으로 가장 적합한 것은?

① 구성 타당도 - 면접 점수가 논리적으로, 이론상으로 일치하는 행동이나 다른 평가 기준과 관계되어 있는 정도

② 예언 타당도 - 면접 항목이 변인이나 구성의 다양한 측면을 적절하게 측정하는 정도

③ 내용 타당도 - 면접 점수가 관련 있으나 독립적인 다른 면접 점수나 혹은 행동과 상호 연관되어 있는 정도

④ 공존 타당도 - 검사 점수가 미래의 어떤 시점에 관찰됐거나 획득한 점수나 행동을 예측하는 정도

062 면접 시 임상가가 어떻게 질문을 하느냐에 따라 내담자로부터 유용한 정보를 얻을 수 있느냐가 결정된다. 다음의 질문형태 중 내담자로부터 많은 정보를 얻어내는데 효과적인 질문방식으로만 짝지어진 것은?

ㄱ. 개방형 질문	ㄴ. 폐쇄형 질문
ㄷ. 간접형 질문	ㄹ. 직접적 질문

① ㄱ, ㄴ   ② ㄱ, ㄷ
③ ㄴ, ㄷ   ④ ㄴ, ㄹ

063 다음 중 뇌 기능의 국재화에 관한 설명으로 <u>틀린</u> 것은?

① 측두엽은 청각, 청각적인 언어의 이해와 관련이 있다.
② 후두엽은 후각과 연관이 있다.
③ 두정엽은 시각적 처리와 체감각 정보에 관련이 있다.
④ 전두엽은 정서적 상태의 생성, 운동기능에 관련이 있다.

064 다음에서 설명하고 있는 치료법은?

적정 체중에 미달되는데도 자신이 과체중이고 비만이라고 생각해서 음식을 거부하는 사람에 대해, 극단적인 흑백사고와 파국적 사고 등의 인지왜곡에 대한 접근을 시도하고 문제해결접근, 그리고 체계적둔감화와 같은 방법을 포함하는 치료방법이다.

① 정신분석   ② 인간중심치료
③ DBT   ④ 인지행동치료

065 다음 중 자문의 특징에 대한 설명으로 옳은 것은?

① 자문가와 피자문자의 관계는 임의적이다.
② 자문가는 자문을 요청한 기관과 관련이 있다.
③ 자문가는 피자문자의 기능적 역량에 중점을 둔다.
④ 자문가는 피자문자를 대신하여 내담자를 치료한다.

066 심리학적 평가보고서 작성 시 반드시 포함되지 않아도 되는 사항은?

① 심리검사가 의뢰된 이유
② 인지와 정서기능
③ 예후와 진단적 정보
④ 질환의 원인

067 근육 긴장을 이완시키고, 심장의 박동을 조정하고, 혈압을 통제하는 훈련을 받는 것은?

① 바이오피드백
② 행동적인 대처방식
③ 문제 중심의 대처기술
④ 정서 중심의 대처기술

068 캐나다 윤리규약(Canadian Psychological Association, 1995)에서 제시한 심리학자의 윤리원칙에 해당하지 <u>않는</u> 것은?

① 개인의 존엄성에 대한 존중
② 관계에서의 성실성
③ 환자와 심리전문가 간의 관계적 융통성
④ 사회에 대한 책임성

069 합리적 정서행동치료의 비합리적 신념의 차원 중 인간문제의 근본요인에 해당하는 것은?

① 당위적 사고
② 과장
③ 자기비하
④ 인내심 부족

070 지역사회 심리학 활동에 관한 설명으로 <u>틀린</u> 것은?

① 정신건강예방사업을 위해 비전문가들을 훈련시켜 활용할 수 있다.
② 학교 및 직장, 조직체 등을 대상으로 방문사업을 실시하는 것이 권장된다.
③ 1차 및 2차, 3차 예방수준에서 고위험군 대상의 집중적인 개입을 권장한다.
④ 위기 개입의 경우에 준전문가 및 예방적 개입의 활용이 강조된다.

071 임상심리학 발전에 영향을 준 인물과 사건에 관한 연결이 올바른 것은?

① Kraepelin - 정신병리의 유형에 관한 분류
② Terman - TAT와 같은 투사법 심리검사의 개발
③ Levy - 제1차 세계대전 당시 사용되었던 집단 성격검사인 Army 알파 개발
④ Wilhelm Wundt - 의식에 관한 연구를 무의식의 영역까지 확대하여 연구함

072 임상심리학 자문의 순서로 옳은 것은?

① 평가 → 중재 → 질문의 이해 → 추적조사 → 종결
② 질문의 이해 → 평가 → 중재 → 종결 → 추적조사
③ 중재 → 질문의 이해 → 추적조사 → 종결 → 평가
④ 추적조사 → 중재 → 평가 → 종결 → 질문의 이해

073 Joseph Wölpe의 상호교호적 억제(reciprocal inhibition)에 관한 설명으로 가장 적합한 것은?

① 불안유발자극과 이완유발자극을 조합하여 조작적 조건형성의 부적 강화를 강화시키는 절차이다.
② 불안과 양립할 수 없는 반응을 유발시킴으로써 자극과 불안 간의 결합을 약화시키는 절차이다.
③ 자극과 반응 간의 상호처벌적인 방식으로 연합시켜 특정불안반응이나 회피행동을 탈조건형성시키는 절차이다.
④ 상호억제를 유발하는 경쟁자극으로 전기충격과 같은 혐오자극을 제시하여 불안행동을 억제시키는 절차이다.

074 심리평가 결과에 관한 설명으로 옳은 것은?

① 심리결과의 유용성은 평가대상(target)의 기저율(base rate)과는 무관하게 결정된다.
② 정신분열증 유무검사의 경우 일반전집에서 오경보(false positive)의 가능성이 거의 없다.
③ 전문가에 의한 임상적 판단은 대개 통계적 판단보다 일관되게 우월하게 나타난다.
④ 범주적 진단분류와 차원적 진단분류 중 어느 하나만을 선택할 필요는 없다.

075 뇌의 부위와 행동과의 관계에 관한 설명으로 옳은 것은?

① 우측 측두엽 손상 - 기억, 추리, 판단 등 고차적 인지 기능에 결함
② 변연계의 손상 - 주로 시지각과 시각학습에서의 결함
③ 전두엽의 손상 - 언어표현의 결함
④ 후두엽의 손상 - 시각적 공간의 즉각 보고의 손상

076 임상심리학의 새로운 전문영역 중에서 비만, 스트레스 관리 등과 가장 밀접히 관련되는 것은?

① 신경심리학　　　　　　　　　　　② 건강심리학
③ 법정심리학　　　　　　　　　　　④ 아동임상심리학

077 인지치료에 대한 설명으로 **틀린** 것은?

① 개인의 문제가 잘못된 전제나 가정에 바탕을 둔 현실왜곡에서 나온다고 본다.
② 개인이 지닌 왜곡된 인지는 학습상의 결함에 근거를 두고 있다.
③ 부정적인 자기개념에서 비롯된 자동적 사고들은 대부분 합리적인 사고들이다.
④ 치료자는 왜곡된 사고를 풀어주고 보다 현실적인 방식들을 학습하도록 도와준다.

078 건강심리학에서의 개입방법에 관한 설명으로 **틀린** 것은?

① 조작적 조건형성에 의하면 통증은 정적 강화 때문에 지속된다.
② 인지행동치료는 만성 통증에 대한 신념과 기대를 변화시키고자 한다.
③ 바이오피드백 기법은 다른 개입 방안을 배제하고 단독으로 시행될 때 효과가 우수한 편이다.
④ 역조건 형성에 의한 체계적 둔감법은 고전적 조건형성에 기초한다.

079 환자에게 자신의 메시지를 정교화하도록 도울 뿐만 아니라 면접자가 그 메시지를 이해하고 있다는 것을 확실히 하기 위하여 사용되는 의사소통기법은?

① 요약　　　　　　　　　　　　　　② 명료화
③ 직면　　　　　　　　　　　　　　④ 부연설명

080 다음 중 심리학적 자문의 예로 **틀린** 것은?

① 만성질환자의 재활을 위한 프로그램
② 자살예방, 강간 및 폭력 후 위기개입
③ 약물치료의 정신적 부작용에 대한 정보
④ 청소년 성행동과 아동기 비만의 문제

081 Bordin이 제시한 작업동맹(working alliance)의 3가지 측면을 바르게 짝지은 것은?

① 작업의 동의, 진솔한 관계, 든든한 유대관계   ② 진솔한 관계, 든든한 유대관계, 서로의 호감

③ 유대, 작업의 동의, 목표에 동의   ④ 서로의 호감도, 동맹, 작업의 동의

082 가치중심적 진로상담 모델의 주장으로 옳은 것은?

① 진로결정과정에서 흥미는 가치만큼 중요한 영향을 미친다고 본다.

② 가치는 후천적 경험보다는 선천적 요인에 의해 형성된다.

③ 개인은 여러 가치에 대해 우선권을 부여하고 있어 가치 갈등을 겪는다.

④ 개인은 가치를 충족시키는 역할수행 차원에서 진로를 고려한다.

083 다음 중 단기상담에 적합한 내담자의 특성은?

① 반사회적 성격장애가 있다.

② 정상발달 중이며 발달 과정상의 문제가 주증상이다.

③ 지지적인 대화 상대자가 전혀 없다.

④ 만성적이고 복합적인 문제가 있다.

084 다음 중 알코올 중독 치료에 관한 설명으로 옳은 것은?

① 알코올 중독 치료에는 집단상담이나 자조집단보다는 개인상담이 더 많이 활용된다.

② 정신역동적 관점에서는 의존욕구와 관련된 갈등이 알코올 중독을 일으키는 중요한 요인이라고 간주한다.

③ 알코올 남용은 알코올 의존과 달리 알코올에 대해 생리적으로 의존하고 있는 경우로 내성이나 금단증상이 있다.

④ 알코올 중독에 대한 심리치료에서 치료 초기에 무의식적 사고와 감정에 대한 해석을 자주 사용한다.

085 성폭력 피해자 심리상담 초기단계의 유의사항으로 <u>틀린</u> 것은?

① 치료관계 형성에 힘써야 한다.

② 상담자는 상담 내용의 주도권을 가져야 한다.

③ 성폭력 피해로 인한 합병증이 있는지 묻는다.

④ 성폭력 피해의 문제가 없다고 부정을 하면 일단 수용해준다.

086 다음 중 가장 높은 수준의 공감적 표현방법은?

① 내담자의 표현에 중점을 두어 질문한다.
② 내담자가 표현한 것에 정확한 의미와 정서를 추가한다.
③ 이해하기 위해 노력하고 내담자의 단어로 반응한다.
④ 내담자의 감정을 정확히 반영한다.

087 현실치료에서 Glasser가 제시한 8가지 원리에 해당되지 않는 것은?

① 감정보다 행동에 중점을 둔다.
② 현재보다 미래에 초점을 둔다.
③ 계획을 세워 계획에 따라 반드시 실천하겠다는 약속을 다짐 받는다.
④ 변명은 금물이다.

088 자신조차 승인할 수 없는 욕구나 인격특성을 타인이나 사물로 전환시킴으로써 자신의 바람직하지 않은 욕구를 무의식적으로 감추려는 방어기제는?

① 동일화   ② 합리화
③ 투사   ④ 승화

089 Beck의 인지치료에서 치료 초기에 감찰(monitoring)과 수정의 주요 표적이 되는 사고로서 구체적인 상황에서 아주 빠르게 스치듯이 떠오르는 생각이나 영상을 찾아내는 방법이 아닌 것은?

① 사고 기록지 작성하기
② 감정변화 즉시 질문하기
③ 생활사건을 생생하게 떠올리기
④ 조건문 형태의 문장으로 생각을 표현하기

090 다음 중 학습상담의 과정으로 볼 수 없는 것은?

① 현실성 있는 상담목표를 설정해서 상담한다.
② 학습문제와 관련된 내담자의 감정을 이해하고 격려한다.
③ 내담자의 장점, 자원 등을 학습상담 과정에 적절히 활용한다.
④ 학습문제와 무관한 개인의 심리적 문제는 회피한다.

091 유머 사용, 역설적 기법, 직면 등과 같은 상담기법을 주로 사용하는 것은?

① 게슈탈트 상담　　　　　　　　　　② 현실치료 상담

③ 교류분석 상담　　　　　　　　　　④ 특성요인 상담

092 집단상담 과정 중 지도자가 집단원의 저항과 방어를 다루기 위해 즉각 개입하고, 그것을 해결하기 위해 필요한 지지와 도전을 제공하는 역할을 해야 하는 단계는?

① 갈등단계　　　　　　　　　　　　② 응집성단계

③ 생산적 단계　　　　　　　　　　　④ 종결단계

093 다음 중 알코올 중독자 상담에 대한 설명으로 <u>틀린</u> 것은?

① 가족을 포함하여 타인의 방해를 받지 않기 위하여 비밀리에 상담한다.

② 치료 초기 단계에서 술과 관련된 치료적 계약을 분명히 한다.

③ 문제 행동에 대한 행동치료를 병행할 수 있다.

④ 치료후기에는 재발가능성을 언급한다.

094 다음 중 Axline의 비지시적 놀이치료에서 놀이치료자가 갖추어야 할 원칙에 포함되지 <u>않는</u> 것은?

① 치료자는 아동을 있는 그대로 수용한다.

② 치료자는 아동과 따뜻하고 친근한 관계를 가능한 빨리 형성하도록 한다.

③ 치료자는 가능한 비언어적인 방법으로만 아동의 행동을 지시한다.

④ 치료자는 아동이 타인과의 관계형성이 본인의 책임이라는 것을 알도록 하기 위해서는 제한을 둘 수 있다.

095 Holland의 인성이론에서 개인이 자신의 인성유형과 동일하거나 유사한 환경에서 일하고 생활할 때를 의미하는 것은?

① 일관성　　　　　　　　　　　　　② 정체성

③ 일치성　　　　　　　　　　　　　④ 계측성

096 가족상담 기법 중 가족들이 어떤 특정한 사건을 언어로 표현하는 대신에 공간적 배열과 신체적 표현으로 묘사하는 기법은?

① 재구조화   ② 순환질문
③ 탈삼각화   ④ 가족조각

097 합리적 - 정서적 치료 상담의 ABCDE과정 중 D가 의미하는 것은?

① 논박   ② 결과
③ 신념체계   ④ 효과

098 진로상담의 목표와 가장 거리가 <u>먼</u> 것은?

① 진로상담은 내담자가 이미 결정한 직업적인 선택과 계획을 확인하는 과정이다.
② 진로상담은 개인의 직업적 목표를 명백히 해주는 과정이다.
③ 진로상담은 내담자로 하여금 자아와 직업세계에 대한 구체적인 이해와 새로운 사실을 발견하도록 해준다.
④ 진로상담은 직업선택과 직업생활에서 순응적인 태도를 함양하는 과정이다.

099 성피해자에 대한 상담의 초기 단계에서 상담자가 유의해야 할 사항으로 옳은 것은?

① 피해자가 첫 면접에서 성피해 사실을 부인하는 경우, 솔직한 개방을 하도록 지속적으로 유도한다.
② 가능하면 초기에 피해자의 가족상황과 성폭력 피해의 합병증 등에 관한 상세한 정보를 얻는다.
③ 성피해자로 인한 내담자의 심리적 외상을 신속하게 탐색하고 치유할 수 있도록 적극적으로 개입한다.
④ 피해상황에 대한 상세한 정보 수집이 중요하므로 내담자가 불편감을 표현하더라도 상담자가 주도적으로 면접을 진행한다.

100 형태 치료(게슈탈트 치료)에서 접촉 - 경계 혼란을 일으키는 여러 가지 심리적 현상 중 사람들이 감당하기 힘든 내적 갈등이나 환경적 자극에 노출될 때 이러한 경험으로부터 압도당하지 않기 위해 자신의 감각을 둔화시킴으로써 자신 및 환경과의 접촉을 약화시키는 것은?

① 내사(introjection)   ② 반전(retroflection)
③ 융합(confluence)   ④ 편향(deflection)

MEMO

2023

임상심리사 2급
필기 기출문제

제1과목 심리학개론
제2과목 이상심리학
제3과목 심리검사
제4과목 임상심리학
제5과목 심리상담

제1회 임상심리사 2급 필기 기출문제

정답 및 해설 p.134

제1과목 | 심리학개론

001 Maslow의 5단계 욕구 중 "금강산도 식후경"이라는 속담의 의미와 일치하는 욕구는?

① 자기실현의 욕구
② 안전의 욕구
③ 소속 및 애정의 욕구
④ 생리적 욕구

002 기억 정보의 인출에 대한 설명으로 옳은 것은?

① 인출 시의 맥락과 부호화 시의 맥락이 유사할 때 인출 가능성이 클 것이라는 주장을 부호화 명세성(특수성) 원리라고 한다.
② 회상과 같은 명시적 인출방법과 대조되는 방법으로 재인과 같은 암묵적 방법이 있다.
③ 기억탐색 과정은 일반적으로 외부적 자극정보를 부호화하는 과정을 말한다.
④ 설단현상은 특정 정보가 저장되어 있지 않다는 증거로 볼 수 있다.

003 처벌의 효과적인 사용방법에 대한 설명으로 틀린 것은?

① 처벌은 반응 이후 시간을 두고 주는 것이 효과적이다.
② 반응이 나올 때마다 매번 처벌을 주는 것이 효과적이다.
③ 처벌행동에 대해 대안적 행동이 있을 때 효과적이다.
④ 처음부터 아주 강한 강도의 처벌을 주는 것이 효과적이다.

004 너무 더우면 땀을 흘리고, 너무 추우면 몸을 떠는 것과 같이 항상성(homeostasis)을 유지하는 것과 관련이 있는 뇌의 부위는?

① 소뇌
② 뇌하수체
③ 변연계
④ 시상하부

005 내분비체계에서 개인의 기분, 에너지 수준 및 스트레스를 해결하는 능력에서 중요한 역할을 하는 것은?

① 부신   ② 뇌하수체

③ 시상하부   ④ 송과선

006 인지학습이론에 대한 설명으로 **틀린** 것은?

① 인지도는 학습에서 내적 표상이 중요함을 보여준다.

② 형태주의는 공간적인 관계보다는 시간변인에 주로 관심을 갖는다.

③ 통찰은 해결 전에서 해결로 갑자기 일어나며 대개 '아하' 경험을 하게 된다.

④ Tolman은 강화가 무슨 행동을 하면 어떤 결과가 일어날 것이란 기대를 확인시켜 준다고 보았다.

007 비행기 여행에 두려움을 가지고 있는 환자의 경우, 정신분석적 입장에서 볼 때 이 두려움의 주된 원인으로 가정할 수 있는 것은?

① 두려운 느낌을 갖게 만드는 무의식적 갈등의 전이

② 비행기의 추락 등 비행기 관련 요소들의 통제 불가능성

③ 어린 시절 사랑하는 부모에게 닥친 비행기 사고의 경험

④ 자율신경계 등 생리적 활동의 이상

008 심리측정에 관한 설명으로 옳은 것은?

① 일반적으로 검사도구가 측정하고자 목적한 바를 측정할 때 그 검사도구는 신뢰도가 있다고 한다.

② 내적 일관성 신뢰도는 검사를 1회 사용한 결과만을 가지고 신뢰도를 계산해야 할 때 사용될 수 있는 방식이다.

③ 검사-재검사 신뢰도는 서로 다른 집단의 사람들에게 검사를 반복적으로 사용했을 때 동일한 결과가 나오는 정도이다.

④ 내용타당도는 어떤 검사가 그 검사를 실시한 결과를 통해서 알고자 하는 준거변수와의 상관 정도를 말한다.

009 과자의 양이 적다는 어린 꼬마에게 모양을 다르게 했더니 많다고 좋아한다. 이 아이의 논리적 사고를 Piaget 이론으로 본다면 무엇에 해당하는가?

① 보존개념의 문제   ② 가설-연역적 추론의 문제

③ 대상영속성의 문제   ④ 자기중심성의 문제

010 성격 특성들 간의 관련성에 관한 개인적 신념으로서 타인의 성격을 판단하는 틀로 이용하는 것은?

① 고정관념(stereotype)

② 자기봉사적 편향(self-serving bias)

③ 내현성격이론(implicit personality theory)

④ 기본적 귀인오류(fundamental attribution error)

011 동조에 관한 설명으로 옳은 것은?

① 과제가 쉬울수록 동조가 많이 일어난다.

② 집단에 의해서 완전하게 수용 받고 있다고 느낄수록 동조하는 경향이 더 크다.

③ 집단의 크기에 비례하여 동조의 가능성이 증가한다.

④ 개인이 집단에 매력을 느낄수록 동조하는 경향이 더 높다.

012 자신과 타인의 휴대폰 소리를 구별하거나 식용버섯과 독버섯을 구별하는 것은?

① 변별   ② 차별화

③ 일반화   ④ 행동조형

013 개나리나 장미가 필 때는 그렇지 않고 유독 진달래가 필 때만 콧물이 나는 상황의 경우, 코감기의 원인이 진달래라고 결론을 내리는 것은?

① 독특성   ② 효율성

③ 일관성   ④ 동의성

014 얼마간의 휴식기간을 가진 후에 소거된 반응이 다시 나타나는 현상은?

① 자극 일반화   ② 자발적 회복

③ 고차 조건형성   ④ 변별 조건형성

015 임의의 영점을 가지고 있는 척도는?

① 명목 척도   ② 서열 척도

③ 등간 척도   ④ 비율 척도

016 성격의 일반적인 특성과 가장 거리가 먼 것은?

① 적응성
② 안정성
③ 일관성
④ 독특성

017 프로이트(Freud)의 성격체계에서 자아(ego)의 역할이 아닌 것은?

① 중재 역할
② 충동 지연
③ 현실 원칙
④ 도덕적 가치

018 뉴런의 전기화학적 활동에 관한 설명으로 옳지 않은 것은?

① 안정전위는 뉴런의 세포막 안과 밖 사이의 전하 차이를 의미한다.
② 뉴런은 자연적으로 전하를 띄는데, 이를 활동전위라고 한다.
③ 활동전위는 축색의 세포막 채널에 변화가 있을 경우 발생한다.
④ 활동전위는 전치 쇼크가 일정 수준 즉, 역치에 도달할 때에만 발생한다.

019 애착에 관한 설명으로 옳은 것은?

① 할로우(Harlow)의 원숭이 실험은 애착을 형성하는 데에 음식물 제공이 중요하다는 것을 보여 주었다.
② 로렌츠(Lorenz)의 새끼 오리 연구는 결정적 시기에 이루어진 각인에 의한 애착을 보여 주었다.
③ 볼비(Bowlby)는 어린 시절 형성된 애착행동체계가 청소년기 또는 성인기에 수정된다는 것을 보여 주었다.
④ 에인스워스(Ainsworth)의 실험에서 안정애착의 유아는 어머니가 자신과 함께 있든 떠나든 관계없이 새로운 환경을 편안해하며 그곳을 탐색하였다.

020 다음 사례에서 사용된 스키너(Skinner)의 강화계획은?

> A는 새롭게 스마트폰 어플리케이션을 개발한 이후 이용자들의 방문 횟수를 늘리고자 하였다. 이에 매일 정오에 어플리케이션에 들어와 출석체크를 하는 사람들에게 어플리케이션 내에서 사용할 수 있는 토큰을 제공하였다.

① 고정간격(fixed interval)
② 변동간격(variable interval)
③ 고정비율(fixed ratio)
④ 변동비율(variable ratio)

021 강간, 폭행, 교통사고, 자연재해, 가족이나 친구의 죽음 등 충격적 사건에 뒤따라 침습증상, 지속적 회피, 인지와 감정의 부정적 변화, 각성과 반응성의 뚜렷한 변화 등이 나타나는 심리적 장애는?

① 공황장애   ② 주요 우울증
③ 외상후 스트레스 장애   ④ 강박장애

022 성별 불쾌감에 대한 설명으로 **틀린** 것은?

① 반대 성이 되고 싶은 강한 갈망이 있다.
② 강력한 성적 흥분을 느끼기 위해 반대 성의 옷을 입는다.
③ 반대 성의 전형적인 느낌과 반응을 가지고 있다는 강한 확신이 있다.
④ 자신의 1차 및 2차 성징을 제거하고자 하는 강한 갈망이 있다.

023 Young에 의해 개발된 것으로, 전통적인 인지치료를 통해 긍정적인 치료효과를 보지 못했던 만성적인 성격 문제를 지닌 환자와 내담자를 위한 치료법은?

① 변증법적 행동치료(dialectical behavior therapy)
② 심리도식 치료(schema therapy)
③ 통찰 중심치료(insight focused therapy)
④ 마음챙김에 기초한 인지치료(mindfulness-based cognitive therapy)

024 정신분석학적 관점에서 볼 때 해리장애를 야기하는 주된 방어기제는?

① 억압   ② 주지화
③ 치환   ④ 반동형성

025 자기애성 성격장애에 관한 이론과 그 설명을 **잘못** 연결한 것은?

① 인지 행동이론 - 아동기에 지나치게 긍정적으로 대우받은 사람들에게서 발생한다.
② 정신역동 - 타인이 자신에게 매우 도움이 된다고 믿는다.
③ 사회문화이론 - 경쟁이 조장되는 서구사회에서 나타날 소지가 크다.
④ 대상관계이론 - 부모가 학대한 경우 위험성이 높다.

026 의존성 성격장애의 진단기준에 해당하지 <u>않는</u> 것은?

① 자신의 일을 혼자서 시작하거나 수행하기가 어렵다.
② 타인의 충고와 보장이 없이는 일상적인 일도 결정을 내리지 못한다.
③ 타인의 보살핌과 지지를 얻기 위해 무슨 행동이든 한다.
④ 자신이 사회적으로 무능하고 열등하다고 생각한다.

027 발달 정신병리에서 성별, 기질, 부모의 불화, 부모의 죽음이나 이별, 긍정적 학교 경험의 부족 등은 어떤 요인에 해당하는가?

① 탄력성   ② 위험 요인
③ 보호 요인   ④ 통제 요인

028 DSM-5에서 해리성 정체성 장애의 진단적 특징이 <u>아닌</u> 것은?

① 알코올 등의 직접적인 생리적 효과로 일어나는 경우도 포함
② 반복적인 해리성 기억상실
③ 경험성 기억의 퇴보
④ 자기감각과 행위 주체감의 갑작스러운 변화

029 성적 가학장애에 관한 설명으로 적절하지 <u>않은</u> 것은?

① 성가학적 행동의 패턴은 보통 장기적으로 나타난다.
② 대부분 시간이 지나도 행동의 심각도에는 큰 변화가 없다.
③ 대부분 초기 성인기에 나타난다.
④ 주로 성적 피학장애를 가진 상대에게 가학적 행동을 보인다.

030 DSM-5 신체증상 및 관련 장애에 속하는 장애를 모두 고른 것은?

ㄱ. 질병불안장애	ㄴ. 전환장애	ㄷ. 신체증상장애

① ㄱ, ㄴ   ② ㄱ, ㄷ
③ ㄴ, ㄷ   ④ ㄱ, ㄴ, ㄷ

031 물질사용장애에 관한 설명으로 **틀린** 것은?

① 다른 사람들에 비해 의존성, 반사회성, 충동성이 더 높다.

② 스트레스를 받는 사회경제적 조건 하에서 발생비율이 더 높다.

③ 물질사용이 보상을 줄 것이라는 기대감 때문에 사용이 증가한다.

④ 보상결핍증후군과 가장 관련이 많은 신경전달물질은 세로토닌이다.

032 불안장애의 인지 특성을 모두 고른 것은?

ㄱ. 상황의 위험한 측면에 대해 과대평가한다.
ㄴ. 위험의 신호를 찾기 위해 내·외적인 자극을 탐색한다.
ㄷ. 현실적 근거가 없는 자신만의 규칙을 갖고 있다.

① ㄱ, ㄴ   ② ㄴ, ㄷ
③ ㄱ, ㄷ   ④ ㄱ, ㄴ, ㄷ

033 우울증의 원인이 되는 우울 유발적 귀인(depressogenic attribution)현상에 관한 설명으로 옳은 것은?

① 성공을 외부적, 안정적, 특수적 요인에 귀인한다.

② 실패를 내부적, 안정적, 전반적 요인에 귀인한다.

③ 실패를 외부적, 안정적, 특수적 요인에 귀인한다.

④ 성공을 내부적, 안정적, 특수적 요인에 귀인한다.

034 적대적 반항장애(oppositional defiant disorder)의 진단기준에 해당되는 행동은?

① 자신도 모르게 일정한 몸짓을 하며 때로는 괴상한 소리를 내기도 한다.

② 엄마와 떨어지는 것에 대한 불안으로 학교가기를 거부한다.

③ 사회적으로 정해진 규칙을 위반하거나 타인의 권리를 침해한다.

④ 어른들과 논쟁을 하고 쉽게 화를 낸다.

035 강박장애의 설명으로 옳은 것은?

① 강박장애 환자는 자신의 강박적 사고나 강박적 행동이 지나치거나 비합리적임을 인식하지 못한다.

② 강박관념은 환자 스스로에게 자아-동조적(ego-syntonic)이다.

③ 강박장애 환자는 강박적인 사고, 충동, 심상이 개인이나 개인 자신의 정신적 산물임을 인정한다.

④ 강박장애 환자의 사고, 충동, 심상은 실생활 문제를 단순히 지나치게 걱정하는 것이다.

036 다음 증상사례의 정신장애 진단으로 옳은 것은?

> 대구 지하철 참사현장에서 생명의 위협을 경험한 이후 재경험증상, 회피 및 감정 마비증상, 과도한 각성상태를 1개월 이상 보이고 있는 30대 후반의 여성

① 조현양상장애

② 외상 후 스트레스 장애

③ 제2형 양극성장애

④ 해리성 정체성 장애

037 일반적 성격장애의 DSM - 5의 진단기준에 해당하지 <u>않는</u> 것은?

① 지속적인 유형이 다른 정신질환의 현상이나 결과로 더 잘 설명되지 않는다.

② 지속적인 유형이 물질(남용약물 등)의 생리적 효과나 다른 의학적 상태로 인한 것이다.

③ 지속적인 유형이 개인의 사회상황의 전 범위에서 경직되어 있고 전반적으로 나타난다.

④ 유형은 안정적이고 오랜 기간 동안 있어 왔으며 최소한 청년기 혹은 성인기 초기부터 시작된다.

038 알코올사용장애에 관한 설명으로 옳지 <u>않은</u> 것은?

① 성인 남자가 성인 여자보다 유병률이 높다.

② 알코올 중독의 첫 삽화는 10대 중반에 일어나기 쉽다.

③ 유병률은 인종 간 차이가 없다.

④ 금단, 내성, 그리고 갈망감이 포함된 행동과 신체 증상들의 집합체로 정의된다.

039 '반사회성 성격장애(antisocial personality disorder)'의 진단기준 또는 역학으로 옳지 <u>않은</u> 것은?

① 18세 이후에 진단이 가능하다.
② 여성과 남성에게서 유병률이 비슷하다.
③ 나이가 증가하면서 증상이 감소하는 경향을 보인다.
④ 15세 이전에 품행장애가 시작된 증거가 있어야 진단이 가능하다.

040 조현병(schizophrenia)의 양성증상으로 옳지 <u>않은</u> 것은?

① 망상(delusion)
② 환각(hallucination)
③ 긴장증(catatonia)
④ 무언어증(alogia)

041 신경인지장애가 의심되는 노인 환자를 대상으로 실시하기에 적합하지 <u>않은</u> 검사는?

① MMSE
② CERAD
③ NEO-PI-R
④ COWA Test

042 MMPI-2에서 타당성을 고려할 때 "?" 지표에 대한 설명으로 <u>틀린</u> 것은?

① "?" 반응은 수검자가 질문에 대해 답변을 하지 않을 경우뿐만 아니라 '그렇다'와 '아니다'에 모두 응답했을 경우에도 해당된다.
② 각 척도별 "?" 반응의 비율을 확인해 보는 것은 유용할 수 있다.
③ "?" 반응이 3개 미만인 경우에도 해당 문항에 대한 재반응을 요청하는 등의 사전검토 작업이 필요하다.
④ "?" 반응이 300번 이내의 문항에서만 발견되었다면 L, F, K 척도는 표준적인 해석이 가능

043 초등학교 아동에게 사용하기 적합하지 <u>않은</u> 검사는?

① K-Vineland-II
② KPRC
③ CBCL
④ SAT

044 선로 잇기 검사(Trail Making Test)는 대표적으로 어떤 기능 또는 능력을 측정하기 위해 고안된 검사인가?

① 시공간 처리능력
② 언어능력
③ 기억력
④ 주의력

045 주의력 손상을 측정하기 위한 검사가 <u>아닌</u> 것은?

① Visual Search and Attention Test
② Letter Cancellation Test
③ Category Test
④ Digit-Span Test

046 MMPI-2가 대표적인 자기보고식 심리검사로 사용되는 이유가 <u>아닌</u> 것은?

① 많은 연구결과가 축적되어 있다.

② 객관적으로 표준화된 규준을 갖추고 있다.

③ 코드 유형 등을 사용해 체계적으로 사용할 수 있다.

④ MMPI척도가 DSM체계와 일치하여 장애진단이 용이하다.

047 주의력결핍과잉행동장애(ADHD)로 진단된 아동의 경우 Wechsler 지능검사상 수행이 저하되기 쉬운 소검사는?

① 토막짜기   ② 숫자

③ 어휘   ④ 공통성

048 MMPI-2의 타당도척도 점수 중 과잉보고(over reporting)로 해석 가능한 경우는?

① VRIN 80점, K 72점   ② TRIN(f방향) 82점, FBS 35점

③ F 75점, F(P) 80점   ④ F(B) 52점, K 52점

049 검사자가 지켜야 할 윤리적 의무로 옳지 <u>않은</u> 것은?

① 피검자가 자해행위를 할 위험성이 있어도 비밀보장의 의무를 지켜야 하므로 누구에게도 알려서는 안 된다.

② 자신이 받은 학문적인 훈련이나 지도받은 경험의 범위를 벗어난 평가를 해서는 안 된다.

③ 검사과정에서 피검자에게 얻은 정보에 대해 비밀을 보장할 의무가 있다.

④ 자신이 다루기 곤란한 어려움이 있을 때는 적절한 전문가에게 의뢰하여야 한다.

050 표준화 검사의 개발 과정으로 옳은 것은?

① 검사목적 구체화 → 측정방법 검토 → 예비검사 시행 → 문항수정 → 본검사 제작 → 검사문항 분석 → 검사사용 설명서 제작

② 측정방법 검토 → 검사목적 구체화 → 예비검사 시행 → 문항수정 → 검사문항 분석 → 본검사 제작 → 검사사용 설명서 제작

③ 검사목적 구체화 → 예비검사 시행 → 측정방법 검토 → 본검사 제작 → 문항수정 → 검사문항 분석 → 검사사용 설명서 제작

④ 측정방법 검토 → 검사목적 구체화 → 예비검사 시행 → 검사문항 분석 → 문항수정 → 본검사 제작 → 검사사용 설명서 제작

051 심리평가를 위해 수행되는 면담에 관한 설명으로 옳은 것은?

① 면담은 평가를 하기 위한 목적으로 하는 것이라 치료적인 효과는 없다.

② 면담자가 피면담자에 대한 전반적인 인상을 형성한 후 그것에 준해 다른 관련 특성을 추론하는 경향을 할로(halo) 효과라고 한다.

③ 면담은 구조화할 수 없다는 단점이 있다.

④ 면담에서는 신뢰도와 타당도를 크게 고려하지 않아도 된다는 장점이 있다.

052 신경심리검사에 관한 설명으로 옳지 <u>않은</u> 것은?

① 치료 효과의 평가에 사용할 수 있다.

② 가벼운 초기 뇌손상의 진단에는 효과적이지 못하다.

③ 우울장애와 치매상태를 감별해 줄 수 있다.

④ 신경심리검사의 해석에 성격검사 결과를 참조한다.

053 다음에서 설명하는 검사는?

> 유아 및 학령전 아동의 발달 과정을 체계적으로 측정하기 위한 최초의 검사로서, 표준 놀이기구와 자극 대상에 대한 유아의 반응을 직접 관찰하며, 의학적 평가나 신경학적 원인에 의한 이상을 평가하기 위해 사용된다.

① Gesell 의 발달 검사　　　　　　　　② Bayley의 영아발달 척도

③ 시지각 발달 검사　　　　　　　　　④ 사회성숙도 검사

054 신경심리검사의 해석에 관한 설명으로 옳은 것은?

① 반응의 질적 측면은 해석에서 배제된다.

② 과제에 접근하는 방식과 검사자와의 상호작용 양상도 해석적 자료가 된다.

③ 피검사자의 정서적 및 성격적 특징은 해석에서 고려되지 않는다.

④ 과거의 기능에 관한 정보는 배제하고 현재의 기능에 초점을 맞추어 평가한다.

055 다음 아동용 심리검사 중 실시 목적이 나머지 셋과 <u>다른</u> 것은?

① 운동성 가족화 검사(KFD)　　　　　② 집-나무-사람 그림 검사(HTP)

③ 아동용 주제통각검사(CAT)　　　　　④ 코너스 평정척도(Conners Rating Scale)

056 신경심리평가를 사용하는 목적으로 옳지 <u>않은</u> 것은?

① 뇌손상 여부의 판단
② 치료과정에서 병의 진행과정과 호전 여부의 평가
③ 과거의 억압된 감정을 치료하는데 주목적이 있다.
④ MRI 등으로 판단하기 어려운 미세한 기능장애의 평가

057 심리검사 점수의 해석과 사용에서 임상 심리사가 유의해야 할 점이 <u>아닌</u> 것은?

① IQ점수를 범주화하여 해석하는 것은 오류 가능성이 있다.
② 검사 점수를 해석할 때는 그 사람의 배경이나 수행동기 등을 배제해야 한다.
③ 문화적 박탈 효과에 둔감한 검사는 문화적 불이익의 효과를 은폐시킬 수 있다.
④ 검사는 개인의 일정 시점에서 무엇을 할 수 있는지를 밝혀내도록 고안된 것이다.

058 K - WAIS - IV에서 일반능력지수(GAI)에 해당하지 <u>않는</u> 것은?

① 퍼즐   ② 행렬추론
③ 동형찾기   ④ 토막짜기

059 심리검사 결과, 개인 간 비교를 하기 위해 중요한 것 중 하나로, 이는 검사의 실시와 채점을 일관성 있게 통일된 방식으로 할 수 있도록 절차를 명세화하는 것을 의미한다. 이러한 개념을 무엇이라고 하는가?

① 규준(norm)
② 신뢰도(reliability)
③ 표준화(standardization)
④ 문항 내적 합치도(item internal consistency)

060 심리검사에서 규준(norm)의 종류에 대한 설명으로 옳은 것은?

① 표준등급은 원점수를 1부터 10까지 열 개의 범주로 나눈 것이다.
② 평균이 80점이고 표준편차가 5점인 집단에서 60점을 받은 사람의 Z점수는 4.0이다.
③ Z점수가 2.0인 사람의 T점수는 70점이다.
④ 백분위는 특정 개인의 점수를 그가 속한 집단에서 그 사람보다 점수가 높은 사람들의 비율로 나타낸 것이다.

061 다음은 어떤 조건형성에 해당하는가?

> 연구자가 종소리를 들려주고 10초 후 피실험자에게 전기 자극을 주었다고 가정해 보자. 몇 번의 시행 이후 다음 종소리에 피실험자는 긴장하기 시작했다.

① 동시 조건형성   ② 후향 소선형성
③ 흔적 조건형성   ④ 지연 조건형성

062 내담자의 경험에 초점을 두고 심리치료적 상호작용에서 감정이입, 따뜻함, 무조건적인 긍정적 존중을 강조한 접근은?

① 인본주의 접근   ② 생물학적 접근
③ 행동주의 접근   ④ 정신분석적 접근

063 방어기제에 대한 개념과 설명이 바르게 짝지어진 것은?

① 투사(projection): 주어진 상황에서 결과에 대해 어쩔 수 없었다고 생각하며 행동한다.
② 퇴행(regression): 무의식적 추동과는 정반대로 표현한다.
③ 대치(displacement): 추동대상을 위협적이지 않거나 이용 가능한 대상으로 바꾼다.
④ 반동형성(reaction formation): 이전의 만족방식이나 이전 단계의 만족대상으로 후퇴한다.

064 아동의 바람직하지 않은 행동을 감소시키기 위해 사용할 수 있는 적합한 기법은?

① 주장훈련(Assertive training)   ② 토큰경제(Token economy)
③ 행동연쇄(Chaining)   ④ 과잉교정(Overcorrection)

065 임상건강심리학에서 주로 관심을 갖는 영역으로 가장 거리가 먼 것은?

① 스트레스 관리   ② 주의력 결핍 과잉행동 장애
③ 흡연   ④ 비만

066 다음 중 면접질문의 유형과 예로 <u>잘못</u> 짝지어진 것은?

① 명료형: 당신이 그렇게 느꼈다는 말인가요?

② 개방형: 당신은 그 상황에서 분노를 경험했나요?

③ 촉진형: 조금만 더 자세히 말씀해 주시겠습니까?

④ 직면형: 이전에 당신은 이렇게 말했는데요.

067 세계 제1차 대전과 제2차 대전 사이에 임상심리학의 발전사에 대한 내용으로 <u>틀린</u> 것은?

① 정신건강분야 내 직업적 갈등으로 임상심리학자들은 미국의 APA를 탈퇴해서 미국 응용심리학회를 결성했다.

② 미국 임상심리학의 박사급 자격전문화가 이루어졌다.

③ 많은 심리 평가 도구들이 개발되었나.

④ 치료 영역에서 심리학자들의 역할이 중대되었다.

068 현대 임상심리학 발전에 가장 큰 영향을 준 역사적 사건은?

① Binet의 지능검사 개발　　　　② MMPI 의 개발

③ 제 1·2차 세계대전　　　　　　④ 미국심리학회 설립

069 '엄마'라는 언어가 어머니의 행동과 반복적으로 연합됨으로써 획득된다고 설명하는 이론은?

① 조작적 조건형성　　　　　　② 관찰학습

③ 언어심리학적 이론　　　　　④ 고전적 조건형성

070 인지치료에 대한 설명으로 <u>틀린</u> 것은?

① 부정적인 자기개념에서 비롯된 자동적 사고들은 대부분 합리적인 사고들이다.

② 개인이 지닌 왜곡된 인지는 학습 상의 결함에 근거를 둔다.

③ 개인의 문제는 잘못된 전제나 가정에 바탕을 둔 현실 왜곡에서 비롯된다.

④ 치료자는 왜곡된 사고를 풀어 주고 보다 현실적인 방식들을 학습하도록 도와준다.

071 인간중심치료에서 자기와 경험 간의 일치를 촉진시키고, 자기실현을 하도록 치료자가 지녀야 할 특성과 가장 거리가 먼 것은?

① 진실성   ② 무조건적 긍정적 존중
③ 객관적인 이해   ④ 공감

072 심리치료 과정에서 저항이 일어나는 일반적인 이유와 가장 거리가 먼 것은?

① 환자가 변화를 원하더라도 환자의 삶에 중요한 영향을 미치는 타인들이 현 상태를 유지하도록 방해할 수 있기 때문이다.
② 치료자가 가진 가치나 태도가 환자에게 위협적이기 때문이다.
③ 익숙한 행동을 변화시키려는 시도가 환자에게 위협을 주기 때문이다.
④ 부적응적 행동을 유지함으로써 얻는 이차적 이득을 환자가 포기하기 어렵기 때문이다.

073 행동적 평가 요소에 관한 설명으로 옳은 것은?

① 행동의 역할: 특정한 상황에서 사람의 행동목록의 표본으로 중시된다.
② 과거력의 역할: 현재 상태가 과거의 산물이라 생각하기 때문에 중시된다.
③ 목적: 병인론적 요인을 확인하기 위해 강조된다.
④ 도구의 구성: 상황적 특성보다는 초맥락적 일관성을 강조한다.

074 Freud의 정신분석적 심리치료에 대한 비판을 토대로 발전한 신 정신분석학파의 주요 인물 및 치료접근법에 해당하지 않는 것은?

① Sullivan의 대인관계 이론   ② Glasser의 통제 이론
③ Adler의 개인심리학   ④ Fairbaim의 대상관계 이론

075 불안을 유발하는 특정한 대상이나 상황이 불안하지 않은 상황으로 변화하도록 돕는 행동치료법은?

① 역조건형성   ② 혐오치료
③ 인지치료   ④ 토큰 경제

076 1950년대 이후 정신역동적 접근에 대한 대안적 접근들이 임상심리학에 많은 영향을 주었다. 이와 가장 관련이 적은 것은?

① 가족체계적 접근
② 행동주의적 접근
③ 형태주의적 접근
④ 생물심리사회적 접근

077 DSM - 5에 관한 설명으로 옳은 것은?

① DSM - Ⅳ에 있던 GAF 점수 사용을 중단하였다.
② DSM - Ⅳ에 있던 다축진단체계를 유지한다.
③ DSM - Ⅳ에 있던 모든 진단이 유지되었다.
④ 모든 진단은 정신병리의 차원모형에 근거하고 있다.

078 치료효과에 긍정적인 영향을 미치는 유능한 치료자의 특성과 가장 거리가 <u>먼</u> 것은?

① 이론적 모델
② 의사소통 능력
③ 치료적 관계 형성 능력
④ 자기관찰과 관리기술

079 스페리(R. W. Sperry)의 분리뇌 실험을 실시한 목적으로 옳은 것은?

① 전두엽과 후두엽의 기능적 분리
② 시각과 손 운동 처리의 분리
③ 좌뇌와 우뇌의 기능적 분리
④ 뇌간과 대뇌 피질의 기능적 분리

080 아들러(Adler)의 개인심리학의 내용으로 옳지 <u>않은</u> 것은?

① 정신 건강의 주요한 지표 중 하나는 사회적 관심이다.
② 개인은 자신에게 의미를 주는 삶의 목표를 추구하기 위해 각기 독특한 생활양식을 발달시킨다.
③ 개인의 과거 경험으로부터 비롯된 내용의 개인무의식은 사회적 성격 형성의 원천이 된다.
④ 개인의 자기 완성 및 성장을 위해 필요한 것은 열등감의 극복이다.

081 성피해자에 대한 심리치료 과정 중 초기 단계에서 상담자가 유의해야 할 사항과 가장 거리가 <u>먼</u> 것은?

① 피해상황에 대한 진술은 상담자 주도로 이루어져야 한다.
② 성피해 사실에 대한 내담자의 부정을 허락한다.
③ 치료의 관계형성을 위해 수치스럽고 창피한 감정이 정상적인 감정임을 공감한다.
④ 내담자에게 치료자에 대한 감정을 묻고 치료자를 선택할 수 있도록 해 준다.

082 기본적 오류에 대한 옳은 설명을 모두 고른 것은?

> ㄱ. 과잉일반화 : "나는 절대로 올지 않은 것을 할 수 없어."
> ㄴ. 안전에 대한 그릇된 확신 : "잘못하면 끝이 날거야."
> ㄷ. 삶의 요구에 대한 잘못된 지각 : "나는 쉴 수가 없어."
> ㄹ. 그릇된 가치 : "이용당하기 전에 다른 사람을 이용하라."

① ㄱ, ㄴ
② ㄴ, ㄷ
③ ㄴ, ㄷ, ㄹ
④ ㄱ, ㄴ, ㄷ, ㄹ

083 문화적으로 다양한 집단이 참여하는 집단상담에서의 기본 전제로 적합하지 <u>않은</u> 것은?

① 모든 인간의 만남은 그 자체가 다문화적이다.
② 지도자는 다문화적 관점을 갖고 있어야 한다.
③ 상담자보다 내담자에 대해서만 기본가정(문화, 인종, 성별 등)을 고려해야 한다.
④ 사람들의 문화적 배경을 고려해야 한다.

084 개인의 일상적 경험구조, 특히 소속된 분야에서 특별하다고 간주되던 사람들의 일상적 경험구조를 상세하게 연구하고자 하는 목적에서 생겨난 심리상담의 핵심적인 전제조건에 해당하는 것은?

① 내담자로 하여금 문제를 해결하는 것뿐만 아니라 그 문제를 유지시키는 보다 근본적인 기술을 변화시키도록 돕는 것이 중요하다.
② 매순간 새로운 자아가 출현하고 새로운 경험을 할 때마다 우리는 새로운 위치에 있게 된다.
③ 개인은 마음, 몸, 영혼으로 이루어진 체계이며, 삶과 마음은 체계적 과정이다.
④ 어린 시절의 창조적 적응은 습관적으로 알아차림을 방해한다.

085 Lazarus의 중다양식 상담에 관한 설명으로 **틀린** 것은?

① 사람은 개인이 타인들과의 긍정적이거나 부정적인 상호작용의 결과들을 관찰함으로써 무엇을 할 것인지를 배운다고 본다.

② 행동주의 학습이론과 사회학습이론, 인지주의의 영향을 많이 받았으며, 그 외 다른 치료기법들도 절충적으로 사용한다.

③ 성격의 일곱가지 양식은 행동, 감정, 감각, 심상, 인지, 대인관계, 약물/생물학 등이다.

④ 사람들은 고통, 좌절, 스트레스를 비롯하여 감각자극이나 내적 자극에 대한 반응을 나타내는 식별역이 유사하다.

086 집단상담의 후기 과정에서 일어날 수 있는 구성원의 문제에 해당하는 것은?

① 내담자가 강도 높은 자기 개방으로 인한 불안으로 철수한다.

② 내담자가 질문과 잡다한 충고 등을 해서 집단 과정을 방해한다.

③ 내담자가 말을 너무 많이 해서 집단 과정을 방해한다.

④ 내담자가 집단을 독점하고 자신만 주목받기를 원한다.

087 생애별 발달과업을 제시함으로써 상담자에게 전체적인 상담프로그램을 평가하는 기준을 제시해 준 것은?

① Havighurst 의 공헌

② Erikson의 공헌

③ Piaget의 공헌

④ Gesell 아동발달연구소의 공헌

088 청소년 상담자에게 요구되는 윤리적인 내용과 가장 거리가 **먼** 것은?

① 비밀보장을 위하여 내담자에 대한 기록물은 상담의 종결과 함께 폐기한다.

② 비밀보장에 대한 원칙을 내담자에게 알려준다.

③ 청소년 내담자의 법적, 제도적 권리에 대해 알려준다.

④ 청소년 내담자에게 존중의 의미에서 경어를 사용할 수 있다.

089 Krumboltz가 제시한 상담의 목표에 해당하지 않는 것은?

① 내담자가 상담목표 성취의 정도를 평가할 수 있어야 한다.

② 내담자가 요구하는 목표이어야 한다.

③ 모든 내담자에게 동일하게 적용될 수 있는 목표이어야 한다.

④ 상담자의 도움을 통해 내담자가 달성할 수 있는 목표이어야 한다.

090 약물중독의 진행 단계로 옳은 것은?

① 사회적 사용단계 → 실험적 사용단계 → 의존단계 → 남용단계

② 사회적 사용단계 → 실험적 사용단계 → 남용단계 → 의존단계

③ 실험적 사용단계 → 사회적 사용단계 → 의존단계 → 남용단계

④ 실험적 사용단계 → 사회적 사용단계 → 남용단계 → 의존단계

091 인간중심 상담기법에서 내담자의 심리적 부적응이 초래되는 원인으로 가정하는 것은?

① 자각의 부재   ② 무의식적 갈등

③ 자기와 경험 간의 불일치   ④ 현실의 왜곡과 부정

092 장기간 사용 중이던 약물을 얼마 동안 사용하지 않았을 때 심리적으로 초조하고 불안함을 느낄 뿐 아니라 약물에 대한 열망과 메스꺼움 등의 신체적인 불쾌감을 경험하는 것은?

① 금단증상   ② 내성

③ 갈망증상   ④ 중독(intoxication)증상

093 효율적인 독서능력의 신장과 장기기억을 돕는 조직화 전략 SQ3R의 순서를 올바르게 나열한 것은?

① 읽기 - 질문 - 개관 - 복습 - 암송   ② 질문 - 개관 - 읽기 - 암송 - 복습

③ 개관 - 질문 - 읽기 - 암송 - 복습   ④ 질문 - 개관 - 읽기 - 복습 - 암송

094 청소년 비행의 원인을 사회학적 관점에서 설명 하는 이론이 <u>아닌</u> 것은?

① 하위문화이론   ② 욕구실현이론

③ 아노미 이론   ④ 사회통제이론

095 심리상담에 관한 설명으로 옳은 것은?

① 상담자의 전문적 훈련이 실제 상담과정과 무관하여야 한다.

② 조력과정으로 결과를 강조하는 활동이어야 한다.

③ 상담자의 가치관을 중심으로 성과가 산출되도록 해야 한다.

④ 내담자의 자각확장이 이루어지도록 조력하는 활동이다.

096 상담기법 중 상담 초기단계에서 더 많이 사용하는 것은?

① 직면
② 자기개방
③ 심층적 질문
④ 개방형 질문

097 REBT 상담에 대한 설명으로 옳지 <u>않은</u> 것은?

① 내담자의 비합리적 신념을 발견하고 규명한다.
② 내담자의 무의식을 의식화하고 자아를 강화시킨다.
③ 주요한 상담기술로 인지적 재구성, 스트레스 면역 등이 있다.
④ 합리적 행동 반응을 개발, 촉진하기 위한 행동연습을 실시한다.

098 다음에 제시된 집단상담 경험에 해당하는 치료적 요인은?

> 지난 집단상담 과정에서 집단지도자가 나의 반응에 민감성을 보여 주지 않은 것에 대해 불만을 가지고 있었다. 이번 회기에는 지도자에게 나의 마음을 표현함으로써 마음이 편해졌다.

① 정화
② 대리학습
③ 자기이해
④ 대인간 행동학습

099 집단상담의 장점으로 옳은 것을 고른 것은?

> ㄱ. 원하면 누구나 쉽게 참여할 수 있다.
> ㄴ. 시간, 에너지 및 경제적인 면에서 효율적이다.
> ㄷ. 다양한 정보 수집과 사회적 경험, 사회적 기술 훈련과 연습을 할 수 있다.
> ㄹ. 특정 집단원의 문제를 더 깊이 있게 다룰 수 있다.

① ㄱ, ㄴ
② ㄱ, ㄷ
③ ㄴ, ㄷ
④ ㄷ, ㄹ

100 글래서(W. Glasser)가 제시한 현실치료 기법의 WDEP 과정에 대한 설명으로 옳지 <u>않은</u> 것은?

① W - 욕구(want)
② D - 행동(doing)
③ E - 기대(expectation)
④ P - 계획(planning)

2023

제2회 임상심리사 2급 필기 기출문제

정답 및 해설 p.161

제1과목 | 심리학개론

001 **최빈치에 대한 설명으로 틀린 것은?**

① 주어진 자료 중에서 가장 많이 나타나는 측정치이다.
② 자료 중 가장 극단적인 값의 영향을 받는다.
③ 최빈값은 대표성을 갖고 있다.
④ 중심경향성 기술치 중의 하나이다.

002 **다음은 무엇에 관한 설명인가?**

> 보상과 아무런 관련이 없는 어떤 행동이 우연히 그 보상에 선행한 경우, 그 행동은 고정적으로 계속해서 나타나는 경향이 있다.

① 미신행동   ② 도피행동
③ 자극일반화   ④ scallop 현상

003 **심리검사가 측정하고자 하는 내용이나 속성을 실제 얼마나 잘 측정하는지를 나타내는 개념은?**

① 신뢰도   ② 타당도
③ 표준화   ④ 난이도

004 사회학습이론에 입각한 성격에 관한 설명으로 옳은 것은?

① 사회학습이론에서는 성격이 인지과정이나 동기에 의한 영향을 인정하지 않는다.

② Bandura는 개인이 자신의 노력으로 원하는 결과를 얻을 수 있다는 신념이나 기대를 자기존중감(self-esteem)이라고 하였다.

③ 사회학습이론에서는 행동에 대한 환경적 변인의 독립적인 영향을 강조한다.

④ 사회학습이론에서는 관찰학습과 모델링을 통해서 보상받은 행동을 대리적으로 학습한다고 한다.

005 Freud의 심리성적발달단계에서 초자아가 형성되는 시기는?

① 항문기   ② 구강기
③ 잠복기   ④ 남근기

006 심리학에서 실험에 관한 일반적인 설명과 가장 거리가 먼 것은?

① 흔히 실험자의 조작이 가해지지 않은 집단을 통제집단이라고 한다.

② 독립변인은 주로 실험자의 실험의도와는 상관없이 실험참가자가 실험에 임하기 전의 자연적 상태를 측정하는 변인이다.

③ 일반적으로 독립변인은 원인으로, 종속변인은 그 결과로 생각할 수 있다.

④ 실험참가자의 반응을 종속변인이라고 한다.

007 다음과 같은 입장을 취하고 있는 성격이론은?

자신을 형편없는 학생으로 지각하는 학생이 매우 좋은 성적을 받을 경우, 이 학생은 긍정적인 경험을 부정적인 자기개념과 일치시키기 위해 "운이 좋았어"라는 식으로 왜곡할 수 있다. 이 학생은 자기개념과 경험이 일치하지 않을 때 불안과 내적 혼란을 경험할 가능성이 높기 때문에, 자기개념을 유지하기 위해 경험을 부정하는 방어적 반응을 보인다. 이 학생이 경험을 부정하거나 왜곡하지 않도록 하기 위해서는 타인이 이 학생을 무조건적이고 긍정적으로 존중해주고 공감해 주어야 한다.

① 사회인지이론   ② 특질이론
③ 정신역동이론   ④ 현상학적 이론

008 'IB-MKB-SMB-C5.1-68.1-5'배열을 외우기는 힘들지만, 이를 'IBM-KBS-MBC-5.16-8.15'배열로 재구성하면 외우기가 쉬워진다. 이와 같이 정보를 재부호화하여 하나로 묶는 것은?

① 암송
② 활동기억
③ 청킹(chunking)
④ 부호화

009 표본조사에 대한 설명으로 **틀린** 것은?

① 표본추출에서 표본의 크기가 작을수록 표집오차도 줄어든다.
② 모집단의 특성을 일반화하기 위해서 표본은 모집단의 부분집합이어야 한다.
③ 표본의 특성을 모집단에 일반화하기 위해서 무선표집을 사용한다.
④ 연구자가 모집단의 모든 성원을 조사할 수 없을 때 표본을 추출한다.

010 인상형성에 대한 설명으로 **틀린** 것은?

① 타인에 대한 인상은 평가차원을 중심으로 형성된다.
② 어떤 사람에 대해 일단 좋은 사람이라는 인상이 형성되면, 능력도 뛰어나고 똑똑하다는 긍정적인 특성이 있을 것이라고 생각하는 경향을 후광효과라고 한다.
③ 일반적으로 타인들이 자기와 비슷하다고 판단하는 경향을 내현성격이론이라고 한다.
④ 어떤 사람이 좋은 특성과 나쁜 특성을 똑같이 가지고 있을 때 인상이 중립적이 아니라 나쁜 사람이라는 쪽으로 형성되는 현상을 부적효과라고 한다.

011 Maslow와 그의 욕구위계이론에 관한 설명으로 **틀린** 것은?

① 배고픔, 목마름 등과 같은 결핍욕구를 중시한다.
② 존중의 욕구가 소속감과 사랑의 욕구보다 더 상위의 욕구이다.
③ 자아실현자들은 다른 사람들보다 절정경험을 더 자주할 수 있다.
④ Maslow는 인본주의 심리학자로 "제3세력"을 대표하는 학자이다.

012 노년기의 일반적인 성격변화에 대한 설명으로 가장 거리가 **먼** 것은?

① 사고의 융통성과 개방성이 증가한다.
② 내향성과 수동성이 증가한다.
③ 통제력에 대한 자신감이 감소한다.
④ 변화에 대한 두려움이 커진다.

013 다음 ( )에 알맞은 것은?

> 어떤 고등학교 2학년 1반 학생들과 2반 학생들의 지능지수 평균은 110으로 같았으나, 1반 학생들의 지능지수 분포는 80~140인 반면에 2반 학생들의 분포는 95~120으로서 ( )는 서로 다르다.

① 중앙치   ② 통계치
③ 최빈치   ④ 변산도

014 실험법과 조사법의 가장 근본적인 차이점은?

① 실험실 안에서 연구를 수행하는지의 여부
② 연구자가 변인을 통제하는지의 여부
③ 연구변인들의 수가 많은지의 여부
④ 연구자나 연구참가자의 편파가 존재하는지의 여부

015 행동주의적 성격이론에 관한 설명과 가장 거리가 <u>먼</u> 것은?

① Skinner는 어떤 상황에서 비롯되는 행동과 그 결과를 강조하였다.
② 상황적인 변인보다 유전적인 변인을 중시하였다.
③ 모든 행동을 자극과 반응이라는 기본단위로 설명하였다.
④ 학습원리를 통해서 성격을 설명하였다.

016 시험을 잘 본 학생은 그 원인을 능력이나 노력에 귀인하는 반면, 시험을 못 본 학생은 행운이나 시험문제 원인으로 귀인한다. 이러한 현상으로 옳은 것은?

① 자기 고양 편견(자기 고양 편향, self-serving bias)
② 허구적 일치성 효과(거짓 일치성 효과, false consensus effect)
③ 기본적 귀인 오류(fundamental attribution error)
④ 행위자-관찰자 효과(actor-observer effect)

017 고전적 조건형성에 대한 설명으로 옳지 <u>않은</u> 것은?

① 조건자극과 무조건 자극이 빈번하게 짝지어지면 조건형성이 더 잘 일어난다.

② 무조건 자극이 조건자극에 선행하는 경우에 조건형성이 더 잘 일어난다.

③ 학습과정에서 제시되지 않았던 자극이라도 조건자극과 유사하면 조건반응을 유발시킬 수 있다.

④ 조건형성이 소거된 후 일정시간이 지난 후 조건자극이 주어지면 여전히 조건 반응이 발생하기도 한다.

018 척도와 그 예가 올바르게 짝지어진 것은?

① 명명척도 : 운동선수 등번호

② 서열척도 : 온도계로 측정한 온도

③ 등간척도 : 성적에서의 학급석차

④ 비율척도 : 지능검사로 측정한 지능지수

019 사람들은 자신이 드러나지 않을 때 도덕적 규범과 절제에서 탈피하여 충동적이고 비합리적인 행동을 보일 가능성이 높아진다. 이러한 현상을 설명하는 것으로 옳은 것은?

① 집단극화(group polarization)

② 몰개성화(deindividuation)

③ 사회적 촉진(social facilitation)

④ 사회적 태만(social loafing)

020 기억연구를 통해 서로 구분되는 것으로 밝혀진 외현기억(explicit memory)과 암묵기억(implicit memory)에 대한 내용으로 옳지 <u>않은</u> 것은?

① 졸업식 날 부모님과 자장면을 먹었던 일화기억은 외현기억에 속한다.

② 점화와 같은 현상은 암묵기억의 한 형태이다.

③ 자전거 타기와 같은 절차기억은 외현기억의 일종이다.

④ 조건 형성된 공포반응은 암묵기억의 한 형태이다.

021 조현병의 양성 증상에 관한 설명으로 **틀린** 것은?

① 정상적인 기능의 왜곡 또는 과잉을 의미한다.
② 동기와 즐거움의 상실 등이 여기에 속한다.
③ 혼란된 행동과 기괴한 행동이 여기에 속한다.
④ 대표적으로 망상이나 환각을 들 수 있다.

022 다음 이상행동의 원인을 다음과 같이 설명하는 이론은?

> - 인간의 감정과 행동은 객관적, 물리적 현실보다 주관적, 심리적 현실에 의해서 결정된다.
> - 정신장애는 인지적 기능의 편향 및 결손과 밀접하게 연관되어 있다.

① 인본주의 이론   ② 정신분석이론
③ 행동주의 이론   ④ 인지적 이론

023 외상적 사건에 대한 기억과 연관된 불안을 감소시키는데 초점을 맞추고 있으며, Foa에 의해 개발된 이후 외상후 스트레스 장애에 대해 경험적으로 지지된 치료로서 학계로부터 널리 인정을 받고 있는 치료법은?

① 안구운동 둔감화와 재처리 치료   ② 지속노출치료
③ 불안조절훈련   ④ 인지적 처리치료

024 다음 사례에서 김씨의 이러한 성격과 관련된 요인으로 확인할 사항이 <u>아닌</u> 것은?

> 고졸인 30대의 김씨는 사기 혐의로 교도소에 여러 번 다녀왔으나, 부끄러운 줄 모르고 죄책감도 없다. 초등학교 때 남의 집에 불을 지르기도 했고 무단결석을 자주 했었다. 겉으로는 멀쩡하고 정신병적인 행동도 없다.

① 부모의 성격이 파괴적이거나 변덕스럽고 충동적이어서 노골적인 증오심과 거부에 시달려 일관성 있는 초자아 발달에 지장이 있었는지 여부
② 부모의 질병, 별거, 이혼 또는 거부감정이 있어서 기본적으로 요구되는 사랑, 안전, 안정 및 존경심에 문제가 있는지 여부
③ 소아기에 신경학적 증후없이 중추신경계에 기능장애만 발생하였는지 여부
④ 테스토스테론 호르몬의 수치가 정상 수준인지 여부

025 특정 학습장애에 대한 설명과 가장 거리가 먼 것은?

① 학습장애 아동은 정상적인 지능을 가지고 있음에도 불구하고 학습에 어려움을 보인다.

② 학습장애 중에서 읽기장애가 가장 흔하다.

③ 학습장애 아동들은 품행장애, ADHD, 우울증을 동반하는 경우가 많다.

④ 학습장애 아동은 뇌손상이 없고 인지적 정보처리과정도 정상적이다.

026 사회불안장애에 대한 설명으로 가장 적합한 것은?

① 생리학적으로 부교감신경계의 활성 등의 생리적 반응에서 기인한다.

② 터널이나 다리에 대해 공포반응이 일어나는 경우이다.

③ 공포스러운 사회적 상황이나 활동상황에 대한 회피, 예기 불안으로 일상생활, 직업 및 사회적 활동에 영향을 받는다.

④ 특정 뱀이나 공원, 동물, 주사 등에 공포스러워 한다.

027 DSM-5에서 주요 우울장애의 핵심 증상에 포함되지 않는 것은?

① 불면이나 과다수면

② 주기적인 활력의 증가와 감소

③ 죽음에 대한 반복적인 생각

④ 정신운동성 초조나 지체

028 불안장애를 치료하는데 효과적인 벤조다이아제핀의 생물학적 기제는?

① GABA의 방출을 증가시킨다.

② 신경전달물질인 세로토닌의 활동을 차단한다.

③ 신경전달물질인 GABA의 활동을 차단한다.

④ 세로토닌의 방출을 촉진한다.

029 DSM-5에 따르면, 수정 탈출이 어렵거나 곤란한 장소 또는 공황발작과 같이 갑작스런 곤경에 빠질 경우 도움을 받을 수 없는 장소나 상황에 대한 공포를 나타내는 불안장애는?

① 왜소공포증   ② 사회공포증

③ 폐쇄공포증   ④ 광장공포증

030 불안장애나 우울증과 같이 정서적인 가변성이나 과민성과 관련이 깊은 Eysenck의 성격차원은?

① 신경증적 경향성(N) ② 외-내향성(E)
③ 정신병적 경향성(P) ④ 허위성(L)

031 다음 중 정신장애에 대한 사회문화적 치료와 가장 거리가 먼 것은?

① 집단치료 ② 커플치료
③ 가족치료 ④ 게슈탈트

032 다음 중 우울증을 설명한 학자와 그 이론의 내용이 틀린 것은?

① Beck - 우울한 사람들은 자기, 타인 및 세상에 대해서 부정적인 생각을 가지고 있다고 제안했다.
② Freud - 상실 후에 생기는 죄책감, 분노 및 무력감 등이 자신에게로 향하게 된 것을 원인으로 보았다.
③ Kohut - 우울증은 구강기와 항문기의 가학적 성향에서 나온다고 보았다.
④ Bowlby - 유아기나 아동기 때 모자간의 초기 애착관계에서의 문제로 설명하고자 하였다.

033 병적 도벽에 관한 설명으로 틀린 것은?

① 개인적으로 쓸모가 없거나 금전적으로 가치가 없는 물건을 훔치려는 충동을 저지하는 데 반복적으로 실패한다.
② 훔친 후에 기쁨, 충족감, 안도감을 느낀다.
③ 훔치기 전에 고조되는 긴장감을 경험한다.
④ 분노나 복수를 하기 위해서 훔친다.

034 급식 및 섭식장애에서 부적절한 보상행동에 포함되는 것은?

① 되새김 ② 하제 사용
③ 과식 ④ 폭식

035 순종적이던 개가 실험과정에서 안절부절 못하고, 공격적이며 대소변을 가리지 못하는 등의 실험신경증 (experimental neurosis)은 다음 중 어떤 요인에 어려움이 있을 때 유발되는 것인가?

    ① 소거   ② 강화

    ③ 자극변별   ④ 자극 일반화

036 품행장애에 대한 설명으로 틀린 것은?

    ① 청소년기 발병형은 아동기 발병형에 비해 성인기까지 지속되는 경향이 있다.

    ② 주요한 사회적 규범을 위반하고 다른 사람들의 기본적인 권리를 종종 침해한다.

    ③ 사람이나 동물에 대한 공격적 행동, 절도나 심각한 거짓말 등이 전형적인 행동이다.

    ④ 발병연령은 일반적으로 7-15세이며, 이 진단을 받은 아동 중 3/4은 소년이다.

037 물질관련장애에 관한 설명으로 옳지 않은 것은?

    ① 모르핀과 헤로인은 자극제(흥분제)의 대표적 종류이다.

    ② 임신 중의 과도한 음주는 태아알코올증후군을 유발할 수 있다.

    ③ 물질에 대한 생리적 의존은 내성과 금단증상으로 나타난다.

    ④ 헤로인의 과다 복용은 뇌의 호흡 중추를 막아 죽음에 이르게 할 수 있다.

038 강박장애를 가진 내담자의 심리치료에 가장 효과적인 방법은?

    ① 행동조형

    ② 자유연상법

    ③ 혐오조건화

    ④ 노출 및 반응 방지법

039 DSM-5에 제시된 불안장애(Anxiety Disorders)에 해당하지 않는 것은?

    ① 범불안장애(generalized anxiety disorder)

    ② 사회불안장애(social anxiety disorder)

    ③ 공황장애(panic disorder)

    ④ 질병불안장애(illness anxiety disorder)

040 신경전달물질에 대한 설명으로 옳지 <u>않은</u> 것은?

① 도파민(dopamine)은 각성 및 기분, 사고과정, 몸놀림에 영향을 미치는 신경전달물질이다

② 노르에피네프린(norepinephrine)은 각성을 증가시키고 경계를 촉진하며, 기억 형성 및 인출을 강화하고 주의를 집중시킨다.

③ 아세틸콜린(acetylcholine) 수준이 높으면 조현병과 관련 있다.

④ 세로토닌(serotonin) 수치가 낮으면 우울증과 관련이 있다.

041 MMPI-2의 타당도 척도 중 비전형성을 측정하는 척도에서 증상타당성을 의미하는 척도는?

① F   ② F(P)

③ TRIN   ④ FBS

042 다음 중 심리평가 과정에서 일반적으로 중요도가 상대적으로 가장 낮은 정보는?

① 행동관찰   ② 직업관

③ 심리검사   ④ 면담

043 측정영역이 서로 다른 검사로 짝지어진 것은?

① 낯선 상황 검사 - 코너스 평정척도

② 연속수행과제 - 코너스 평정척도

③ 주의력 검사 - 연속수행과제

④ 코너스 평정척도 - 주의력 검사

044 Bayley 발달척도(BSID-II)를 구성하는 하위 척도가 아닌 것은?

① 정신척도(mental scale)

② 운동척도(motor scale)

③ 사회성척도(social scale)

④ 행동평정척도(behavior rating scale)

045 전두엽의 집행기능(Executive function)을 평가하기 위한 신경심리 검사와 가장 거리가 먼 것은?

① 위스컨신 카드분류검사(WCST)

② 스트룹 검사(Stroop test)

③ 하노이탑 검사(Tower of Hanoi test)

④ 보스턴 이름대기 검사(Boston Naming test)

046 아동의 지적 발달이 또래 집단에 비해 지체되어 있는지, 혹은 앞서고 있는지를 평가하기 위해, Stern이 사용한 IQ산출계산방식은?

① 지능지수(IQ) = [신체연령/정신연령] ÷ 100
② 지능지수(IQ) = [정신연령/신체연령] × 100
③ 지능지수(IQ) = [정신연령/신체연령] + 100
④ 지능지수(IQ) = [신체연령/정신연령] × 100

047 심리검사의 제작에 관한 설명으로 가장 거리가 먼 것은?

① 오답을 정답으로 잘못 선택하는 확률은 각 오답 선택지별로 동질적인 것이 좋다.
② 검사 점수의 변량이 작으면 검사의 신뢰도나 타당도는 낮아질 가능성이 크다.
③ 평균이 지나치게 한쪽으로 몰려 있거나 분산이 작은 경우는 정보가 낮아 좋은 문항이라고 하기 어렵다.
④ 문항의 난이도가 높아질수록 개인의 능력을 변별할 수 있는 가능성이 늘어난다.

048 성취도 검사와 적성검사의 특성에 관한 설명으로 옳은 것은?

① 성취는 유전의 영향을, 적성은 환경의 영향을 많이 받는 것으로 본다.
② 성취도 검사와 적성검사의 차이는 문항형식에 있다.
③ 대부분의 학자들은 적성을 특수능력보다는 일반적 능력으로 본다.
④ 성취도는 과거 중심적이고 적성은 미래 중심적이라고 할 수 있다.

049 심리평가 면담의 지침으로 옳은 것은?

① 수검자에게 검사에 대한 설명을 하고 평가에 대한 동의를 얻는다.
② 다른 정보 출처 보다는 내담자 본인에게 얻은 정보를 최우선으로 한다.
③ 면담 초기 정보획득을 위해 구체적인 사안을 다루는 폐쇄형 질문으로 시작한다.
④ 심리검사를 받는 이유와 증상에 대한 질문은 면담의 뒷 부분에 한다.

050 아동의 발달적 수준을 측정하기 위해 사용하기 어려운 검사는?

① 사회성숙도 검사(SMS)
② 인물화 검사(DAP)
③ 벤더도형검사(BGT)
④ 아동용 주제통각검사(CAT)

051 일반지능의 본질로서 일정한 방향을 설정하고 그것을 유지하는 능력, 목표달성을 위해 일하는 능력, 행동의 결과를 수정하는 능력 등 3가지 측면을 언급한 학자는?

① Terman
② Wechsler
③ Horn
④ Binet

052 심리검사의 신뢰도에 대한 설명으로 **틀린** 것은?

① 신뢰도는 검사를 한 번 실시해서는 산출할 수 없다.
② 신뢰도의 최대값은 1.0이다.
③ 신뢰도는 검사점수의 일관된 정도를 의미한다.
④ 검사의 신뢰도는 검사의 타당도에 영향을 미칠 수 있다.

053 BSID-Ⅱ(Bayley Scale of Infant Development-Ⅱ)에 대한 설명으로 **틀린** 것은?

① 유아의 기억, 습관화, 시각선호도, 문제해결 등과 관련된 문항들이 추가되었다.
② 신뢰도와 타당도에 관한 보다 많은 정보를 제공하여 검사의 심리측정학적 질이 개선되었다.
③ 지능척도, 운동척도의 2가지 척도로 구성되어 있다.
④ BSID-Ⅱ에서는 대상 연령범위가 16일에서 42개월까지로 확대되었다.

054 Horn의 지능모델은 Wechsler 지능검사 소검사들을 4개 범주로 분류하였는데, 유동적 지능으로 분류되는 소검사가 **아닌** 것은?

① 토막짜기
② 어휘
③ 숫자외우기
④ 공통성문제

055 로샤(Rorschach) 검사의 질문단계에서 검사자의 질문 또는 반응으로 가장 적절하지 **않은** 것은?

① 어느 쪽이 위인가요?
② 당신이 어디를 그렇게 보았는지를 잘 모르겠네요.
③ 모양 외에 그것처럼 보신 이유가 더 있습니까?
④ 그냥 그렇게 보인다고 하셨는데 어떤 것을 말씀하시는 것인지 조금 더 구체적으로 설명해 주세요.

056 심리검사자가 준수해야 할 윤리적 의무로 옳은 것을 모두 고른 것은?

> ㄱ. 심리검사 결과 해석 시 수검자의 연령과 교육수준에 맞게 설명해야 한다.
> ㄴ. 심리검사 결과가 수검자의 삶에 영향을 줄 수 있음을 인식해야 한다.
> ㄷ. 컴퓨터로 실시하는 심리검사는 특정한 교육과 자격이 필요 없다.

① ㄱ
② ㄱ, ㄴ
③ ㄴ, ㄷ
④ ㄱ, ㄴ, ㄷ

057 타당도에 관한 설명으로 <u>틀린</u> 것은?

① 준거타당도는 경험타당도 또는 예언타당도라고 불리기도 한다.
② 준거타당도는 검사점수와 외부 측정에서 얻은 일련의 수행을 비교함으로써 결정된다.
③ 구성타당도는 측정될 구성개념에 대한 평가도구의 대표성과 적합성을 말한다.
④ 구성타당도는 내용 및 준거타당도 접근법에서 직면하게 될 부적합성 및 문제점을 해결 하기 위해 개발
되었다.

058 MMPI - 2의 타당도 척도에 관한 설명으로 <u>틀린</u> 것은?

① F 척도는 점수가 높을수록 평범 반응경향을 말해준다.
② L 척도는 자신을 사회적으로 바람직하며 좋은 사람처럼 보이게끔 하려는 태도를 가려내기 위한 척도이다.
③ ? 척도는 응답하지 않은 문항들이나 '예', '아니오' 둘 다에 응답한 문항들의 합계로 채점된다.
④ K 척도는 L 척도에 의해 포착하기 어려운 은밀한 방어적 태도를 측정하는 문항들로 구성되어 있다.

059 투사적 검사에 해당하는 것으로 옳은 것은?

① 주제통각검사
② MMPI
③ MBTI
④ 성격 5요인 검사(Big five)

060 비네 지능검사(1905)에 대한 설명으로 옳지 <u>않은</u> 것은?

① 또래에 비해 학습 수준이 뒤처지는 아동들을 분별하고자 개발한 최초의 지능검사이다.
② 최초로 지능지수(IQ)라는 개념을 도입하였다.
③ 정신연령에 대한 생활연령의 대비로 지능을 측정하고자 했다.
④ 객관적인 방법으로 아동의 지적 수행을 측정할 수 있게 했으며, 아동의 낮은 학업성적의 원인을 진단할
수 있었다.

061 임상심리사의 윤리에 어긋나는 행위는?

① 부모의 동의하에 아동의 지능 검사 결과를 교사에게 알려준다.
② 본인이 맡고 있는 상담사례에 대해 지도를 받기 위하여 지도감독자에게 상담의 내용을 설명한다.
③ 자살과 같은 위급한 상황에서 본인의 동의를 받지 못한 채 부모나 경찰에게 연락한다.
④ 내담자의 동의 없이 인적 사항을 포함한 상세한 상담 내용을 잡지에 기고한다.

062 뇌의 편측화 효과를 측정할 수 있는 대표적 방법은?

① 미로검사
② Wechsler 기억검사
③ 성격검사
④ 이원청취기법

063 주로 과음, 흡연, 노출증 등의 문제를 해결하기 위해 활용되어지는 치료적 접근법은?

① 체계적 둔감법
② 명상치료
③ 정신분석
④ 혐오치료

064 사회기술 훈련 프로그램의 구성요소에 해당되지 <u>않는</u> 것은?

① 문제해결 기술
② 의사소통 기술
③ 증상관리 교육
④ 자기주장 훈련

065 정신질환자의 사회복귀정책에 관한 설명으로 적합하지 <u>않는</u> 것은?

① 유럽과 미국에서 시작되었으며, 전세계적으로 확산되는 추세이다.
② 의학적 모형에 토대한 병원 중심의 재활이 아니고, 사회심리학적 모형에 토대한 지역사회 중심의 재활이 더 중요하다.
③ 기관에 수용하는 정책보다 국가예산이 더 많이 소요된다.
④ 인본주의적 정신에 기초하여, 환자의 삶의 질을 높이는데 주력한다.

066 다음 중 Rogers는 어떤 치료 기법을 발전시켰는가?

① 대상관계치료   ② 인지 행동치료

③ 내담자 중심   ④ 합리-정서치료

067 인지치료에서 강조하는 자동적 자기파괴 인지 중 파국화에 해당하는 것은?

① 그 프로젝트가 성공하지 못한 것은 나 때문이다.

② 나는 완벽해져야 하고 나약함을 보여서는 안된다.

③ 나는 성공하거나 실패하거나 둘 중 하나이다.

④ 이 일이 잘되지 않으면 다시는 이 일과 같은 일을 할 수 없을 것이다.

068 임상심리클리닉에 설치된 일방거울(one-way mirror)을 통해 결혼생활에 문제가 있는 부부의 대화 및 상호
작용을 관찰하여 이들의 의사소통 문제를 평가하였다면 이러한 관찰법은?

① 자기관찰법(self-monitoring observation)

② 자연관찰법(naturalistic observation)

③ 유사관찰법(analogue observation)

④ 참여관찰법(participant observation)

069 다음은 어떤 조건형성에 해당하는가?

연구자가 종소리를 들려주고 10초 후 피실험자에게 전기 자극을 주었다고 가정해 보자. 몇 번의 시행 이후 다
음 종소리에 피실험자는 긴장하기 시작했다.

① 후향 조건향상   ② 흔적 조건형성

③ 지연 조건형성   ④ 동시 조건형성

070 임상심리사 윤리규정에서 비밀 유지를 파기하거나 비밀을 노출해도 되는 경우로 가장 적합한 것은?

① 말기암 환자인 내담자가 구체적인 자살계획을 보고할 때

② 성인인 내담자가 초등학교 시절 물건을 훔친 사실을 알았을 때

③ 우울장애를 지닌 내담자가 "지구상의 모든 인간이 다 죽었으면 좋겠다." 고 보고할 때

④ 기혼인 내담자의 외도 사실을 알았을 때

071 K-WAIS-4의 4요인 구조에서 지각추론 요인에 해당하는 소검사가 <u>아닌</u> 것은?

① 토막짜기   ② 동형찾기
③ 행렬추론   ④ 퍼즐

072 심리평가에 관한 설명과 가장 거리가 <u>먼</u> 것은?

① 제 1,2차 세계대전 당시 신병들에 대한 심리평가의 요구는 임상심리학에서 심리평가의 중요성과 심리검사 제작의 필요성을 촉진시켰다.
② 심리평가의 자료로는 환자에 대한 면접자료, 과거 기록, 행동관찰 사항, 심리검사에 관한 결과들이 포함된다.
③ 심리평가는 심리학자들이 진단을 내리고, 치료를 계획하고, 행동을 예측하기 위하여 정보를 수집하고 평가하는 과정이다.
④ 임상장면에서 심리검사를 실시할 때 자주 사용하는 MMPI, K-WAIS, Rorschach, TAT와 같은 검사들은 반드시 포함되어야 한다.

073 행동평가방법 중 흡연자의 흡연 개수, 비만자의 음식섭취 등을 알아보는데 가장 적합한 방법은?

① 행동관찰   ② 참여관찰
③ 평정척도   ④ 자기감찰

074 다음 중 행동적 평가 요소에 관한 설명으로 옳은 것은?

① 행동의 역할 : 특정한 상황에서 사람의 행동목록의 표본으로 중시된다.
② 목적 : 병인론적 요인을 확인하기 위해 강조된다.
③ 도구의 구성 : 상황적 특성보다는 초맥락적 일관성을 강조한다.
④ 과거력의 역할 : 현재 상태가 과거의 산물이라 생각하기 때문에 중시된다.

075 Rogers가 제안한 내담자의 긍정적 변화를 촉진시키기 위한 치료자의 3가지 조건에 해당하지 <u>않는</u> 것은?

① 무조건적 존중   ② 솔직성
③ 창의성   ④ 정확한 공감

076 평가면접에서 면접자의 태도에 대한 설명으로 **틀린** 것은?

① 수용 : 내담자의 가치에 대한 기본적인 존중과 관련되어 있다.
② 진실성 : 면접자의 내면과 부합하는 것을 전달하는 정도와 관련되어 있다.
③ 이해 : 내담자의 관점에서 세계를 보기 위한 노력과 관련되어 있다.
④ 해석 : 면접자가 자신의 내면과 부합하는 심상을 수용하는 것과 관련되어 있다.

077 다음 (   )에 알맞은 것은?

> Seligman의 학습된 무기력과 관련하여 사람들이 부정적 사건들을 (   ), (   ), (   )으로 볼 때 우울하게 되는 경향이 있다고 예언한다.

① 내부적, 안정적, 일반적
② 외부적, 안정적, 일반적
③ 내부적, 불안정적, 특수적
④ 외부적, 불안정적, 특수적

078 프로그램의 주요 초점은 사회 복귀이며, 직업능력증진부터 내담자의 자기개념 증진에 걸쳐 있는 것은?

① 일차 예방
② 이차 예방
③ 삼차 예방
④ 보편적 예방

079 심리학의 발전과정에서 다음과 같은 주장을 펼친 학파는?

> • A학파 : 마음도 과학적으로 연구할 수 있다고 생각하고 이를 위해 의식의 내부를 들여다보려고 시도하였으며, 이 학파는 의식의 경험을 구성하는 기본요소를 확인하는 것이 주된 목적이었다.
> • B학파 : 이 학파는 외적 행동과 정신과정의 목표는 무엇인가가 주된 관심사였으며, 외적 경험이 사람들로 하여금 어떻게 환경에 잘 적응하도록 하는지에 관심이 있었다.

① A : 구조주의   B : 기능주의
② A : 구조주의   B : 형태주의
③ A : 기능주의   B : 형태주의
④ A : 기능주의   B : 구조주의

080 자신이 승인할 수 없는 욕구나 성격특성을 타인이나 사물로 전환시킴으로써 자신의 바람직하지 않은 욕구를 무의식적으로 감추려는 방어기제는?

① 투사(projection)
② 승화(sublimation)
③ 합리화(rationalization)
④ 투입(introjection)

081 우울한 사람들이 보이는 체계적인 사고의 오류 중 결론을 지지하는 증거가 없거나 증거가 결론과 배치되는 데도 불구하고 어떤 결론을 이끌어 내는 과정을 의미하는 인지적 오류는?

① 개인화(personalization)
② 선택적 추상화(selective abstraction)
③ 과일반화(overgeneralization)
④ 임의적 추론(arbitrary inference)

082 접촉, 지금-여기, 자각과 책임감 등을 중시하는 치료이론은?

① 실존치료
② 정신분석
③ 인간중심적 치료
④ 게슈탈트 치료

083 다음 상담치료에서 사용된 상담 기술은?

> • 내담자: 당신은 나에 대해 모든 것을 아는 것처럼 행동하지만, 당신은 아무 것도 몰라요.
> • 상담자: 내가 당신의 아버지를 기억나게 하는 것은 아닌지 의문스럽군요. 당신은 아버지가 모든 것을 아는 것처럼 행동한다고 말했었지요.

① 직면
② 재진술
③ 해석
④ 감정반영

084 진로상담의 일반적인 원리와 가장 거리가 먼 것은?

① 경우에 따라서는 심리상담을 병행하면 더욱 효율적이다.
② 만성적인 미결정자의 조기발견에 특히 유념해야 한다.
③ 최종결정과 선택은 상담자가 분명하게 정해주어야 한다.
④ 내담자에 대한 기본적인 신뢰와 공감적 이해는 진로상담에서도 중요하다.

085 Axline의 비지시적 놀이치료에서 놀이치료자가 갖추어야 할 원칙에 포함되지 않는 것은?

① 아동을 있는 그대로 수용한다.
② 아동과 따뜻하고 친근한 관계를 가능한 빨리 형성하도록 한다.
③ 가능한 비언어적인 방법으로만 아동의 행동을 지시한다.
④ 아동이 타인과의 관계형성이 본인의 책임이라는 것을 알도록 하기 위해서는 제한을 둘 수 있다.

086 사이버상담의 발생과 미래에 관한 설명으로 옳지 <u>않은</u> 것은?

① 사이버상담은 전화상담처럼 자살을 비롯한 위기 상담이라는 뚜렷한 목적을 갖고 시작되었다.

② 사이버상담은 기존의 면대면상담과 전화상담에 참여하지 않았던 새로운 내담자군의 출현을 가져왔다.

③ 사이버상담의 전문화를 위해 기존 면대면상담과는 다른 새로운 상담기법을 개발하고 실험을 통해 효과를 검증할 필요가 있다.

④ 사이버상담자들의 전문성과 윤리성 등을 통제하고 관리하는 체제가 필요하다.

087 직업상담사의 역할에 해당되지 <u>않는</u> 것은?

① 직업정보 분석   ② 직업창출

③ 직업상담   ④ 직업지도 프로그램 운영

088 청소년 비행 중 우발적이고 기회적이어서 일단 발생하면 반복되고 습관화되어 다른 비행행동과 복합되어 나타날 수 있는 것은?

① 인터넷 중독   ② 약물사용

③ 폭력   ④ 도벽

089 인터넷 중독의 상담전략 중 게임 관련 책자, 쇼핑 책자, 포르노 사진 등 인터넷 사용을 생각하게 되는 단서를 가능한 한 없애는 기법은?

① 정서 조절법   ② 인지재구조화법

③ 자극 통제법   ④ 공간재활용법

090 인지행동치료의 기본 가정에 속하지 <u>않는</u> 것은?

① 내담자의 왜곡되고 경직된 생각을 찾아내어 이를 현실적으로 타당한 생각으로 바꾸어 준다.

② 인지매개가설을 전제로 한다.

③ 단기간의 상담을 지향한다.

④ 감정과 행동의 이면에 있는 인지를 대상으로만 치료를 시행한다.

091 행동주의 상담의 한계에 관한 설명으로 <u>틀린</u> 것은?

① 상담과정에서 감정과 정서의 역할을 강조하지 않는다.

② 내담자의 문제에 대한 통찰이나 심오한 이해가 불가능하다.

③ 상담자와 내담자의 관계를 중시하여 기술을 지나치게 강조한다.

④ 고차원적 기능과 창조성, 자율성을 무시한다.

092 상담에 대한 설명으로 가장 적합한 것은?

① 상담은 내담자의 내적 자원이 충분히 활용될 수 있도록 상담자가 안내하는 일이다.

② 상담은 문제를 분석하여 상담자가 정확한 처방을 내리는 일이다.

③ 상담은 상담자가 해결방법을 제시하고 내담자가 이에 따르게 하는 것이다.

④ 상담은 정보의 제공을 주로 하는 조력활동이다.

093 단기상담에 적합한 내담자와 가장 거리가 <u>먼</u> 것은?

① 중요 인물과의 상실을 경험한 자   ② 상담에 대한 동기가 낮은 내담자

③ 급성적으로 발생한 문제로 고통받는 내담자   ④ 위급한 상황에 있는 군인

094 장기간 사용 중이던 약물을 얼마 동안 사용하지 않았을 때 심리적으로 초조하고 불안함을 느낄 뿐 아니라 약물에 대한 열망과 메스꺼움 등의 신체적인 불쾌감을 경험하는 것은?

① 내성   ② 약물남용

③ 금단증상   ④ 약물의존

095 청소년기 자살의 위험인자와 가장 거리가 <u>먼</u> 것은?

① 공격적이고 충동적이며 약물남용 병력이 있는 행동장애의 경우

② 부모에 대한 이유 없는 반항이나 저항을 보이는 경우

③ 과거 치명적 방법으로 자살을 시도한 경우

④ 일기장이나 친구에게 죽음에 관한 내용을 자주 이야기 하는 경우

096 글래서의 현실치료 이론에서 가정하는 기본적인 욕구가 <u>아닌</u> 것은?

① 권력의 욕구　　　　　　　　　② 생존의 욕구
③ 자존감의 욕구　　　　　　　　④ 재미에 대한 욕구

097 다음에서 설명하는 것은?

> 로저스(Rogers)가 제시한 바람직한 심리 상담자의 태도 중 상담자가 내담자의 경험 또는 내담자의 사적인 세계를 민감하게 그리고 정확하게 이해하려는 노력

① 진실성　　　　　　　　　　　② 공감적 이해
③ 긍정적 존중　　　　　　　　　④ 예민한 관찰력

098 다음에서 설명하는 상담기술은?

> 내담자의 감정에 대한 명확한 이해를 포함하여 내담자의 진술을 반복하거나 재표현하기도 한다.

① 해석　　　　　　　　　　　　② 감정반영
③ 재진술　　　　　　　　　　　④ 통찰

099 (가)에 들어갈 기법은?

> (가)는/은 마이켄바움(D. Meichenbaum)이 개발한 인지행동기법으로 스트레스 환경과 유사한 상황에 내담자를 미리 노출시켜 긍정적인 자기암시 혹은 자기대화(self-talk)를 할 수 있게 하는 것이다.

① 변증법적 행동치료(dialectical behavior therapy)
② 스트레스 접종 훈련(stress inoculation training)
③ 수용전념치료(acceptance and commitment therapy)
④ 마음챙김(mindfulness)

100 행동의 감소 또는 증상의 완화를 목표로 하는 기법으로 옳은 것을 고른 것은?

> ㄱ. 정적 처벌(positive punishment)
> ㄴ. 부적 강화(negative reinforcement)
> ㄷ. 이완훈련(relaxation training)
> ㄹ. 체계적 둔감화(systematic desensitization)

① ㄱ, ㄷ   ② ㄴ, ㄹ
③ ㄱ, ㄷ, ㄹ   ④ ㄴ, ㄷ, ㄹ

제3회 임상심리사 2급 필기 기출문제

정답 및 해설 p.187

제1과목 | 심리학개론

001 여러 상이한 연령에 속하는 사람들로부터 동시에 어떤 특성에 대한 자료를 얻고 그 결과를 연령 간 비교하여 발달적 변화과정을 추론하는 연구방법은?

① 단기종단적 연구방법   ② 횡단적 연구방법
③ 교차비교 연구방법   ④ 종단적 연구방법

002 심리검사의 타당도를 측정하는 방법 중 검사의 내용이 측정하려는 속성과 일치하는 지를 논리적으로 분석·검토하여 결정하는 것은?

① 공존타당도   ② 구성타당도
③ 내용타당도   ④ 예언타당도

003 다음 중 Rogers의 "자기" 개념의 설명으로 <u>틀린</u> 것은?

① 자기에는 지각된 자기 외에 되고 싶어 하는 자기도 포함된다.
② 상징화되지 못한 감정들로 구성되어 있다.
③ 사람의 세상에 대한 지각에 영향을 준다.
④ 지각된 경험에 의해 형성된다.

004 다음 중 극단값의 영향을 가장 많이 받는 것은?

① 최빈치   ② 백분위
③ 산술평균   ④ 중앙치

005 다음 중 인지부조화이론의 예로 적합하지 <u>않은</u> 것은?

① 어떤 사람이 맛이 없는 빵을 10개나 먹고 난 후 자신이 배가 고팠었다고 생각한다.

② 지루한 일을 하고 천원 받은 사람이 만원 받은 사람보다 그 일이 더 재미있다고 생각한다.

③ 반개인주의적 태도를 지닌 사람이 친개인주의적 발언을 한 후 친개인주의적으로 변한다.

④ 열렬히 사랑한 애인과 헤어진 남자가 그 애인이 못생기고 성격도 나쁘다고 생각한다.

006 형태재인이 이루어지기 위해서는 반드시 입력되는 자극정보와 정확하게 일치하는 기억정보가 장기기억 속에 존재해야 한다고 가정하는 이론은?

① 심상대조이론   ② 특징분석이론

③ 원형대조이론   ④ 판형이론

007 자극추구(Sensation-Seeking) 성향에 관한 설명으로 옳은 것은?

① 성격특성이 일부 신체적으로 유전된다고 하는 주장을 반박하는 근거로 제시된다.

② 자극추구 성향이 높을수록 노어에피네프린(NE)이라는 신경전달물질을 통제하는 체계에서의 흥분수준이 낮다는 주장이 있다.

③ Eysenck는 자극추구성향에 관한 척도를 제작했다.

④ 내향성과 외향성을 구분하는 생리적 기준으로 사용된다.

008 다음 중 의미망 모형에 관한 설명으로 <u>틀린</u> 것은?

① 이 모형에 따르면 버터가 단어인지를 판단하는데 걸리는 시간은 간호원보다 빵이라는 단어가 먼저 제시되었을 때 더 느리다.

② 활성화 확산 과정으로 설명할 수 있다.

③ 모형의 가정을 어휘결정과제로 검증할 수 있다.

④ 많은 정보들은 의미망으로 조직화할 수 있고 의미망은 노드(node)와 통로(pathway)로 구성되어 있다.

009 아동기의 애착에 관한 설명으로 옳은 것은?

① 엄마와의 밀접한 신체접촉이 애착을 형성하는데 가장 중요한 역할을 한다.

② 안정적으로 애착된 아동들은 엄마가 없는 낯선 상황에서도 주위를 적극적으로 탐색한다.

③ 유아가 엄마에게 분명한 애착을 보이는 시기는 생후3~4개월경부터이다.

④ 애착은 인간 고유의 현상으로서 동물들에게는 유사한 현상을 찾아보기 어렵다.

010 다음 중 동조에 관한 연구에서 발견된 사실은?

① 집단에 의해서 완전하게 수용받고 있다고 느낄수록 동조하는 경향이 더 많다.

② 집단의 크기에 비례하여 동조의 가능성이 증가한다.

③ 개인이 집단에 매력을 느낄수록 동조하는 경향이 더 많다.

④ 과제가 쉬울수록 동조가 많이 일어난다.

011 Kelley의 공변 원리에 의하면 3가지 정보를 이용해 귀인이 이루어진다고 본다. 이 3가지 정보에 포함되지 <u>않</u>는 것은?

① 일치성   ② 일관성

③ 특이성   ④ 안정성

012 언어적 재료에 대한 장기기억의 주된 특징으로 가장 적합한 것은?

① 제한된 저장능력, 의미적 부호화, 빠르게 망각

② 미지의 저장능력, 음향적 부호화, 비교적 영속적

③ 제한된 저장능력, 감각적 부호화, 빠르게 망각

④ 무한대의 저장능력, 의미적 부호화, 비교적 영속적

013 프로이트의 성격구조에 대한 설명으로 <u>틀린</u> 것은?

① 성격의 구조 가운데 가장 마지막으로 발달하는 체계가 초자아이다.

② 이드는 쾌락원칙을 따른다.

③ 초자아는 항문기의 배변훈련 과정을 겪으면서 발달한다.

④ 자아는 성격의 집행자로서, 인지능력에 포함된다.

014 아들러가 인간의 성격을 설명하면서 강조하지 <u>않은</u> 부분은?

① 힘에 대한 의지   ② 신경증 욕구

③ 우월성 추구   ④ 열등감의 보상

015 피아제의 인지발달이론에서 대상영속성 개념을 처음으로 획득하는 시기는?

① 구체적 조작기   ② 감각운동기

③ 형식적 조작기   ④ 전조작기

016 단기기억의 특징이 <u>아닌</u> 것은?

① 용량이 제한되어 있다.   ② 절차기억이 저장되어 있다.

③ 망각의 일차적 원인은 간섭이다.   ④ 정보를 유지하는 시간이 제한되어 있다.

017 다음과 같은 연구의 종류는?

> A는 '정장 복장' 스타일과 '캐주얼 복장' 스타일 중 어떤 옷이 면접에서 더 좋은 점수를 얻게 하는지 살펴보고
> 자 한다. A는 대학생 100명을 모집하고, 이들을 컴퓨터를 이용해 '정장 복장' 조건에 50명, '캐주얼 복장' 조건
> 에 50명을 무선으로 배정한 후, 실제 취업면접처럼 면접자를 섭외하고 한 면접에 3명의 면접자를 배정하여
> 면접을 진행하였다. 이후 각 학생들이 면접자들에게 얻은 점수의 평균을 조사하였다.

① 실험연구   ② 상관연구

③ 사례연구   ④ 혼합연구

018 성격의 5요인 이론 중 다른 사람들의 복지에 대해 관심을 가지며, 사람들을 신뢰하고, 다른 사람에 대해 편견을 덜 갖는 경향을 나타내는 것은?

① 개방성(Openness)   ② 외향성(Extraversion)

③ 우호성(Agreeableness)   ④ 성실성(Conscientiousness)

019 콜버그(L. Kohlberg)의 도덕성 발달이론에서 후인습 수준(post-conventional level)에 대한 설명으로 옳은 것은?

① 판단의 근거로 자유, 행복추구의 권리 등과 같은 가치를 반영하는 보편적인 윤리원칙을 언급한다.

② 판단의 근거로 주로 처벌이나 보상을 언급한다.

③ 판단의 근거로 인간관계의 유지, 사회질서와 법률 준수를 언급한다.

④ 규칙이란 절대적인 권위에 의해 만들어져 부여되어 변화할 수 없다고 언급한다.

020 고전적 조건형성 과정에서 나타나는 여러 현상에 대한 설명으로 옳지 <u>않은</u> 것은?

① 조건 형성된 조건자극이 아니라도 조건자극과 유사한 자극에 대해서는 조건반응이 발생하는 자극 일반화가 나타난다.

② 일반적으로 조건자극이 무조건 자극보다 먼저 제시되는 지연조건형성이나 흔적조건형성에서 조건형성이 잘 된다.

③ 한번 소거된 조건자극이라도 시간이 지난 후, 유사한 상황에서 조건반응이 다시 발생하는 자발적 회복이 일어난다.

④ 조건 형성된 조건자극은 다른 조건형성과정에서 무조건 자극의 역할을 하여 중성자극을 조건화시킬 수 있는데, 이를 역 조건형성이라고 한다.

021 생후 5개월까지 정상적인 발달이 이루어지다가, 만 4세 이전에 머리 크기의 성장이 저하되고, 기이한 손놀림이 나타나며, 사회적 교류에 어려움을 나타내는 발달장애는?

① 소아기 붕괴장애   ② 자폐증

③ 레트장애   ④ 아스퍼거 장애

022 조현병 스펙트럼 및 기타 정신병적 장애에 해당하지 <u>않는</u> 것은?

① 조현정동장애   ② 조현양상장애

③ 단기 정신병적 장애   ④ 순환성장애

023 분리불안장애에 관한 설명으로 <u>틀린</u> 것은?

① 부모의 양육행동, 아동의 유전적 기질, 인지행동적 요인 등이 영향을 미친다.

② 성인의 경우 증상이 1개월 이상 나타날 때 진단될 수 있다.

③ 학령기 아동에서는 학교에 가기 싫어하거나 등교 거부로 나타난다.

④ 행동치료, 놀이치료, 가족치료 등을 통하여 호전될 수 있다.

024 조현병에 관한 설명으로 맞는 것은?

① 일반적으로 발병 연령의 성별 차이는 나타나지 않는다.

② 망상, 환각, 와해된 언어 중 1개 증상이 반드시 포함되어야 한다.

③ 양성 증상은 음성 증상보다 더 만성적으로 나타난다.

④ 2개 이상의 영역에서 기능이 저하되어야 진단될 수 있다.

025 우울장애에 대한 설명으로 옳지 <u>않은</u> 것은?

① 적어도 1년 동안 심하지 않은 우울을 지속적으로 경험할 때 지속성 우울장애로 진단한다.

② 주요우울장애의 유병율은 남자보다 여자에게서 더 높다.

③ 주요우울장애의 발병은 20대에 최고치를 보인다.

④ 노르에피네프린이나 세로토닌 같은 신경전달물질이 우울장애와 관련된다.

026 광장공포증에 관한 설명으로 가장 적합한 것은?

① 공포, 불안, 회피 반응은 전형적으로 6개월 이상 지속된다.
② 광장공포증의 남녀 간의 발병비율은 비슷한 수준이다.
③ 아동기에 발병률이 가장 높다.
④ 광장공포증이 있으면 공황장애는 진단할 수 없다.

027 노출장애에 관한 설명과 가장 거리가 <u>먼</u> 것은?

① 노출 대상은 사춘기 이전의 아동에게 국한된다.
② 청소년기나 성인기 초기에 시작되는 것으로 알려져 있다.
③ 성도착적 초점은 낯선 사람에게 성기를 노출시키는 것이다.
④ 성기를 노출시켰다는 상상을 하면서 자위행위를 하기도 한다.

028 양극성장애(Bipolar disorder) 조증 시기에 있는 환자의 방어적 대응양상을 판단할 수 있는 행동이 <u>아닌</u> 것은?

① 증거도 없는 행동을 두고 남을 탓한다.
② 자신이 신의 사자라고 이야기 한다.
③ 활동 의욕이 줄어들어 과다 수면을 취한다.
④ 화장을 진하게 하고 다닌다.

029 전환장애의 특징을 모두 고른 것은?

> ㄱ. 신경학적 근원이 없는 신경학적 증상을 경험한다.
> ㄴ. 의식적으로 증상을 원하거나 의도적으로 증상을 만들어내지 않는다.
> ㄷ. 대부분 순수한 의학적 질환의 증상과 유사하지 않다.

① ㄱ, ㄴ   ② ㄱ, ㄷ
③ ㄴ, ㄷ   ④ ㄱ, ㄴ, ㄷ

030 다음에 해당하는 장애는?

> - 적어도 1개월 동안 비영양성·비음식물질을 먹는다.
> - 먹는 행동이 사회적 관습 혹은 문화적 지지를 받지 못한다.
> - 비영양성·비음식물질을 먹는 것이 발달수준에 비추어 볼 때 부적절하다.

① 달리 명시된 급식 또는 섭식장애
② 회피적/제한적 음식섭취장애
③ 되새김장애
④ 이식증

031 DSM-5의 성기능부전에 해당하지 않는 것은?

① 남성 성욕감퇴장애   ② 조루증
③ 성정체감 장애   ④ 발기장애

032 자폐스펙트럼 장애의 진단에 특징적인 증상만으로 묶인 것은?

① 동물에게 신체적으로 잔혹하게 대함, 반복적인 동작성 매너리즘(mannerism), 다른 사람들과 자발적으로 기쁨을 나누지 못함
② 일반적인 의학적 상태, 타인과의 대화를 시작하거나 지속하는 능력의 현저한 장애, 발달수준에 적합한 친구관계 발달의 실패
③ 구두 언어 발달의 지연, 비영양성 물질을 지속적으로 먹음, 상징적 놀이 발달의 지연
④ 사회적-감정적 상호성의 결함, 관계 발전, 유지 및 관계에 대한 이해의 결함, 상동증적이거나 반복적인 운동성 동작

033 조현병의 원인에 관한 설명으로 옳은 것은?

① 사회적 낙인: 조현병 환자는 발병 후 도시에서 빈민거주지역으로 이동한다.
② 도파민(Dopamine) 가설: 조현병의 발병이 도파민이라는 신경 전달물질의 과다활동에 의해 유발된다.
③ 표출정서: 조현병이 뇌의 특정 영역의 구조적 손상에 의해 유발된다.
④ 사회선택이론: 조현병이 냉정하고 지배적이며 갈등을 심어주는 어머니에 의해 유발된다.

034 지적장애에 관한 설명으로 **틀린** 것은?

① 지적장애는 개념적, 사회적, 실행적 영역에 대한 평가로 진단된다.

② 경도의 지적장애는 여성보다 남성에게 더 많다.

③ 지적장애 개인의 지능지수는 오차 범위를 포함해서 대략 평균에서 1표준편차 이하로 평가된다.

④ 심각한 두부외상으로 인해 이전에 습득한 인지적 기술을 소실한 경우에는 지적장애와 신경인지장애로 진단할 수 있다.

035 이상행동의 설명모형 중 통합적 입장에 해당하는 것은?

① 사회적 학습이론

② 세로토닌-도파민 가설

③ 소인-스트레스 모델

④ 대상관계이론

036 DSM-5에서 알코올 사용장애 진단기준에 관한 설명으로 옳은 것은?

① 교차중독 현상이 진단기준에 포함된다.

② 알코올로 인한 법적문제가 진단기준에 포함된다.

③ 증상의 갯수로 알코올 사용장애 심각도를 분류한다.

④ 음주량과 음주횟수가 진단기준에 포함된다.

037 다음 증상들이 나타날 때 적절한 진단명은?

- 의학적 상태, 물질 중독이나 금단, 치료약물의 사용 등으로 일어난다는 증거가 있다.
- 주의를 집중하는 것이 어렵고, 이해할 수 없는 말을 중얼거린다.
- 방향 감각이 없고 자신의 이름을 말하지 못한다.
- 위의 증상들이 갑자기 나타나고, 몇 시간이나 몇 일간 지속되다가 그 원인을 제거하면 회복되는 경우가 많다.

① 섬망

② 주요 신경인지장애

③ 경도 신경인지장애

④ 해리성 정체성장애

038 알코올 사용장애에 관한 설명으로 틀린 것은?

① 알코올은 중추신경계에서 다양한 뉴런과 결합하여 개인을 진정시키는 효과를 가져온다.

② 장기간의 알코올 사용에 따르는 비타민 B의 결핍은 극심한 혼란, 작화반응 등을 특징으로 하는 헌팅턴 병을 유발할 수 있다.

③ 금단 증상은 과도하게 장기간 음주하던 것을 줄이거나 양을 줄인지 4 - 12시간 정도 후 나타나는 것이 특징이다.

④ 아시아인들은 알코올을 분해하는 탈수소효소가 부족하여 알코올 섭취 시 부정적인 반응이 쉽게 나타난다.

039 DSM-5에서는 성격장애를 세 개의 군집으로 분류하였다. 군집 B에 속하지 <u>않는</u> 것은?

① 반사회적(antisocial) 성격장애

② 의존성(dependent) 성격장애

③ 자기애성(narcissistic) 성격장애

④ 경계선(borderline) 성격장애

040 이상행동의 원인에 대한 심리학적 관점 중 옳은 것을 고른 것은?

> ㄱ. 정신분석적 관점은 초자아 강도가 약화되거나 손상되어 이상행동이 나타난다고 본다.
> ㄴ. 행동주의적 관점은 이상행동이 조건형성에 의해서 학습된 결과로 본다.
> ㄷ. 인본주의적 관점은 자아실현이나 성장을 향한 경향성이 좌절되었을 때 이상행동이 나타난다고 본다.
> ㄹ. 인지주의적 관점은 이상행동이 왜곡된 사고과정에 의해서 나타난다고 가정한다.

① ㄱ, ㄷ

② ㄴ, ㄹ

③ ㄴ, ㄷ, ㄹ

④ ㄱ, ㄴ, ㄷ, ㄹ

041 신경심리검사의 flexible battery approach에 관한 설명으로 **틀린** 것은?

① 시·공간적 지각능력의 손상은 구성실행증(constructional apraxia)을 초래할 수 있다.

② 운동기능의 측정은 주로 운동속도, 미세운동협응(finemotor coordination), 악력강도(grip strength)로 나누어 볼 수 있다.

③ 지능검사로서는 성인용 웩슬러 지능검사가 많이 사용되기는 하지만 병전(premobid) IQ수준을 추정하기 어렵다.

④ 실어증과 같은 언어능력의 손상은 크게 수용기술과 표현기술로 나누어 측정한다.

042 다음 중 개인용 지능검사를 통해 수집할 수 있는 정보와 가장 거리가 <u>먼</u> 것은?

① 학습된 교육수준

② 소근육 운동능력

③ 전반적 지적능력

④ 창의적 예술능력

043 다음은 MMPI-2검사의 임상척도 중 무슨 척도에 해당되는가?

> - 반사회적 일탈행동, 가정 내 갈등, 적대감 등의 지표이다.
> - 가장 많은 사회적 일탈행동은 거짓말, 알코올중독, 마약남용, 성적 부도덕 등이 있다.
> - 이 척도가 아주 높은 사람은 수용시설에 수용하는 방법 이외에는 대안이 없다.

① D

② Hy

③ Pd

④ Hs

044 신경심리검사의 목적에 관한 설명으로 **틀린** 것은?

① 재활과 치료평가 및 연구에 유용하다.

② 기질적, 기능적 장애의 감별진단에 유용하다.

③ CT나 MRI와 같은 뇌영상기법에서 이상소견이 나타나지 않을 때 유용할 수 있다.

④ 기능적 장애의 원인을 판단하는 데 도움이 된다.

045 Jung의 심리학적 유형에 기초하여 개발된 검사는?

① MMPI   ② MBTI
③ TAT   ④ BDI

046 다음의 질문들은 정신상태 검사에서 공통적으로 무엇을 확인하기 위한 질문들인가?

> "오늘은 몇 월 며칠이죠?"
> "성함이 어떻게 되세요?"
> "여기가 어디죠?"
> "여기는 뭐하는 곳인가요?"
> "저는 누구에요?"

① 신뢰도(Reliability)   ② 주의(Attention)
③ 통찰(Insight)   ④ 지남력(Orientation)

047 신경심리 평가시 고려해야 할 사항과 가장 거리가 <u>먼</u> 것은?

① 교육수준   ② 성별
③ 연령   ④ 손상 후 경과시간

048 다음 중 발달검사를 사용할 때 고려해야 할 사항과 가장 거리가 <u>먼</u> 것은?

① 규준에 의한 발달적 비교가 가능해야 한다.
② 일반적인 기능적 분석에 유용해야 한다.
③ 다중기법적 접근을 취해야 한다.
④ 경험적으로 타당한 측정도구를 사용해야 한다.

049 비구조화된 면담과 비교하여 구조화된 면담에 대한 설명으로 <u>틀린</u> 것은?

① 객관적으로 수량화하는 것은 상대적으로 어렵다.
② 유연성 있게 진행되는 것은 상대적으로 어렵다.
③ 상대적으로 신뢰도가 더 높다.
④ 면담자 간의 일치도를 높일 수 있다.

050 다음 중 Guilford의 지능구조 입체모형설의 구성내용에 포함되지 <u>않는</u> 것은?

① 소산(product)
② 내용(content)
③ 파지(retention)
④ 조작(operation)

051 K-WAIS에서 어휘검사의 측정내용으로 옳은 것은?

① 일반 지능의 주요 지표
② 개인이 소유한 기본 지식의 정도
③ 수 개념의 이해와 주의 집중력
④ 사물의 본질과 비본질을 구분하는 능력

052 특정 학업과정이나 직업에 대한 앞으로의 수행능력이나 적응을 예측하는 검사는?

① 성격검사
② 지능검사
③ 능력검사
④ 적성검사

053 MMPI 5번 척도가 높은 여대생의 경우에 가능한 해석으로 옳은 것은?

① 성격적으로 수동-공격적인 특성이 있다.
② 반드시 남성적인 흥미를 나타내지는 않는다.
③ 심미적이고 예술적인 취미를 가지며 지능이 우수하다.
④ 자신감이 부족하고 충동적이다.

054 다음 중 발달검사의 특징에 관한 설명으로 옳은 것은?

① 발달검사는 주로 언어이해 및 표현능력으로 구성되어 있다.
② 영유아 기준 발달상 미숙한 단계이므로 다양한 영역을 측정하기 어렵다.
③ 발달검사의 목적은 유아의 지적 능력 파악이 주목적이다.
④ 아동을 직접 검사하지 않고 보호자의 보고에 의존하는 발달검사도구도 있다.

055 웩슬러 지능검사의 점수체계에 관한 설명으로 옳은 것은?

① 아동용(WISC)과 성인용(WAIS) 검사의 지능지수 산출방식은 다르다.

② 언어성 지능과 동작성 지능의 평균과 표준편차는 다르다.

③ 11개 하위검사는 평균이 50점인 환산점수로 산출된다.

④ 동일한 원점수를 얻어도 연령에 따라 지능지수가 달라질 수 있다.

056 교통사고 환자의 신경심리 검사에서 꾀병을 의심할 수 있는 경우는?

① 뚜렷한 병변이 드러나며 작의적인 반응을 보일 때

② 즉각기억과제와 지연기억과제의 수행에서 모두 저하를 보일 때

③ 기억과제에서 쉬운 과제에 비해 어려운 과제에서 더 나은 수행을 보일 때

④ 단기기억 점수는 정상범위이나 다른 기억점수가 저하를 보일 때

057 카우프만 아동용지능검사(K-ABC)에 관한 설명으로 **틀린** 것은?

① 성취도를 평가할 수도 있다.

② 정보처리적인 이론적 관점에서 제작되었다.

③ 아동용 웩슬러지능검사(WISC)와 동일한 연령대의 아동을 대상으로 한다.

④ 언어적 기술에 덜 의존하므로 언어능력의 문제가 있는 아동에게 적합하다.

058 심리검사 선정기준으로 **틀린** 것은?

① 신뢰도와 타당도가 높은 검사를 선정한다.

② 수검자의 특성과 상관없이 의뢰 목적에 맞춰 선정한다.

③ 검사의 경제성과 실용성을 고려해 선정한다.

④ 객관적 검사와 투사적 검사의 장·단점을 고려하여 선정한다.

059 자료(데이터)를 보고할 때 중앙집중경향(central tendency)의 정도를 알기 위한 수치로 옳은 것은?

① 평균, 표준편차, 최빈치

② 평균편차, 표준편차, 사분위편차

③ 평균, 최빈치, 중앙치

④ 표준편차, 백분위, 중앙치

060 **상관계수(correlation coefficient)에 대한 설명으로 옳은 것을 고른 것은?**

> ㄱ. 상관계수(감마, γ)의 범위는 −1부터 +1까지이다.
>
> ㄴ. 상관계수가 0.2일 경우 두 변인간의 관계를 20% 정도 설명한다는 의미이기도 하다.
>
> ㄷ. 산포도에서 점들이 흩어져 있는 정도가 만약 직선에 가깝다면 변인 간 상관이 높다는 의미이다.
>
> ㄹ. 한 변인이 감소할 때 다른 변인도 감소한다면 부적상관 관계이다.

① ㄱ, ㄴ   ② ㄱ, ㄷ

③ ㄴ, ㄷ   ④ ㄱ, ㄹ

061 체중 조절을 위하여 식이요법을 시행하는 사람이 매일 식사의 시간, 종류, 양과 운동량을 구체적으로 기록하고 있다면 이는 어떤 행동관찰의 방법인가?

① 참여 관찰(Participant Observation)
② 통계적인 평가
③ 자기-감찰(Self-Monitoring)
④ 비참여 관찰(Non-Participant Observation)

062 최초의 심리진료소를 설립함으로써 임상심리학의 초기발전에 직접적으로 중요한 공헌을 한 인물은?

① Witmer   ② Kant
③ Mowrer   ④ Miller

063 암, 당뇨 등을 가진 환자들을 위한 효과적인 집단개입의 형태는?

① 가족치료   ② 인지행동적 집단치료
③ 심리교육적 집단치료   ④ 인본주의적 집단치료

064 정신병리가 의심될 때 주로 사용하는 구조화된 정신의학적 면접법은?

① 개인력 청취   ② 정신역동적 면담
③ 정신상태평가   ④ 가계력 조사

065 정신건강전문가인 정신과 의사, 간호사, 사회복지사의 역할과는 구분되는 임상심리학자만의 전통적 역할로 강조되는 것은?

① 개인 개업 또는 집단 개업
② 정신질환에 관한 예방적 노력
③ 심리검사를 통한 평가
④ 심리치료 및 상담

066 임상심리사가 개인적인 심리적 문제를 갖고 있다든지, 너무 많은 부담 때문에 지쳐있다든지, 교만하여 더 이상 배우지 않고 배울 필요가 없다고 생각하거나, 해당되는 특정 전문교육수련을 받지 않고도 특정 내담자군을 잘 다룰 수 있다고 여긴다면, 이는 다음 중 어느 항목의 윤리적 원칙에 위배되는 것인가?

① 사회적 책임   ② 유능성
③ 권리의 존엄성   ④ 성실성

067 언어적 기능과 시·공간적 기능을 담당하는 반구 간에 차이가 있는 것을 통해 대뇌 기능의 편재화를 알 수 있다. 다음 중 대뇌 기능의 편재화를 평가하는데 사용하는 검사가 아닌 것은?

① 손잡이(handedness)검사
② 발잡이(footedness)검사
③ 눈의 편향성 검사
④ 주의력검사

068 아동을 상담할 때 일반적으로 고려해야 할 사항과 가장 거리가 먼 것은?

① 아동은 놀이를 통해 자신의 생각과 감정을 표현하기 때문에 놀이의 기능을 중요하게 다루어야 한다.
② 아동은 부모에게 의존적 상태에 있기 때문에 상담자는 가족의 역동을 이해하고 변화시키는 것이 바람직하다.
③ 아동에게 치료 중 일어난 일은 성인의 경우와 마찬가지로 부모 등에게는 반드시 비밀로 유지되어야만 한다.
④ 아동은 발달과정에 있기 때문에 생활조건을 변화시키는데 있어 거의 무력하다.

069 다음 중 규준(norm)에 관한 설명으로 가장 적합한 것은?

① 연구자가 측정한 의도에 따라 측정이 되었는지의 정도를 제공해 준다.
② 특정집단의 전형적인 또는 평균적인 수행지표를 제공해 준다.
③ 측정한 점수의 일관성 정도를 제공해 준다.
④ 검사실시와 과정이 규정된 절차에서 이탈된 정도를 제공해 준다.

070 다음 중 접수면접의 주요 목적과 가장 거리가 <u>먼</u> 것은?

① 치료자에게 신뢰, 라포 및 희망을 심어주려고 시도한다.

② 제공되는 서비스에 대한 환자의 질문에 대답한다.

③ 환자를 병원이나 진료소에 의뢰할지를 고려한다.

④ 환자가 자신이나 다른 사람을 해칠 중대한 위험상태에 있는지 결정한다.

071 Beck의 우울증 인지행동치료에서 인지적 삼제(cognitive triad)에 해당되지 <u>않는</u> 것은?

① 세계   ② 자신

③ 과거   ④ 미래

072 술을 마시면 구토가 나는 약을 투약하여 알코올 중독 환자를 치료하는 행동치료기법은?

① 환권보상치료   ② 자기표현훈련

③ 혐오치료   ④ 행동조성

073 정신건강 자문 중 점심시간이나 기타 휴식시간 동안에 임상사례에 대해 동료들에게 자문을 요청하는 형태는?

① 내담자-중심 사례 자문

② 비공식적인 동료집단 자문

③ 피자문자-중심 사례 자문

④ 피자문자-중심 행정 자문

074 환자가 처방한 대로 약을 잘 복용하고, 의사의 치료적 권고를 준수하게 하기 위한 가장 적절한 방법은?

① 준수하지 않을 때 불이익을 준다.

② 의사가 권위적이고 단호하게 지시한다.

③ 모든 책임을 환자에게 위임한다.

④ 치료자가 약의 효과 등에 대해 친절하고 상세하게 설명한다.

075 HTP 검사해석으로 옳은 것은?

① 필압이 강한 사람은 약한 사람에 비해 억제된 성격일 가능성이 높다.

② 나무의 가지와 사람의 팔은 대인관계에 대한 욕구를 탐색할 수 있는 정보를 제공한다.

③ 지우개를 과도하게 많이 사용한 사람은 대부분 자신감이 높다.

④ 집 그림 중에서 창과 창문은 내적 공상활동에 대한 정보를 제공하는 중요한 지표이다.

076 성격평가 질문지에서 척도명과 척도군의 연결이 **틀린** 것은?

① 공격성 척도(AGG) - 임상 척도

② 저 빈도 척도(INF) - 타당도 척도

③ 자살관념 척도(SUI) - 치료고려 척도

④ 지배성 척도(DOM) - 대인관계 척도

077 시각적 처리와 시각적으로 중재된 기억의 일부 측면에 관여하는 뇌의 위치는?

① 전두엽   ② 측두엽

③ 두정엽   ④ 후두엽

078 임상심리사가 수행하는 역할과 가장 거리가 **먼** 것은?

① 심리재활   ② 심리검사

③ 언어치료   ④ 심리치료상담

079 조작적 조건형성과 관련하여 강화(reinforcement)에 영향을 미치는 변인으로 옳지 **않은** 것은?

① 박탈 수준이 낮을수록 강화물의 효과가 더 크다.

② 효과가 큰 강화물은 효과가 작은 강화물보다 더 효과적이다.

③ 학습이 일어나는 비율은 행동에 대한 강화물이 뒤따르는 정도에 따라 달라진다.

④ 반응과 강화 결과 사이의 간격이 가까울수록 학습이 더 잘 일어난다.

080 심리학은 인간을 대상으로 연구를 수행한다. 따라서 자연과학과 비교할 때 각 개인의 특징들의 변산성 (variability)이 크기 때문에 실험집단과 통제집단(비교집단)에 속하는 사람들의 특성 차이를 최소화해야 한다. 이를 위해 실험을 준비할 때 필요한 사항으로 옳은 것은?

① 참가자 배정의 무선할당(random assignment)
② 독립변인에 대한 조작적 정의(operational definition)
③ 이중 은폐(double blind) 절차
④ 현실적인 독립변인의 설정

081 해결 중심적 가족상담에 관한 설명으로 <u>틀린</u> 것은?

① 내담자의 강점, 자원, 건강한 특성을 치료에서 활용한다.
② 문제원인을 이해하는 데 초점을 둔다.
③ 병리적인 것보다 건강한 것에 초점을 둔다.
④ 과거보다는 미래와 현재에 초점을 둔다.

082 Weiner의 비행분류에 관한 설명으로 <u>틀린</u> 것은?

① 소속된 비행하위집단 내에서 통용되는 삶의 방식들은 자존감과 소속감을 가져다주므로 장기적으로 적응적이라고 할 수 있다.
② 신경증적 비행은 행위자가 타인의 주목을 끌 수 있는 방식으로 비행을 저지르는 경우가 많다.
③ 심리적 비행에는 성격적 비행, 신경증적 비행, 정신병적(기질적) 비행이 속한다.
④ 비행자의 심리적인 특징에 따라서 사회적 비행과 심리적 비행을 구분한다.

083 다음 중 게슈탈트 심리치료에서 강조하는 것이 <u>아닌</u> 것은?

① 환경과의 접촉　　　　　　　② 내담자의 억압된 감정에 대한 해석
③ 지금-여기　　　　　　　　　④ 미해결 과제 또는 회피

084 인간중심치료 이론에서 치료자의 태도에 해당하는 것은?

① 저항의 분석　　　　　　　　② 체험에의 개방
③ 무조건적 반영　　　　　　　④ 솔직성

085 다음 중 만성정신과 환자를 위한 정신재활치료에서 사례관리의 목적은?

① 환자에게 필요한 다양한 서비스를 조정·통합
② 정신과 환자의 효율적인 대인관계 증진
③ 환자가 독립적인 사회생활을 할 수 있는 다양한 주거 공간 확보
④ 위기상황에서 환자의 증상과 사회적응을 급속히 안정

086 Glasser의 현실요법상담이론에서 가정하는 기본적인 욕구에 해당하지 않는 것은?

① 재미에 대한 욕구
② 생존의 욕구
③ 자존감의 욕구
④ 권력에 대한 욕구

087 사회공포증 치료에서 극복을 위한 집단치료 프로그램 내용 중 불안을 유발하기 때문에 지금까지 피해왔던 상황을 더 이상 회피하지 않고 그 상황에 직면하게 하는 일종의 행동치료기법은?

① 역할연기
② 노출훈련
③ 역기능적 신념에 대한 인지재구성 훈련
④ 자동적 사고의 인지재구성 훈련

088 사회학습이론의 관점에서 내담자가 직업선택을 효율적으로 할 수 있도록 돕기 위해 상담자가 해야 할 일은?

① 직업에서 요구하는 직무내용은 항상 변화할 수 있음을 예측하고 대비한다.
② 내담자가 행동하도록 격려하는 것은 진로 상담자의 업무 범위가 아님을 인식한다.
③ 내담자가 현재의 특성을 벗어나는 직업을 선택하지 않도록 한다.
④ 내담자가 제기한 문제 이외의 또 다른 의문을 제기하지 않는다.

089 장애인을 위한 심리재활 프로그램 중 집단치료에 대한 설명으로 가장 적합하지 않은 것은?

① 장애인 재활 집단치료의 장점은 집단구성원들이 서로 도움을 주고받는 경험, 동료의 모델링과 지지 등을 들 수 있다.
② 같은 생활공간에서 지내며 재활과정을 함께 하는 사람들로 구성된 집단은 그들의 일상적인 문제를 해결하는 연습을 할 수 있는 기회가 된다.
③ 집단치료는 장애인뿐만 아니라 그 가족에게도 적용될 수 있는 치료적 개입이다.
④ 신체장애집단의 구성원 선발은 특별한 이유가 없는 한 신체장애의 종류에 따라야 한다.

090 체계적 둔감법(systematic desensitize)의 기초가 되는 학습원리는?

① 혐오 조건형성
② 조작적 조건형성
③ 고전적 조건형성
④ 고차적 조건형성

091 정신분석 상담에서 전이분석이 중요한 이유로 가장 적합한 것은?

① 내담자에게 현재 관계에 대한 과거의 영향을 깨닫게 해준다.

② 내담자에 대한 상담자의 감정이 나온다.

③ 상담자의 감정을 드러내지 않게 해준다.

④ 무의식 내용을 알 수 있는 최선의 길이다.

092 산업장면에서 검사선택 시 고려사항과 가장 거리가 <u>먼</u> 것은?

① 직무수행의 속성이 다차원적일 때는 복수 검사보다는 단일 검사를 선택한다.

② 검사의 선택은 후보가 될 만한 검사들을 폭넓게 찾아내고 검토한 후 이루어져야 한다.

③ 검사의 선택은 그 사용목적에 잘 부합하여야 한다.

④ 선발이나 승진 등의 의사결정 시에는 준거타당도를 검증한다.

093 성폭력 피해자 심리상담 초기단계의 유의사항으로 <u>틀린</u> 것은?

① 성폭력 피해의 문제가 없다고 부정을 하면 일단 수용해 준다.

② 성폭력 피해로 인한 합병증이 있는지 묻는다.

③ 치료관계 형성에 힘써야 한다.

④ 상담자는 상담내용의 주도권을 가져야 한다.

094 신체적 장애 발생 시 거치는 심리적 적응단계에 대한 설명으로 <u>틀린</u> 것은?

① 장애나 질병의 심각성과 정도를 이해하고 완전히 인정하게 될 때에는 우울해진다.

② 초기에 외상 자체를 부정하는 것은 회복 과정을 방해하게 된다.

③ 충격은 외상 시 나타나는 즉각적인 반응이다.

④ 독립적으로 자기간호와 재활의 노력이 가능할 때 나타나는 반작용이 독립에 대한 저항이다.

095 상담 초기 단계에서 사용하기에 가장 적합한 기법은?

① 경청

② 피드백

③ 자기개방

④ 감정의 반영

096 Gottfredson의 직업포부 발달이론에서 직업과 관련된 개인발달의 단계에 해당하지 않는 것은?

① 개인선호 지향성
② 성역할 지향성
③ 힘과 크기 지향성
④ 내적 고유한 자아 지향성

097 다음 알코올 중독 내담자에게 적용할만한 동기강화상담의 기법과 가장 거리가 먼 것은?

> "제가 술 좀 마신 것 때문에 아내가 저를 이곳에 남겨 두었다는 것을 믿을 수가 없군요. 그녀의 문제가 무엇인지 모르겠어요. 이 방에 불러서 이야기 좀 하고 싶어요. 음주가 문제가 아니라 그녀가 문제인 것이니까요."

① 재구성하기(reframing)
② 주창 대화(advocacy talk)
③ 반영반응(reflection response)
④ 초점 옮기기(shifting focus)

098 심리치료의 발전사에 관한 설명으로 옳지 않은 것은?

① 윌버(Wilber)는 자아초월 심리학의 이론체계를 발전시켰으며 그의 이론에 근거한 통합적 심리치료를 제시하였다.
② 로저스(Rogers)는 정신분석치료의 대안으로 인간중심치료를 제시하면서 자신의 치료활동을 카운슬링(counseling)으로 지칭하였다.
③ 인지심리학의 발전과 더불어 개발된 치료방법들은 1960~70년대 행동치료와 접목되면서 인지행동치료로 발전하였다.
④ 제임스(James)는 펜실베니아 대학교에 최초의 심리클리닉을 설립하여 학습장애와 행동장애 아동을 대상으로 치료활동을 시작하였다.

099 백(A. Beck)의 인지치료(cognitive therapy)에 설명으로 옳지 않은 것은?

① 내담자의 기분과 행동은 생각이나 가정에 의해 영향을 받는다.
② 내담자의 역기능적 인지도식을 찾아 가설을 세우고 이 가설의 타당성을 체계적으로 검증한다.
③ 내담자 치료를 위해 언어적, 인지적, 행동적 기법을 사용한다.
④ 비합리적 생각을 합리적인 생각으로 바꾸기 위해 적극적인 논박을 사용한다.

100 제3세대 인지행동치료 중 마음챙김에 기반한 치료에 관한 설명으로 옳지 <u>않은</u> 것은?

① 맥락과 상황을 강조한다.

② 현재의 경험을 수용적으로 자각하여 알아차리는 것을 추구한다.

③ 인지의 기능보다 내용을 중시한다.

④ 변증법적 행동치료(DBT)와 수용전념치료(ACT)를 포함한다.

2022

임상심리사 2급
필기 기출문제

제1회 임상심리사 2급 필기 기출문제

정답 및 해설 p.222

제1과목 | 심리학개론

001 임상심리학 연구방법 중 내담자와의 면접을 통해 증상과 경과를 체계적으로 연구하는 방법은?

① 실험연구   ② 상관연구

③ 사례연구   ④ 혼합연구

002 성격이론과 대표적인 연구자가 <u>잘못</u> 짝지어진 것은?

① 정신분석이론 - 프로이드(Freud)

② 행동주의이론 - 로저스(Rogers)

③ 인본주의이론 - 매슬로우(Maslow)

④ 특질이론 – 올포트(Allport)

003 기억 연구에서 집단이 회상한 수가 집단구성원 각각 회상한 수의 합보다 적은 것을 의미하는 것은?

① 책임감 분산   ② 청크효과

③ 스트룹효과   ④ 협력 억제

004 여러 상이한 연령에 속하는 사람들로부터 동시에 어떤 특성에 대한 자료를 얻고, 그 결과를 연령 간 비교하여 발달적 변화과정을 추론하는 연구방법은?

① 종단적 연구방법

② 횡단적 연구방법

③ 교차비교 연구방법

④ 단기종단적 연구방법

005 단순 공포증이 유사한 대상에게 확대되는 현상을 설명하는 학습원리는?

① 변별조건형성   ② 자극 일반화

③ 자발적 회복   ④ 소거

006 실험장면에서 실험자가 조작하는 처치변인은?

① 독립변인   ② 종속변인

③ 조절변인   ④ 매개변인

007 프로이드의 성격의 구조에 대한 설명으로 **틀린** 것은?

① 이드는 쾌락원칙을 따른다.

② 초자아는 항문기의 배변훈련 과정을 겪으면서 발달한다.

③ 성격의 구조 가운데 가장 마지막으로 발달하는 체계가 초자아이다.

④ 자아는 성격의 집행자로서, 인지능력에 포함된다.

008 Cattell의 성격이론에 관한 설명과 가장 거리가 **먼** 것은?

① 주로 요인분석을 사용하여 성격요인을 규명하였다.

② 지능을 성격의 한 요인인 능력특질로 보았다.

③ 개인의 특정 행동을 설명할 수 있느냐에 따라 특질을 표면특질과 근원특질로 구분하였다.

④ 성격특질이 서열적으로 조직화되어 있다고 보았다.

009 성격을 정의할 때 고려하는 특징으로 가장 거리가 **먼** 것은?

① 시간적 일관성   ② 환경에 대한 적응성

③ 개인의 독특성   ④ 개인의 자율성

010 인지학습이론에 대한 설명으로 **틀린** 것은?

① 형태주의는 공간적인 관계보다는 시간변인에 주로 관심을 갖는다.

② Tolman은 강화가 무슨 행동을 하면 어떤 결과가 일어날 것이란 기대를 확인시켜 준다고 보았다.

③ 통찰은 해결 전에서 해결로 갑자기 일어나며 대개 '아하' 경험을 하게 된다.

④ 인지도는 학습에서 내적 표상이 중요함을 보여준다.

011 에릭슨의 심리사회적 발달이론에서 노년기에 맞는 위기는?

① 고립감   ② 열등감
③ 단절감   ④ 절망감

012 고전적 조건형성에 관한 설명으로 옳은 것은?

① 대부분의 정서적인 반응들은 고전적 조건형성을 통해 학습될 수 있다.
② 중립자극은 무조건 자극 직후에 제시되어야 한다.
③ 행동변화의 효과를 거두기 위해서는 적절한 반응의 수나 비율에 따라 강화가 이루어져야 한다.
④ 모든 자극에 대한 모든 반응은 연쇄(chaining)를 사용하여 조건형성을 할 수 있다.

013 자신의 행동을 통해서 태도를 확인하고 이해하는 과정을 설명하는 이론은?

① 인지부조화이론   ② 자기지각이론
③ 자기고양편파이론   ④ 자기정체성이론

014 집단사고가 일어나는 상황과 가장 거리가 먼 것은?

① 집단의 응집력이 높은 경우
② 집단이 외부 영향으로부터 고립된 경우
③ 집단의 리더가 민주적인 경우
④ 실행 가능한 대안이 부족하여 집단의 스트레스가 높은 경우

015 어떤 사람의 행동을 보고 상황이나 외적 요인보다는 사람의 기질이나 내적 요인에 그 원인을 두려고 하는 것은?

① 고정관념   ② 현실적 왜곡
③ 후광효과   ④ 기본적 귀인오류

016 의미망 모형에 관한 설명으로 틀린 것은?

① 많은 정보들은 의미망으로 조직화할 수 있고 의미망은 노드(node)와 통로(pathway)로 구성되어 있다.

② 모형의 가정을 어휘결정 과제로 검증할 수 있다.

③ 버터가 단어인지를 판단하는데 걸리는 시간은 간호사보다 빵이라는 단어가 먼저 제시되었을 때 더 느리다.

④ 활성화 확산 과정으로 설명할 수 있다.

017 동조에 관한 설명으로 옳은 것은?

① 집단의 크기에 비례하여 동조의 가능성이 증가한다.

② 과제가 쉬울수록 동조가 많이 일어난다.

③ 개인이 집단에 매력을 느낄수록 동조하는 경향이 더 높다.

④ 집단에 의해서 완전하게 수용 받고 있다고 느낄수록 동조하는 경향이 더 크다.

018 연구설계 시 내적 타당도를 위협하는 요인이 아닌 것은?

① 평균으로의 회귀 　　　　　　② 측정도구의 변화

③ 피험자의 반응성 　　　　　　④ 피험자의 학습효과

019 기억에 관한 설명 중 옳지 않은 것은?

① 기억의 세 단계는 부호화, 저장, 인출이다.

② 감각기억은 매우 큰 용량을 가지고 있지만 순식간에 소멸한다.

③ 외현기억은 무의식적이며, 암묵기억은 의식적이다.

④ 부호화와 인출을 증진시키는 한 가지 방법은 심상을 사용하는 것이다.

020 비율척도에 해당하는 것은?

① 성별 　　　　　　② 길이

③ 온도 　　　　　　④ 석차

021 DSM-5에서 알코올 사용장애 진단기준에 관한 설명으로 옳은 것은?

① 증상의 갯수로 알코올 사용장애 심각도를 분류한다.
② 알코올로 인한 법적문제가 진단기준에 포함된다.
③ 교차중독 현상이 진단기준에 포함된다.
④ 음주량과 음주횟수가 진단기준에 포함된다.

022 여성의 알코올 중독에 관한 설명으로 옳은 것은?

① 알코올 중독의 남녀 비율은 비슷한 수준이다.
② 여성은 유전적으로 남성보다 알코올 중독의 가능성이 더 높다.
③ 여성 알코올 중독자들은 남성 알코올 중독자들보다 우울을 더 많이 경험하고 자살시도 횟수가 더 많다.
④ 여성은 남성보다 체지방이 많기 때문에 술의 효과가 늦게 나타나고 대사가 빠르다.

023 지속성 우울장애(기분저하증)의 진단기준에 관한 설명으로 <u>틀린</u> 것은?

① 우울 기간 동안 자존감 저하, 절망감 등의 2가지 증상이 나타난다.
② 순환성장애의 진단기준을 충족해야 한다.
③ 조증 삽화, 경조증 삽화가 없어야 한다.
④ 청소년에서는 기분이 과민한 상태로 나타나기도 한다.

024 이상심리의 이론적 모형에 관한 설명으로 <u>틀린</u> 것은?

① 양극성 장애와 조현병은 유전을 비롯한 생물학적 요인에 영향을 받는다.
② 행동주의자들은 부적응 행동이 학습의 원리에 따라 형성된다고 제안하였다.
③ 실존주의자들은 정신장애가 뇌의 생화학적 이상에 의해서 유발된다고 본다.
④ 인지이론가들은 비합리적 신념과 역기능적 사고가 이상 행동에 영향을 준다고 본다.

025 조현병 스펙트럼 및 기타 정신병적 장애에 해당하지 <u>않는</u> 것은?

① 순환성장애
② 조현양상장애
③ 조현정동장애
④ 단기 정신병적 장애

026 사회불안장애에 대한 설명으로 가장 적합한 것은?

① 공포스러운 사회적 상황이나 활동상황에 대한 회피, 예기 불안으로 일상생활, 직업 및 사회적 활동에 영향을 받는다.

② 특정 뱀이나 공원, 동물, 주사 등에 공포스러워 한다.

③ 터널이나 다리에 대해 공포반응이 일어나는 경우이다.

④ 생리학적으로 부교감신경계의 활성 등의 생리적 반응에서 기인한다.

027 신경발달장애에 관한 설명으로 틀린 것은?

① 뚜렛장애 진단 시 운동성 틱과 음성 틱은 항상 동시에 나타나야 한다.

② 생의 초기부터 나타나는 유아기 및 아동기 장애와 관련이 있다.

③ 비유창성이 청소년기 이후에 시작되면 성인기-발병 유창성 장애로 진단한다.

④ 상동증적 운동장애는 특정 패턴의 행동을 목적 없이 반복하여 부적응적 문제가 초래된다.

028 Bleuler가 제시한 조현병(정신분열병)의 4가지 근본증상, 즉 4A에 해당하지 <u>않는</u> 것은?

① 감정의 둔마(affective blunting) 　② 자폐증(autism)

③ 양가감정(ambivalence) 　④ 무논리증(alogia)

029 주의력 결핍 및 과잉행동장애(ADHD)에 관한 설명으로 틀린 것은?

① 학령전기에 보이는 주요 증상은 과잉행동이다.

② 앉아 있도록 요구되는 상황에서 자리를 떠나는 것은 부주의 증상에 해당된다.

③ 증상이 지속되면 적대적 반항장애로 동반이환 할 가능성이 높다.

④ 여성보다 남성에게 더 흔하게 나타난다.

030 다음의 사례에 가장 적합한 진단명은?

> 24세의 한 대학원생은 자신이 꿈속에 사는 듯 느껴졌고, 자기 신체와 생각이 자기 것이 아닌 듯 느껴졌다. 자신의 몸 일부는 왜곡되어 보였고, 주변 사람들이 로봇처럼 느껴졌다.

① 해리성 정체성장애 　② 해리성 둔주

③ 이인화/비현실감 장애 　④ 착란장애

031 주요 신경인지장애에 관한 설명으로 옳은 것은?

① 인지 기능의 저하 여부는 병전 수행 수준을 기준으로 삼지 않는다.

② 가족력이나 유전자 검사에서 원인이 되는 유전적 돌연변이의 증거가 있어야 한다.

③ 기억 기능의 저하가 항상 나타난다.

④ 알츠하이머병으로 인한 경우는 서서히 시작되고 점진적으로 진행된다.

032 분리불안장애에 관한 설명으로 **틀린** 것은?

① 행동치료, 놀이치료, 가족치료 등을 통하여 호전될 수 있다.

② 부모의 양육행동, 아동의 유전적 기질, 인지 행동적 요인 등이 영향을 미친다.

③ 학령기 아동에서는 학교에 가기 싫어하거나 등교 거부로 나타난다.

④ 성인의 경우 증상이 1개월 이상 나타날 때 진단될 수 있다.

033 B군 성격장애에 해당하지 <u>않는</u> 것은?

① 경계성 성격장애   ② 강박성 성격장애

③ 반사회성 성격장애   ④ 연극성 성격장애

034 다음 장애 중 성기능부전에 포함되지 <u>않는</u> 것은?

① 사정지연   ② 발기장애

③ 마찰도착장애   ④ 여성극치감장애

035 다음 증상들이 나타날 때 적절한 진단명은?

- 의학적 상태, 물질 중독이나 금단, 치료약물의 사용 등으로 일어난다는 증거가 있다.
- 주의를 집중하는 것이 어렵고, 이해할 수 없는 말을 중얼거린다.
- 방향 감각이 없고 자신의 이름을 말하지 못한다.
- 위의 증상들이 갑자기 나타나고, 몇 시간이나 몇 일간 지속되다가 그 원인을 제거하면 회복되는 경우가 많다.

① 섬망   ② 경도 신경인지장애

③ 주요 신경인지장애   ④ 해리성 정체성장애

036 전환장애에 관한 설명으로 **틀린** 것은?

① 전환장애 진단을 위해서는 증상이 신경학적 질병으로 설명되지 않아야 한다.

② 전환증상은 다양하지만 특히 흔한 것은 보이지 않음, 들리지 않음, 마비, 무감각증 등이다.

③ 전환증상은 의학적 증거로 설명되지는 않고 있으며 환자들이 일시적인 어려움을 피하기 위하여 의도적으로 꾸며낸 것이다.

④ 전환증상은 내적 갈등의 자각을 차단하는 일차 이득이 있고, 책임감으로부터 구제해주고 동정과 관심을 끌어내는 이차 이득이 있다.

037 변태 성욕장애에 해당하지 **않는** 것은?

① 관음장애   ② 소아성애장애
③ 노출장애   ④ 성별 불쾌감

038 대인관계의 자아상 및 정동의 불안정성, 심한 충동성을 보이는 광범위한 행동 양상으로 인해 사회적 부적응이 초래되는 성격장애는?

① 의존성 성격장애   ② 경계선 성격장애
③ 편집성 성격장애   ④ 연극성 성격장애

039 조현병에 관한 설명으로 맞는 것은?

① 망상, 환각, 와해된 언어 중 1개 증상이 반드시 포함되어야 한다.

② 양성 증상은 음성 증상보다 더 만성적으로 나타난다.

③ 2개 이상의 영역에서 기능이 저하되어야 진단될 수 있다.

④ 일반적으로 발병 연령의 성별 차이는 나타나지 않는다.

040 주요 우울장애에 동반되는 세부 유형(양상)이 **아닌** 것은?

① 혼재성 양상 동반   ② 멜랑콜리아 양상 동반
③ 급속 순환성 양상 동반   ④ 비전형적 양상 동반

041 교통사고 환자의 신경심리 검사에서 꾀병을 의심할 수 있는 경우는?

① 기억과제에서 쉬운 과제에 비해 어려운 과제에서 더 나은 수행을 보일 때

② 즉각기억과제와 지연기억과제의 수행에서 모두 저하를 보일 때

③ 뚜렷한 병변이 드러나며 작의적인 반응을 보일 때

④ 단기기억 점수는 정상범위이나 다른 기억점수가 저하를 보일 때

042 MMPI-2 코드 쌍의 해석적 의미로 **틀린** 것은?

① 4-9 : 행동화적 경향이 높다.

② 1-2 : 다양한 신체적 증상에 대한 호소와 염려를 보인다.

③ 2-6 : 전환증상을 나타낼 경우가 많다.

④ 3-8 : 사고가 본질적으로 망상적일 수 있다.

043 두정엽의 병변과 가장 관련이 있는 장애는?

① 구성장애

② 시각양식의 장애

③ 청각기능의 장애

④ 고차적인 인지적 추론의 장애

044 동일한 사람에게 교육수준이나 환경 및 질병의 영향 등과 같은 모든 가외변인을 통제한 상태에서 20세, 30세, 40세 때 편차점수를 사용하는 동일한 지능검사를 실시하였다면 지능이 어떻게 나타날 것인가?

① 점진적인 저하가 나타난다.

② 30세 때까지 상승하다가 그 이후 저하된다.

③ 점진적인 상승이 나타난다.

④ 변하지 않는다.

045 다면적 인성검사(MMPI-2)에서 개인의 전반적인 에너지와 활동수준을 평가하며 특히 정서적 흥분, 짜증스런 기분, 과장된 자기 지각을 반영하는 척도는?

① 척도 1

② 척도 4

③ 척도 6

④ 척도 9

046 지능검사와 그 활용에 관한 설명으로 <u>틀린</u> 것은?

① 학습과 진로지도 자료로 활용할 수 있다.

② 지능지수가 높다고 해서 반드시 높은 학업성취를 보이는 것은 아니다.

③ 검사의 전체 소요시간은 여러 요인에 따라 달라질 수 있다.

④ 웩슬러 지능검사의 특징 중 하나는 정신연령 개념을 도입한 것이다.

047 다음에서 설명하고 있는 지능 개념은?

- Cattell이 두 가지 차원의 지능으로 구별한 것 중 하나이다.
- 타고나는 지능으로 생애 초기 비교적 급속히 발달하고 20대 초반부터 감소한다.
- Wechsler 지능검사의 동작성 검사가 이 지능과 관련이 있다.

① 결정적 지능   ② 다중 지능

③ 유동적 지능   ④ 일반 지능

048 특정 학업과정이나 직업에 대한 앞으로의 수행능력이나 적응을 예측하는 검사는?

① 적성검사   ② 지능검사

③ 성격검사   ④ 능력검사

049 모집단에서 규준집단을 표집하는 방법과 가장 거리가 <u>먼</u> 것은?

① 군집표집(cluster sampling)

② 유층표집(stratified sampling)

③ 비율표집(ratio sampling)

④ 단순무선표집(simple random sampling)

050 검사자가 지켜야 할 윤리적 의무로 옳지 <u>않은</u> 것은?

① 검사과정에서 피검자에게 얻은 정보에 대해 비밀을 보장할 의무가 있다.

② 자신이 다루기 곤란한 어려움이 있을 때는 적절한 전문가에게 의뢰하여야 한다.

③ 자신이 받은 학문적인 훈련이나 지도받은 경험의 범위를 벗어난 평가를 해서는 안 된다.

④ 피검자가 자해행위를 할 위험성이 있어도 비밀보장의 의무를 지켜야 하므로 누구에게도 알려서는 안 된다.

051 전두엽 기능에 관한 신경심리학적 평가영역과 가장 거리가 <u>먼</u> 것은?

① 의욕(volition)
② 계획능력(planning)
③ 목적적 행동(purposive action)
④ 장기기억능력(long-term memory)

052 MMPI에서 2, 7 척도가 상승한 패턴을 가진 피검자의 특성으로 옳지 <u>않은</u> 것은?

① 행동화(acting-out) 성향이 강하다.
② 정신치료에 대한 동기는 높은 편이다.
③ 자기비판 혹은 자기처벌적인 성향이 강하다.
④ 불안, 긴장, 과민성 등 정서적 불안 상태에 놓여 있다.

053 다면적 인성검사에 관한 설명으로 <u>틀린</u> 것은?

① 표준화된 규준을 가지고 있다.
② 수검태도와 검사결과의 타당성을 확인하는 척도가 있다.
③ MMPI의 임상척도와 MMPI-2의 기본 임상척도의 수는 동일하다.
④ 임상척도 간에 중복되는 문항이 적어서 진단적 변별성이 높다.

054 지능을 일반요인과 특수요인으로 구분한 학자는?

① 스피어만(C. Spearman)
② 써스톤(L. Thurstone)
③ 케텔(R. Cattell)
④ 길포드(J. Guilford)

055 검사의 종류와 검사구성방법을 짝지은 것으로 가장 적합하지 <u>않은</u> 것은?

① 16PF - 요인분석에 따른 검사구성
② CPI - 경험적 준거에 따른 검사구성
③ MMPI - 경험적 준거방법
④ MBTI - 합리적, 경험적 검사구성의 혼용

056 노인 집단의 일상생활 기능에 대한 양상 및 수준을 평가하기에 가장 적합한 심리검사는?

① MMPI-2
② K-VMI-6
③ K-WAIS-IV
④ K-Vineland-II

057 발달검사를 사용할 때 고려해야 할 사항과 가장 거리가 <u>먼</u> 것은?

① 일반적인 기능적 분석만 사용해야 한다.
② 규준에 의한 발달적 비교가 가능해야 한다.
③ 다중기법적 접근을 취해야 한다.
④ 경험적으로 타당한 측정도구를 사용해야 한다.

058 문장완성검사에 대한 설명으로 <u>틀린</u> 것은?

① 가족, 이성관계 등 문항의미와 관련하여 이들 문항 세트를 함께 고려하여 해석하는 것이 도움이 된다.
② Rapport 등(1968)은 형식적 면에서 연상의 장애를 '근거리 반응'과 '원거리 반응'으로 개념화하여 설명하고자 했다.
③ 국내에서 출판되고 있는 Sacks의 문장완성 검사는 아동용, 청소년용, 성인용으로 구분되어 있다.
④ 누락된 문항이라 하더라도 중요한 가설을 형성할 수 있다는 점에서 주의 깊게 검토해야 한다.

059 K-WAIS-IV에서 개념형성능력을 측정하는 소검사는?

① 차례맞추기
② 공통성문제
③ 이해문제
④ 빠진곳 찾기

060 말의 유창성이 떨어지고 더듬거리는 말투, 말을 길게 하지 못하고 어조나 발음이 이상한 현상 등을 보이는 실어증은?

① 브로카 실어증
② 전도성 실어증
③ 초피질성 감각 실어증
④ 베르니케 실어증

061 내담자를 평가할 때 문제행동의 선행조건, 환경적 유인가, 보상의 대체원, 귀인방식과 같은 요소를 중요하게 여기는 평가방법은?

① 기술지향적 평가
② 인지행동적 평가
③ 정신역동적 평가
④ 다축분류체계 평가

062 인지치료에서 강조하는 자동적 자기파괴 인지 중 파국화에 해당하는 것은?

① 나는 성공하거나 실패하거나 둘 중 하나이다.
② 나는 완벽해져야 하고 나약함을 보여서는 안 된다.
③ 그 프로젝트가 성공하지 못한 것은 나 때문이다.
④ 이 일이 잘되지 않으면 다시는 이 일과 같은 일은 할 수 없을 것이다.

063 다음 30대 여성의 다면적 인성검사 MMPI-2 결과에 대한 일반적 해석으로 적절한 것은?

Hs	D	Hy	Pd	Mf	Pa	Pt	Sc	Ma	Si
72	65	75	50	35	60	64	45	49	60

① 스트레스 상황에서 신체증상이 두드러지고 회피적 대처를 할 소지가 크다.
② 망상, 환각 등의 정신증적 증상이 나타나기 쉽다.
③ 반사회적 행동을 보일 가능성이 크다.
④ 외향적이고 과도하게 에너지가 항진되어 있기 쉽다.

064 공식적인 임상심리학의 기원으로 보는 역사적 사건은?

① Wundt의 심리실험실 개설
② Witmer의 심리클리닉 개설
③ James의 '심리학의 원리' 출판
④ Binet의 지능검사 개발

065 Wolpe의 체계적 둔감법을 적용하기에 가장 적합한 내담자는?

① 적절한 대처능력이 떨어지고 특정상황에 심각한 불안을 보이는 내담자

② 적절한 대처능력이 있으나 특정상황에 심각한 불안을 보이는 내담자

③ 적절한 대처능력이 떨어지고 일반상황에 심각한 불안을 보이는 내담자

④ 적절한 대처능력이 있으나 일반상황에 심각한 불안을 보이는 내담자

066 내담자의 말과 행동에서 표현된 기본적인 감정, 생각 및 태도를 상담자가 다른 참신한 말로 부연해주는 것은?

① 해석　　　　　　　　　　　　　② 반영

③ 직면　　　　　　　　　　　　　④ 명료화

067 행동평가 방법에 관한 설명으로 <u>틀린</u> 것은?

① 자연관찰은 참여자가 아닌 관찰자가 환경 내에서 일어나는 참여자의 행동을 관찰하고 기록하는 방법이다.

② 유사관찰은 제한이 없는 환경에서 관찰하는 방법이다.

③ 참여관찰은 관찰하고자 하는 개인이 자연스러운 환경에 관여하면서 기록하는 방식이다.

④ 자기관찰은 자신이 개인과 환경간의 상호작용에 관한 자료를 수집하도록 한다.

068 임상심리학자는 내담자와 이중관계를 갖지 말아야 한다. 이와 가장 관련이 깊은 윤리원칙은?

① 성실성　　　　　　　　　　　　② 유능성

③ 책임성　　　　　　　　　　　　④ 의무성

069 위치감각과 공간적 회전 등의 개별적인 신체 표상과 관련이 있는 대뇌 영역은?

① 전두엽　　　　　　　　　　　　② 측두엽

③ 후두엽　　　　　　　　　　　　④ 두정엽

070 바람직한 행동을 한 아동에게 그 아동이 평소 싫어하던 화장실 청소를 면제해 주었더니, 바람직한 행동이 증가했다면 이는 어떤 유형의 조작적 조건 형성에 해당하는가?

① 정적 강화　　　　　　　　　　② 부적 강화

③ 정적 처벌　　　　　　　　　　④ 부적 처벌

071 정신건강 자문 중 점심시간이나 기타 휴식시간 동안에 임상사례에 대해 동료들에게 자문을 요청하는 형태는?

① 내담자-중심 사례 자문
② 피자문자-중심 사례 자문
③ 비공식적인 동료집단 자문
④ 피자문자-중심 행정 자문

072 다음 중 자연관찰법의 특징이 <u>아닌</u> 것은?

① 시간과 비용이 많이 든다.
② 자신이 관찰된다는 것을 알았을 때 다르게 행동한다.
③ 비밀이 보장된다.
④ 관찰은 편파될 수 있다.

073 강박장애로 치료 중인 고3 학생에게 K-WAIS-IV를 실시한 결과 다른 소검사보다 상식, 어휘문제의 점수가 유의하게 높았다. 이 검사 결과로 가정해 볼 수 있는 이 학생의 심리적 특성으로 옳은 것은?

① 높은 공간지각력
② 높은 주지화 경향
③ 주의력 저하
④ 현실검증력 손상

074 심리상담 및 심리치료의 과정에서 나타나는 현상과 가장 거리가 <u>먼</u> 것은?

① 내담자는 상담자가 아무런 요구 없이 인간으로서의 관심만을 베푼다는 것을 경험한다.
② 상담관계에서 내담자는 처음부터 새로운 방식으로 반응하고 행동하게 된다.
③ 상담 장면에서는 일반적이고 추상적인 자료보다는 그 상황에서의 실제행동을 다룬다.
④ 치료유형에 차이가 있음에도 불구하고 심리치료에는 공통요인이 작용한다.

075 초기 임상심리학자와 그의 활동으로 바르게 짝지어진 것은?

① Witmer - g지능 개념을 제시했다.
② Binet - Army Alpha 검사를 개발했다.
③ Spearman - 정신지체아 특수학교에서 심리학자로 활동했다.
④ Wechsler - 지능검사를 개발했다.

076 행동의학에서 주로 다루는 주제로 가장 적합한 것은?

① 공황발작
② 외상 후 스트레스 장애
③ 조현병의 음성증상
④ 만성통증 관리

077 다음 중 유관학습의 가장 적합한 예는?

① 욕설을 하지 않게 하기 위해 욕을 할 때마다 화장실 청소하기
② 손톱 물어뜯기를 줄이기 위해 손톱에 쓴 약을 바르기
③ 충격적 스트레스 사건이 떠오를 때 '그만!'이라는 구호 외치기
④ 뱀에 대한 공포가 있는 사람에게 뱀을 만지는 사람의 영상 보여주기

078 환자가 처방한 대로 약을 잘 복용하고, 의사의 치료적 권고를 준수하게 하기 위한 가장 적절한 방법은?

① 준수하지 않을 때 불이익을 준다.
② 의사가 권위적이고 단호하게 지시한다.
③ 모든 책임을 환자에게 위임한다.
④ 치료자가 약의 효과 등에 대해 친절하고 상세하게 설명한다.

079 환자와의 초기 면접에서 면접자가 주로 탐색하는 정보의 내용이 <u>아닌</u> 것은?

① 환자의 증상과 주 호소, 도움을 요청하게 된 이유
② 최근 환자의 적응기제를 혼란시킨 스트레스 사건의 유무
③ 면접과정에서 드러난 고통스런 경험에 대한 이해와 심리적 격려
④ 기질적 장애의 가능성 및 의학적 자문의 필요성에 대한 탐색

080 심리평가 도구 중 최초 개발된 이후에 검사의 재료가 변경된 적이 <u>없는</u> 것은?

① Wechsler 지능검사
② MMPI 다면적 인성검사
③ Bender-Gestalt 검사
④ Rorschach 검사

081 벡(A. Beck)이 제시한 인지적 오류와 그 내용이 옳은 것을 모두 고른 것은?

> ㄱ. 개인화 : 내담자가 두 번째 회기에 오지 않을 경우, 첫 회기에서 내가 뭘 잘못했기 때문이라고 강하게 믿는 것
> ㄴ. 임의적 추론 : 남자 친구가 바쁜 일로 연락을 못하면 나를 멀리하려 한다고 결론 내리고 이별을 준비하는 것
> ㄷ. 과잉일반화 : 한두 번의 실연당한 경험으로 누구로부터도 항상 실연을 당할 것이라고 생각하는 것

① ㄱ, ㄴ   ② ㄱ, ㄷ
③ ㄴ, ㄷ   ④ ㄱ, ㄴ, ㄷ

082 청소년 지위비행에 해당하는 것은?

① 음주   ② 금품갈취
③ 도벽   ④ 인터넷 중독

083 다음 ( )안에 들어갈 내용을 옳게 나열한 것은?

> 하렌(Harren)은 의사결정과정으로 인식, 계획, 확신, 이행의 네 단계를 제안하고, 이 과정에 영향을 미치는 주요 요인으로 (ㄱ)과 (ㄴ)을(를) 제시하였다.

① ㄱ : 자아개념,   ㄴ : 의사결정유형
② ㄱ : 자아존중감,   ㄴ : 정서적 자각
③ ㄱ : 자아효능감,   ㄴ : 진로성숙도
④ ㄱ : 정서조절,   ㄴ : 흥미유형

084 단기상담에 적합한 내담자와 가장 거리가 먼 것은?

① 위급한 상황에 있는 군인
② 중요 인물과의 상실을 경험한 자
③ 급성적으로 발생한 문제로 고통받는 내담자
④ 상담에 대한 동기가 낮은 내담자

085 개인의 일상적 경험구조, 특히 소속된 분야에서 특별하다고 간주되던 사람들의 일상적 경험구조를 상세하게 연구하고자 하는 목적에서 생겨난 심리상담의 핵심적인 전제조건에 해당하는 것은?

① 매순간 새로운 자아가 출현하고 새로운 경험을 할 때마다 우리는 새로운 위치에 있게 된다.
② 어린 시절의 창조적 적응은 습관적으로 알아차림을 방해한다.
③ 내담자로 하여금 문제를 해결하는 것뿐만 아니라 그 문제를 유지시키는 보다 근본적인 기술을 변화시키도록 돕는 것이 중요하다.
④ 개인은 마음, 몸, 영혼으로 이루어진 체계이며, 삶과 마음은 체계적 과정이다.

086 다음은 어떤 상담에 관한 설명인가?

> 정상적인 성격발달이 특정 발달 단계의 성공적인 문제 해결과 관련 있다고 보는 상담 접근

① 가족체계상담   ② 정신분석상담
③ 해결중심상담   ④ 인간중심상담

087 심리검사 결과 해석시 주의할 사항과 가장 거리가 먼 것은?

① 검사해석의 첫 단계는 검사 매뉴얼을 알고 이해하는 것이다.
② 내담자가 받은 검사의 목적과 제한점 및 장점을 검토해 본다.
③ 결과에 대한 구체적 예언보다는 오히려 가능성의 관점에서 제시되어야 한다.
④ 검사결과로 나타난 장점이 주로 강조되어야 한다.

088 주요 상담이론과 대표적 학자들의 연결이 옳지 않은 것은?

① 정신역동이론 - Freud, Jung, Kernberg
② 인본(실존)주의이론 - Rogers, Frankl, Yalom
③ 행동주의이론 - Watson, Skinner, Wolpe
④ 인지치료이론 - Ellis, Beck, Perls

089 Satir의 의사소통 모형 중 스트레스를 다룰 때 자신의 스트레스를 무시하고 다른 사람에게 힘을 넘겨주며 모두에게 동의하는 말을 하는 것은?

① 초이성형   ② 일치형
③ 산만형   ④ 회유형

090 성 피해자 심리상담 초기단계의 유의사항으로 옳지 <u>않은</u> 것은?

① 치료관계 형성에 힘써야 한다.
② 상담자가 상담 내용의 주도권을 가져야 한다.
③ 성폭력 피해로 인한 합병증이 있는지 묻는다.
④ 성폭력 피해의 문제가 없다고 부정을 하면 일단 수용해준다.

091 학업상담에 있어 지능에 관한 설명으로 <u>틀린</u> 것은?

① 지능에 대한 학습자의 주관적인 인식은 학습 태도와 관련이 없다.
② 지능지수는 같은 연령대 학생들 간의 상대적 위치를 의미한다.
③ 지능검사는 스탠퍼드-비네 검사, 웩슬러 검사, 카우프만 검사 등이 있다.
④ 지능점수를 통해 학생의 인지적 강점 및 약점을 파악할 수 있다.

092 상담 초기 단계에서 사용하기에 가장 적합한 기법은?

① 경청   ② 자기개방
③ 피드백   ④ 감정의 반영

093 생애기술 상담이론에서 기술언어(skills language)에 해당하는 것은?

① 내담자가 어떻게 생각하고 느끼는가를 의미하는 것이다.
② 내담자가 어떤 외현적 행동을 하는가를 의미하는 것이다.
③ 내담자 자신의 책임감 있는 삶을 의미하는 것이다.
④ 내담자의 행동을 설명하고 분석하기 위해 사용하는 것을 의미하는 것이다.

094 알코올중독 가정의 성인아이(Adult Child)에 관한 특성이 <u>아닌</u> 것은?

① 처음부터 끝까지 일을 완수하는데 어려움이 있다.
② 권위 있는 사람에게 친밀감을 느낀다.
③ 지속적으로 타인의 인정과 확인을 받고 싶어 한다.
④ 자신을 평가절하 한다.

095 병적 도박에 관한 설명으로 **틀린** 것은?

① 대개 돈의 액수가 커질수록 더 흥분감을 느끼며, 흥분감을 느끼기 위해 액수를 더 늘린다.

② 도박행동을 그만두거나 줄이려고 시도할 때 안절부절 못하거나 신경이 과민해진다.

③ 병적 도박은 DSM-5에서 반사회성 성격장애로 분류된다.

④ 병적 도박은 전형적으로 남자는 초기 청소년기에, 여자는 인생의 후기에 시작되는 경우가 많다.

096 집단상담에서 침묵 상황에 대한 효과적 개입으로 **틀린** 것은?

① 회기 초기에 오랜 침묵을 허용하는 것은 지도력 발휘가 안된 것이다.

② 생산적으로 여겨지는 침묵 상황에서 말하려는 집단원에게 기다리라고 제지할 수 있다.

③ 말하고 싶으나 기회를 잡지 못하는 집단원에게 말할 기회를 준다.

④ 대리학습이나 경험이 되므로 침묵하는 집단원이 집단 내내 말하지 않더라도 그대로 놔둔다.

097 자살로 인해 가까운 사람을 잃은 자살 생존자에 관한 설명으로 **틀린** 것은?

① 분노는 자살생존자가 겪는 흔한 감정 중 하나이다.

② 자살생존자는 스스로를 비난하기 때문에 고통 받는다.

③ 자살생존자에게 상실에 대한 경험을 이야기하게 하는 것은 과거의 상황을 재경험하게 하므로 피하는 것이 좋다.

④ 자살생존자는 종종 자살에 관한 사회문화적 낙인에 대처하는 데 부담감을 느끼게 된다.

098 인간중심상담 이론에 관한 설명으로 **틀린** 것은?

① 가치의 조건화는 주요 타자로부터 긍정적 존중을 받기 위해 그들이 원하는 가치와 기준을 내면화하는 것이다.

② 자아는 성격의 조화와 통합을 위해 노력하는 원형이다.

③ 현재 경험이 자기개념과 불일치할 때 불안을 경험하게 된다.

④ 실현화 경향성은 자기를 보전, 유지하고 향상시키고자 하는 선천적 성향이다.

099 행동주의 상담의 한계에 관한 설명으로 **틀린** 것은?

① 상담과정에서 감정과 정서의 역할을 강조하지 않는다.

② 내담자의 문제에 대한 통찰이나 심오한 이해가 불가능하다.

③ 고차원적 기능과 창조성, 자율성을 무시한다.

④ 상담자와 내담자의 관계를 중시하여 기술을 지나치게 강조한다.

100 키츠너(Kitchener)가 제시한 상담의 기본적 윤리원칙 중 상담자가 내담자와 맺은 약속을 잘 지키며 믿음과 신뢰를 주는 행동을 하는 것은?

① 자율성(autonomy)

② 무해성(nonmaleficence)

③ 충실성(fidelity)

④ 공정성(justice)

제3회 임상심리사 2급 필기 기출문제

정답 및 해설 p.259

제1과목 | 심리학개론

001 프로이드의 성격의 구조에 대한 설명으로 **틀린** 것은?

① 자아는 성격의 집행자로서, 인지능력에 포함된다.
② 성격의 구조 가운데 가장 마지막으로 발달하는 체계가 초자아이다.
③ 초자아는 항문기의 배변훈련 과정을 겪으면서 발달한다.
④ 이드는 쾌락원칙을 따른다.

002 집단사고가 일어나는 상황과 가장 거리가 **먼** 것은?

① 집단의 리더가 민주적인 경우
② 집단의 응집력이 높은 경우
③ 실행 가능한 대안이 부족하여 집단의 스트레스가 높은 경우
④ 집단이 외부 영향으로부터 고립된 경우

003 기질과 애착에 관한 설명으로 **틀린** 것은?

① 내적작동모델은 아동의 대인관계에 대한 지표 역할을 한다.
② 기질은 행동 또는 반응의 개인차를 설명해 주는 생물학적 기초를 가지고 있다.
③ 주양육자가 아동의 기질을 고려하여 적절하게 양육한다면 아동의 까다로운 기질이 반드시 불안정 애착으로 이어지는 것은 아니다.
④ 불안정-회피애착 아동은 주양육자에게 과도한 집착을 보인다.

004 조사연구에서, 참가자의 인지기능을 측정하기 위해 그가 가입한 정당을 묻는 것은 어떤 점에서 가장 문제가 되는가?

① 예언 타당도   ② 공인 타당도
③ 외적 타당도   ④ 안면 타당도

005 정신분석의 방어기제 중 투사에 해당하는 것은?

① 불쾌한 현실이 있음을 부정하는 것
② 아주 위협적이고 고통스러운 충동이나 기억을 의식에서 추방시키는 것
③ 자신이 가진 바람직하지 않은 자질들을 과장하여 다른 사람에게 부여하는 것
④ 반대되는 동기를 강하게 표현함으로써 자신의 동기를 숨기는 것

006 조건형성의 원리와 그에 해당하는 예를 잘못 연결시킨 것은?

① 조작적 조건형성의 응용 - 행동수정
② 강화보다 처벌 강조 - 행동조성
③ 소거에 대한 저항 - 부분강화 효과
④ 고전적 조건형성의 응용 - 유명연예인 광고모델

007 성격과 환경간의 상호작용 중 개인의 성격은 타인으로부터 독특한 반응을 이끌어낸다는 것은?

① 조건적 상호작용   ② 반응적 상호작용
③ 주도적 상호작용   ④ 유도적 상호작용

008 사람들은 혼자 있을 때보다 자신과 같은 일을 수행하고 있는 다른 사람들이 있을 때 수행이 향상된다는 것을 지칭하는 것은?

① 사회촉진   ② 동조효과
③ 사회태만   ④ 방관자효과

009 쏜다이크(Thorndike)가 제시한 효과의 법칙(law of effect)과 관련이 없는 것은?

① 시행착오 학습
② 도구적 조건 형성
③ 고전적 조건 형성
④ 문제상자(puzzle box)

010 현상학적 성격이론에 관한 설명으로 옳지 <u>않은</u> 것은?

① 선택의 자유를 강조하는 인본주의적 입장과 자기실현을 강조하는 자기이론적 입장을 포함한다.
② 사건 자체가 아니라 그 사건에 대한 개인의 주관적 경험이 행동을 결정한다.
③ 세계관에 대한 개인의 행동을 예측하고 이해하기 위해서는 개인의 지각을 이해해야 한다.
④ 어린 시절의 동기를 분석하기보다는 앞으로 무엇이 발생할 것인가에 초점을 둔다.

011 Piaget의 인지발달 단계 중 보존개념이 획득되는 시기는?

① 전조작기
② 구체적 조작기
③ 형식적 조작기
④ 감각운동기

012 다음 중 모집단의 표준편차를 적은 수의 표본자료에서 추정할 경우 사용하는 분포로 가장 적합한 것은?

① χ^2분포
② 정규분포
③ t 분포
④ F 분포

013 다음은 무엇에 관한 설명인가?

가장 널리 사용되고 있는 성격검사로서 성격 특성과 심리적인 문제를 측정하는 데 사용되는 임상적 질문지

① Rorschach 검사
② 주제통각검사
③ 다면적 인성검사
④ 문장완성검사

014 연합학습 이론에 대한 설명으로 <u>틀린</u> 것은?

① 고전적 조건형성 이론: 능동적 차원의 행동변화

② 조작적 조건형성 이론: 결과에 따른 행동변화

③ 고전적 조건형성 이론: 무조건 자극과 조건자극의 짝짓기 빈도, 시간적 근접성, 수반성 등이 중요

④ 조작적 조건형성 이론: 강화계획을 통해 행동출현 빈도의 조절 가능

015 Ainsworth의 낯선 상황 실험에서 낯선 장소에서 어머니가 사라졌을 때 걱정하는 모습을 약간 보이다가 어머니가 돌아왔을 때 어머니를 피하는 아이의 애착 유형은?

① 불안정 혼란 애착

② 불안정 회피 애착

③ 안정 애착

④ 불안정 양가 애착

016 무작위적 반응 중에서 긍정적 결과가 뒤따르는 반응들을 통해서 행동이 증가하는 학습법칙은?

① 연합의 법칙

② 효과의 법칙

③ 연습의 법칙

④ 시행착오 법칙

017 특질을 기본적인 특질과 부수적인 특질로 구분하는 경우, 기본적인 특질에 해당하지 <u>않는</u> 것은?

① Allport의 중심 성향

② Cattell의 원천 특질

③ Eysenck의 외향성

④ Allport의 2차적 성향

018 처벌의 효과를 극대화하는 방안과 가장 거리가 <u>먼</u> 것은?

① 반응과 처벌 간의 지연간격이 짧아야 한다.

② 처벌과 강화는 상호의존적이어야 한다.

③ 처벌은 확실한 규칙에 근거해서 주어져야 한다.

④ 처벌은 약한 강도에서 시작하여 그 행동이 반복될수록 점차적으로 강해져야 한다.

019 질서정연하거나 인색하고 완고해지거나, 반대로 극단적으로 지저분하거나 무절제한 성격은 프로이트(S. Freud)의 발달단계 중 어느 단계와 관련이 있는가?

① 구강기(oral stage)
② 항문기(anal stage)
③ 남근기(phallic stage)
④ 잠재기(latency stage)

020 '작고 털이 있는 동물은 강아지'라고 알고 있는 한 아이가 고양이를 보고 '강아지'라고 이야기하였다면, 이는 피아제(J. Piaget)의 무슨 개념과 관련이 있는가?

① 도식 또는 스키마(schema)
② 동화(assimilation)
③ 조절(accommodation)
④ 평형화(equilibration)

021 신경발달장애에 관한 설명으로 **틀린** 것은?

① 비유창성이 청소년기 이후에 시작되면 성인기-발병 유창성 장애로 진단한다.

② 상동증적 운동장애는 특정 패턴의 행동을 목적 없이 반복하여 부적응적 문제가 초래된다.

③ 생의 초기부터 나타나는 유아기 및 아동기 장애와 관련이 있다.

④ 투렛장애 진단 시 운동성 틱과 음성 틱은 항상 동시에 나타나야 한다.

022 다음 장애 중 성기능부전에 포함되지 **않는** 것은?

① 여성극치감장애

② 발기장애

③ 사정지연

④ 마찰도착장애

023 반사회성 인격장애의 진단기준이 **아닌** 것은?

① 10세 이전에 품행장애의 증거가 있어야 한다.

② 충동성과 무계획성을 보인다.

③ 사회적 규범을 지키지 못한다.

④ 반사회적 행동은 조현병이나 양극성 장애의 경과 중에만 발생되지는 않는다.

024 사람이 스트레스 장면에 처하게 되면 일차적으로 불안해지고 그 장면을 통제할 수 없게 되면 우울해진다고 할 때 이를 설명하는 이론은?

① 정신분석 이론

② 실존주의 이론

③ 학습된 무기력 이론

④ 사회문화적 이론

025 다음 사례에 가장 적절한 진단명은?

> A는 중소기업에서 일하는 직원이다. 오늘은 동료 직원 B가 새로운 상품에 대해서 발표하기로 했는데, 결근을 해서 A가 대신 발표하게 되었다. 평소 A는 다른 사람들 이 자신의 발표에 대해 나쁘게 평가할 것 같아 다른 사람 앞에서 발표하기를 피해 왔다. 발표시간이 다가오자 온 몸에 땀이 쏟아지고, 숨 쉬기가 어려워졌으며, 곧 정신을 잃고 쓰러질 것 같이 느껴졌다.

① 범불안장애
② 공황장애
③ 강박장애
④ 사회불안장애

026 조현병의 양성증상에 해당하는 것은?

① 무의욕증
② 무사회증
③ 감퇴된 정서 표현
④ 와해된 행동

027 스트레스 호르몬이라고 불리는 코티솔(cortisol)이 분비되는 곳은?

① 해마
② 변연계
③ 대뇌피질
④ 부신

028 아동 A에게 진단할 수 있는 가장 가능성이 높은 장애는?

> 4세 아동 A는 어머니와 애정적 관계를 형성하지 못하며, 장난감을 가지고 노는데는 흥미가 없고 사물을 일렬로 배열하거나 자신의 몸을 앞뒤로 흔들면서 알 수 없는 말을 한다.

① 의사소통장애
② 특정학습장애
③ 틱 장애
④ 자폐 스펙트럼 장애

029 심리적 갈등이나 스트레스로 인해 갑작스런 시력상실이나 마비와 같은 감각 이상 또는 운동증상을 나타내는 질환은?

① 질병불안장애
② 전환장애
③ 공황장애
④ 신체증상장애

030 기분장애의 '카테콜라민(catecholamine)가설'에 관한 설명으로 옳은 것은?

① 우울증 : 노르에피네프린의 부족
② 조증 : 도파민의 부족
③ 우울증 : 생물학적 및 환경적 원인의 상호작용
④ 조증 : 세로토닌의 증가

031 치매의 진단에 필요한 증상과 가장 거리가 먼 것은?

① 함구증
② 실어증
③ 기억장애
④ 실행증

032 DSM-5에서 변태성욕장애의 유형에 대한 설명으로 옳은 것은?

① 관음장애: 동의하지 않는 사람에게 자신의 성기나 신체 일부를 반복적으로 나타내는 경우
② 노출장애: 다른 사람이 옷을 벗고 있는 모습을 몰래 훔쳐봄으로서 성적 흥분을 느끼는 경우
③ 소아성애장애: 사춘기 이전의 아동을 대상으로 한 성적 활동을 통해 반복적이고 강렬한 성적 흥분이 성적 공상, 충동, 행동으로 발현되는 경우
④ 성적가학장애: 굴욕을 당하거나 매질을 당하거나 묶이는 등 고통을 당하는 행위를 중심으로 성적 흥분을 느끼거나 성적행위를 반복

033 주요우울장애에 대한 설명으로 옳은 것은?

① 정신증적 증상이 나타나면 주요우울장애로 진단할 수 없다.
② 생물학적 개입방법으로는 경두개 자기자극법, 뇌심부자극 등이 있다.
③ 주요우울장애의 유병률은 문화권에 관계없이 비슷하다.
④ 주요우울장애의 유병률은 60세 이상에서 가장 높다.

034 이상심리학의 역사에 관한 설명으로 틀린 것은?

① Kraepelin은 현대 정신의학의 분류체계에 공헌한 바가 크다.
② Hippocrates는 모든 질병은 그 원인이 마음에 있다고 하였다.
③ 고대 원시사회에서는 정신병을 초자연적 현상으로 이해하였다.
④ 서양 중세에는 과학적 접근 대신 악마론적 입장이 성행하였다.

035 DSM-5 사회공포증 진단 기준으로 <u>틀린</u> 것은?

① 공포가 너무 지나치거나 비합리적임을 인식하지 못한다.

② 공포가 대중 앞에서 말하거나 수행하는 것에 국한될 때 수행형 단독으로 명시한다.

③ 사회적 상황에서 수치스럽거나 당혹스런 방식으로 행동할까봐 두려워한다.

④ 공포, 불안, 회피는 전형적으로 6개월 이상 지속되어야 한다.

036 이상심리학의 역사에 대한 설명으로 옳은 것은?

① 1948년 세계 보건 기구는 정신장애 분류 체계인 DSM - I을 발표하였다.

② Kraepelin은 치료와 입원이 필요한 정신장애에 대한 분류 체계를 제시하였다.

③ 1939년에는 최초의 집단용 지능 검사인 Wechsler 검사가 제작되었다.

④ Hippocrates는 정신병자에게 인도주의적 대우를 해 주어야 한다고 주장한 최초의 사람이다.

037 경계성 성격장애의 치료에 대한 설명으로 <u>틀린</u> 것은?

① 대상관계적 이론가들은 초기에 부모로부터 수용받지 못해 자존감 상실, 의존성 증가, 분리에 대한 대처 능력 부족 등이 나타난다고 보았다.

② 인지치료에서는 경계성 성격장애를 가진 사람들의 인지적 오류를 수정하려고 한다.

③ 정신역동적 치료자들은 경계성 성격장애를 가진 사람들이 아동기에 겪은 갈등을 치유하는 데 집중한다.

④ 변증법적 행동치료에서는 내담자 중심치료의 공감이나 무조건적인 수용을 비판하고 지시적인 방법으로 경계성 성격장애를 가진 사람들의 행동을 수정하는 데 집중한다.

038 다음에 제시된 장애유형 중 같은 유형으로 모두 묶은 것은?

> ㄱ. 신체증상 장애
> ㄴ. 질병불안 장애
> ㄷ. 전환 장애
> ㄹ. 공황 장애

① ㄱ, ㄴ

② ㄴ, ㄷ, ㄹ

③ ㄱ, ㄴ, ㄷ

④ ㄱ, ㄴ, ㄷ, ㄹ

039 뇌의 신경전달물질에 대한 설명으로 옳지 않은 것은?

① 아세틸콜린은 학습 및 기억, 근육의 운동과 관련되어 있다.
② 도파민 과잉 공급은 정신분열증(schizophrenia)의 음성증상과 관련되어 있다.
③ 세로토닌은 정서, 섭식, 수면과 관련되어 있다.
④ 엔도르핀은 통증을 완화시키고 기분을 돋우는 효과와 관련되어 있다.

040 다음 사례를 설명하는 성격장애 유형은?

> 25세인 G는 사회적 상호작용에 관심이 없으며 지속적으로 사회적 관계를 회피하고 둔마한 감정반응을 보인다. G는 가족을 포함한 친밀한 관계에도 무관심하고 혼자 있는 것을 선호하며, 다른 사람의 칭찬이나 비난에도 무관심하다.

① 분열성(schizoid) 성격장애
② 분열형(schizotypal) 성격장애
③ 회피성(avoidant) 성격장애
④ 강박성(obsessive-compulsive) 성격장애

041 다음에서 설명하고 있는 지능 개념은?

> - Cattell이 두 가지 차원의 지능으로 구별한 것 중 하나이다.
> - 타고나는 지능으로 생애 초기 비교적 급속히 발달하고 20대 초반부터 감소한다.
> - Wechsler 지능검사의 동작성 검사가 이 지능과 관련이 있다.

① 일반 지능   ② 결정적 지능
③ 유동적 지능   ④ 다중 지능

042 지능을 일반요인과 특수요인으로 구분한 학자는?

① 써스톤(L. Thurstone)
② 케텔(R. Cattell)
③ 스피어만(C. Spearman)
④ 길포드(J. Guilford)

043 집-나무-사람(HTP) 검사에 관한 설명으로 맞는 것은?

① 각 그림마다 시간제한을 두어야 한다.
② 집, 나무, 사람의 순서대로 그리도록 한다.
③ 머레이(H. Murray)가 개발하였다.
④ 문맹자에게는 실시할 수 없다.

044 지능에 대한 설명으로 틀린 것은?

① 편차IQ는 집단 내 규준에 속한다.
② 발달규준에서는 수검자의 생활연령과 정신연령을 함께 표기한다.
③ 추적규준은 연령별로 동일한 백분위를 갖는다고 가정한다.
④ 아동기의 전반적인 인지발달은 청소년기보다 그 속도가 느리다.

045 MMPI-2의 타당도 척도 중 비전형성을 측정하는 척도에서 증상타당성을 의미하는 것은?

① F(P)　　　　　　　　　　　　　　　② TRIN

③ F　　　　　　　　　　　　　　　　④ FBS

046 신경심리검사에 대한 설명으로 옳은 것은?

① X레이, MRI등 의료적 검사결과가 정상적으로 나온 경우에는 신경심리검사보다는 의료적 검사결과를 신뢰하는 것이 타당하다.

② 신경심리검사는 환자에 대한 진단, 환자의 강점과 약점, 향후 직업능력의 판단, 치료계획, 법의학적 판단, 연구 등에 널리 활용된다.

③ 신경심리검사는 고정식(fixed) battery와 융통식(flexible) battery 접근이 있는데, 두 가지 접근 모두 하위검사들이 독립적인 검사들은 아니다.

④ Broca와 Wernicke는 실행 중 연구에 뛰어난 업적을 남겼으며, Benton은 임상신경심리학의 창시자라고 할 수 있다.

047 다음 MMPI-2 프로파일과 가장 관련이 있는 진단은?

L=56	F=78	K=38	1(Hs)=562
(D)=58	3(Hy)=54	4(Pd)=53	5(Mf)=54
6(Pa)=76	7(Pt)=72	8(Sc)=73	9(Ma)=55
0(Si)=66			

① 전환장애　　　　　　　　　　　　② 조현병

③ 품행장애　　　　　　　　　　　　④ 우울증

048 신경심리검사의 실시에 대한 설명으로 옳은 것은?

① 운동 기능을 측정하는 검사는 과제제시와 검사 사이에 간섭과제를 사용한다.

② 어려운 검사는 피로가 적은 상태에서 실시하고 어려운 검사와 쉬운 검사를 교대로 실시하는 것이 좋다.

③ 진행성 뇌질환의 경우 6개월 정도가 지난 후에 정신상태와 인지기능을 평가하는 것이 바람직하다.

④ 두부 외상이나 뇌졸중 환자의 경우에는 급성기에 바로 검사를 실시하는 것이 바람직하다.

049 뇌손상에 수반된 기억장애에 대한 설명으로 옳지 <u>않은</u> 것은?

① 대부분의 경우에 정신성 운동속도의 손상이 수반된다.

② 진행성 장애의 초기징후로 나타나기도 한다.

③ 장기기억보다 최근 기억이 더 손상된다.

④ 일차기억은 비교적 잘 유지된다.

050 신경심리평가의 용도로 사용되지 <u>않는</u> 검사는?

① 스트룹(Stroop) 검사

② 위스콘신 카드분류(Wisconsin Card Sorting) 검사

③ 밀론 다축 임상(Millon Clinical Multiaxial Inventory) 검사

④ 레이 도형(Rey-Complex Figure) 검사

051 K-WAIS-IV에서 일반능력지수(GAI)와 개념적으로 관련이 있는 지수는?

① 언어이해지수와 지각추론지수

② 작업기억지수와 처리속도지수

③ 언어이해지수와 작업기억지수

④ 지각추론지수와 처리속도지수

052 Wechsler 지능검사를 실시할 때 주의할 사항으로 옳은 것은?

① 모든 검사에서 피검자가 응답할 수 있을 때까지 충분한 여유를 주어야 한다.

② 피검자가 응답을 못하거나 당황하면 정답을 알려주는 것이 원칙이다.

③ 피검자의 반응을 기록할 때는 그대로 기록하는 것이 원칙이다.

④ 모호하거나 이상하게 응답한 문항을 다시 질문하여 확인할 필요는 없다.

053 다음 중 뇌손상으로 인해 기능이 떨어진 환자를 평가하고자 할 때 흔히 부딪힐 수 있는 환자의 문제와 가장 거리가 <u>먼</u> 것은?

① 주의력 저하　　　　　　　　　② 피로

③ 동기저하　　　　　　　　　　　④ 시력장애

054 검사-재검사 신뢰도에 관한 설명으로 옳지 <u>않은</u> 것은?

① 검사 사이의 시간간격이 짧으면 이월효과가 작아진다.

② 감각식별검사나 운동검사에 권장되는 방법이다.

③ 반응민감성에 의해 검사를 치르는 경험이 개인의 진점수를 변화시킬 가능성이 있다.

④ 검사 사이의 시간 간격이 너무 길면 측정 대상의 속성이나 특성이 변할 가능성이 있다.

055 표준화된 검사가 다른 검사에 비하여 객관적인 해석을 가능하게 해주는 이유로 가장 적합한 것은?

① 규준이 마련되어 있기 때문이다.

② 신뢰도가 높기 때문이다.

③ 타당도가 높기 때문이다.

④ 실시가 용이하기 때문이다.

056 심리검사의 윤리적 문제에 대한 설명으로 옳지 <u>않은</u> 것은?

① 검사자들은 검사제작의 기술적 측면에만 관심을 가질 필요가 있다.

② 심리학자에게 면허와 자격에 관한 법을 시행하는 것은 직업적 윤리 기준을 세우기 위함이다.

③ 검사자는 규준, 신뢰도, 타당도 등에 관한 기술적 가치를 평가할 수 있어야 한다.

④ 제대로 자격을 갖춘 검사자만이 검사를 사용해야 한다는 조건은 부당한 검사사용으로부터 피검자를 보호하기 위한 조치이다.

057 MMPI - 2에서 4 - 6코드의 대표적인 특성으로 옳은 것은?

① 기묘한 성적 강박관념과 반응을 가질 수 있다.

② 연극적이고 증상과 관련된 수단을 통해 사람을 통제한다.

③ 외향적이고 수다스러우며 사교적이면서도 긴장하고 안절부절못한다.

④ 자신의 잘못에 대해 타인을 비난하기 때문에 이에 대한 자신의 통찰이 약하다.

058 지능이론에 대한 설명으로 옳은 것은?

① Thurstone은 지능이 g요인과 s요인으로 구분하여 지능의 개념을 가정하였다.

② Spearman은 지능을 7개의 요인으로 구성되어 있다고 보는 다요인설을 주장하고, 이를 인간의 기본정신능력이라고 하였다.

③ Gardner는 다중지능을 기술하여 언어적, 음악적, 공간적 등 여러 가지 지능이 있다고 하였다.

④ Cattell은 지능을 선천적이며 개인의 경험과 무관한 결정성 지능과, 후천적이며 학습된 지식과 관련된 유동성 지능으로 구분하였다.

059 심리검사에 대한 설명으로 옳은 것은?

① 신뢰도는 검사에서 측정하고자 하는 특성을 얼마나 일관되게 측정하고 있는가를 의미한다.

② 객관적 검사에 비해 투사적 검사의 신뢰도가 더 높다.

③ 검사의 실시와 채점 및 해석이 표준화되어 있는 대표적 검사로 주제통각검사(TAT)가 있다.

④ 준거타당도(criterion validity)에는 예언타당도(predictive validity)와 구성타당도(construct validity)가 포함된다.

060 표준화된 검사를 선정할 때 고려해야 하는 기준으로 옳은 것을 고른 것은?

ㄱ. 특정집단에 대한 규준의 활용 가능성

ㄴ. 채점 및 결과 보고의 용이성

ㄷ. 검사도구에 대한 내담자의 반응

ㄹ. 검사점수의 절대적 위치

---

① ㄱ, ㄴ

② ㄷ, ㄹ

③ ㄱ, ㄴ, ㄷ

④ ㄱ, ㄷ, ㄹ

061 행동평가 방법에 관한 설명으로 틀린 것은?

① 자연관찰은 참여자가 아닌 관찰자가 환경 내에서 일어나는 참여자의 행동을 관찰하고 기록하는 방법이다.

② 참여관찰은 관찰하고자 하는 개인이 자연스러운 환경에 관여하면서 기록하는 방식이다.

③ 유사관찰은 제한이 없는 환경에서 관찰하는 방법이다.

④ 자기관찰은 자신이 개인과 환경간의 상호작용에 관한 자료를 수집하도록 한다.

062 심리상담 및 심리치료의 과정에서 나타나는 현상과 가장 거리가 먼 것은?

① 상담관계에서 내담자는 처음부터 새로운 방식으로 반응하고 행동하게 된다.

② 상담장면에서는 일반적이고 추상적인 자료보다는 그 상황에서의 실제행동을 다룬다.

③ 내담자는 상담자가 아무런 요구 없이 인간으로서의 관심만을 베푼다는 것을 경험한다.

④ 치료유형에 차이가 있음에도 불구하고 심리치료에는 공통요인이 작용한다.

063 행동평가와 전통적 심리평가 간의 차이점으로 틀린 것은?

① 행동평가에서 성격의 구성 개념은 주로 특정한 행동패턴을 요약하기 위해 사용된다.

② 행동평가는 추론의 수준이 높다.

③ 전통적 심리평가는 개인 간이나 보편적 법칙을 강조한다.

④ 전통적 심리평가는 예후를 알고, 예측하기 위한 것이다.

064 현실치료에 관한 설명으로 틀린 것은?

① 내담자 개인의 책임을 강조한다.

② 개인은 현실에 대한 지각을 통해 현실 그 자체를 알 수 있다.

③ 내담자가 실행하지 못한 것에 대한 변명을 허용하지 않는다.

④ 전행동(total behavior)의 '생각하기'에는 공상과 꿈이 포함된다.

065 임상심리학자로서 지켜야 할 내담자에 대한 비밀보장에 관한 설명으로 <u>틀린</u> 것은?

① 상담 도중 알게 된 내담자의 중요한 범죄 사실에 대해서는 비밀을 지킬 필요가 없다.

② 자살 우려가 있는 경우 내담자의 비밀을 지키는 것보다는 가족에게 알려 자살예방 조치를 취하는 것이 더 중요하다.

③ 일반적으로 상담과정에서 내담자에 대해 알게된 사실을 다른 사람들에게 말하면 안된다.

④ 아동 내담자의 경우에도 아동에 관한 정보를 부모에게 알려서는 안 된다.

066 MMPI-2의 타당도 척도 중 부정 왜곡을 통해 극단적인 수준으로 정신병적 문제가 있음을 나타내려는 경우에 상승되는 것은?

① VRIN scale
② TRIN scale
③ S scale
④ F(P) scale

067 합동가족치료에 대한 설명으로 <u>틀린</u> 것은?

① 치료자는 가족 구성원에게 과제를 준다.

② 비행 청소년들과 그들의 가족들을 위한 개입법으로 개발되었다.

③ 치료자는 상황에 따라 비지시적인 역할을 알 수 있다.

④ 한 치료자가 가족전체를 동시에 본다.

068 기말고사에서 전 과목 100점을 받은 경희에게 선생님은 최우수상을 주고 친구들 앞에서 칭찬도 해주었다. 선생님이 경희에게 사용한 학습 원리는?

① 모델링
② 조건화
③ 내적 동기화
④ 성취

069 우울증에 관한 Beck의 인지치료에서 강조하는 내용과 가장 거리가 <u>먼</u> 것은?

① 내담자의 비활동성과 자신의 우울한 감정에 초점을 두는 경향을 막기 위해 활동 계획표를 만든다.

② 내담자의 미해결된 억압된 기억을 자각하고 의식함으로써 지금-여기에서 해결하도록 조력한다.

③ 내담자가 해결 불가능한 일로 간주하고 자신을 비난하는 대신 문제에 대한 대안책을 찾도록 돕는다.

④ 환자에게 부정적 결과에 대한 비난을 자신 아닌 적절한 다른 곳으로 돌리게 가르친다.

070 다음 중 대뇌 기능의 편재화를 평가하는데 사용하는 검사가 <u>아닌</u> 것은?

① 눈의 편향성 검사
② 주의력 검사
③ 손잡이(handedness) 검사
④ 발잡이(footedness) 검사

071 Rorschach 검사의 모든 반응이 왜곡된 형태를 근거로 한 반응이고, MMPI에서 8번 척도가 65T 정도로 상승되어 있는 내담자에 대한 설명으로 가장 적합한 것은?

① 주의집중과 판단력이 저하되어 있을 가능성이 있다.
② 우울한 기분, 무기력한 증상이 주요 문제일 가능성이 있다.
③ 합리화나 주지화를 통해 성공적인 방어기제를 작동시킬 가능성이 있다.
④ 회피성 성격장애의 특징을 보일 가능성이 있다.

072 임상심리학자의 법적, 윤리적 책임에 관한 설명으로 틀린 것은?

① 내담자, 피감독자, 학생, 연구참여자들을 성적으로 악용해서는 안된다.
② 어떠한 경우에도 내담자의 비밀은 보장해야 한다.
③ 임상심리학자의 직업수행에는 공적인 책임이 따른다.
④ 내담자 사생활의 부당한 침해를 방지하기 위해 노력해야 한다.

073 임상심리사의 역할 중 교육에 관한 설명으로 옳은 것을 모두 고른 것은?

ㄱ. 심리학자가 아동들이 부모의 이혼에 대처하도록 도와주는 방법에 관한 강의를 해주는 것은 비학구적인 장면에서의 교육에 해당된다.
ㄴ. 의과대학과 병원에서의 교육은 비학구적인 장면에서의 교육에 포함된다.
ㄷ. 임상심리학자들은 심리학과뿐만 아니라 경영학, 법학, 의학과에서도 강의한다.
ㄹ. 의료적, 정신과적 문제를 대처하도록 환자를 가르치는 것도 임상적 교육에 포함된다.

① ㄱ, ㄴ, ㄷ   ② ㄱ, ㄷ, ㄹ
③ ㄴ, ㄷ, ㄹ   ④ ㄱ, ㄴ, ㄹ

074 심리치료 장면에서 치료자의 3가지 기본 특성 혹은 태도가 강조된다. 이는 인간중심심리치료의 기본적 치료 기제로도 알려져 있는데, 이러한 치료자의 기본 특성에 해당되지 않는 것은?

① 진솔성   ② 정확한 공감
③ 무조건적인 존중   ④ 적극적 경청

075 다음 중 혐오치료를 적용하기에 가장 적합한 장애는?

① 공황장애   ② 소아기호증
③ 광장공포증   ④ 우울증

076 체중 감량을 위해 상담소를 찾은 여대생에게 치료자가 적용할 수 있는 가장 적합한 행동관찰법은?

① 자연관찰   ② 면대면 관찰
③ 자기관찰   ④ 통제된 관찰

077 ( )에 알맞은 방어기제는?

> 중현이는 선생님께 꾸중을 들어 기분이 매우 좋지 않았다. 집으로 돌아온 중현이에게 동생이 밥을 먹을 것인지 묻자, "네가 상관할 거 없잖아!"라고 소리를 질렀다. 중현이가 사용하고 있는 방어기제는 ( )이다.

① 전위   ② 투사
③ 행동화   ④ 동일시

078 학생 상담 시 어떤 학생이 또래들에게 가장 선호되고, 혹은 그렇지 못하는가를 확인해 보기 위해 사회관계 측정법(sociogram)을 사용하려고 한다. 상담자가 사회관계 측정법을 사용 시 유의사항으로 틀린 것은?

① 학생의 연령대가 어릴수록 반응이 솔직하고 신뢰도와 타당도가 높다.
② 유의미한 결과를 얻어내려면 학생들 간에 교류하는 시간이 충분해야 한다.
③ 집단의 크기가 유용한 정보를 제공해 줄 수 있으므로 집단의 크기가 너무 크거나 너무 작아도 안 된다.
④ 유의미한 집단 활동이 있어야 학생들 간의 교류가 일어나므로, 상담자는 학생들에게 의미 있고 친숙한 활동을 선택해서 제공해야 한다.

079 백(A. Beck)의 인지치료(cognitive therapy)에 설명으로 옳지 <u>않은</u> 것은?

① 내담자의 기분과 행동은 생각이나 가정에 의해 영향을 받는다.
② 내담자의 역기능적 인지도식을 찾아 가설을 세우고 이 가설의 타당성을 체계적으로 검증한다.
③ 내담자 치료를 위해 언어적, 인지적, 행동적 기법을 사용한다.
④ 비합리적 생각을 합리적인 생각으로 바꾸기 위해 적극적인 논박을 사용한다.

080 스트레스에 대한 '정서 중심 대처방식'으로 옳지 <u>않은</u> 것은?

① 스트레스 사건을 곱씹거나 그 상황에 대해 공상하기
② 다른 사람들의 정서적 지지 구하기
③ 스트레스의 근원을 없애려 노력하기
④ 자신의 감정을 표현하기

제5과목 | 심리상담

081 심리검사 결과 해석시 주의할 사항과 가장 거리가 먼 것은?

① 내담자가 받은 검사의 목적과 제한점 및 장점을 검토해 본다.

② 검사해석의 첫 단계는 검사 매뉴얼을 알고 이해하는 것이다.

③ 검사결과로 나타난 장점이 주로 강조되어야 한다.

④ 결과에 대한 구체적 예언보다는 오히려 가능성의 관점에서 제시되어야 한다.

082 알코올중독 가정의 성인아이(Adult Child)에 관한 특성이 아닌 것은?

① 권위 있는 사람에게 친밀감을 느낀다.

② 지속적으로 타인의 인정과 확인을 받고 싶어 한다.

③ 처음부터 끝까지 일을 완수하는데 어려움이 있다.

④ 자신을 평가절하 한다.

083 청소년 비행의 원인을 현대사회의 가치관 혼란현상으로 설명하는 것은?

① 아노미이론   ② 사고충돌이론

③ 하위문화이론   ④ 사회통제이론

084 임상적인 상황에서 활용되는 최면에 관한 가정과 가장 거리가 먼 것은?

① 각 개인은 치료와 자기실현에 필요한 자원을 담고 있는 무의식을 소유하고 있다.

② 최면상태는 자연스러운 것이나 치료자에 의해 형식을 갖춘 최면유도로만 일어날 수 있다.

③ 내담자는 무의식 탐구로 알려진 일련의 과정을 진행시킬 수 있다.

④ 모든 최면은 자기최면이라 할 수 있다.

085 학습상담 과정에 대한 설명과 가장 거리가 먼 것은?

① 내담자의 장점, 자원 등을 학습상담과정에 적절히 활용한다.

② 학습문제와 관련된 내담자의 감정을 이해하고 격려한다.

③ 현실성 있는 상담목표를 설정해서 상담한다.

④ 학습문제와 무관한 개인의 심리적 문제들은 회피하도록 한다.

086 보딘(Bordin)이 제시한 작업동맹(working alliance)의 3가지 측면이 옳은 것은?

① 진솔한 관계, 유대관계, 서로에 대한 호감

② 작업의 동의, 진솔한 관계, 유대관계

③ 유대관계, 작업의 동의, 목표에 대한 동의

④ 서로에 대한 호감, 동맹, 작업의 동의

087 위기개입전략으로 옳지 <u>않은</u> 것은?

① 내담자와 진실한 관계를 형성하는 것이 중요하다.

② 각각의 내담자와 위기를 독특한 것으로 보고 반응한다.

③ 내담자가 즉각적인 욕구에 주목한다.

④ 위기개입 시 현재 상황과 관련된 과거에 초점을 맞춘다.

088 진로상담에서 진로 미결정 내담자를 위한 개입방법과 비교하여 우유부단한 내담자에 대한 개입방법이 갖는 특징이 <u>아닌</u> 것은?

① 정보제공이나 진로선택에 관한 문제를 명료화하는 개입이 효과적이다.

② 대인관계나 가족 문제에 대한 개입이 필요하다.

③ 문제의 기저에 있는 역동을 이해하고 감정을 반영하는 것이 효과적이다.

④ 장기적인 계획 하에 상담해야 한다.

089 AA(익명의 알코올중독자모임)에서 고수하고 있는 12단계와 12전통에 해당하지 <u>않는</u> 것은?

① 외부의 문제에 대해서는 어떠한 의견도 제시하지 않는다.

② 홍보 원칙은 적극적인 선전보다 AA 본래의 매력에 기초를 둠에 따라 대중매체에 개인의 이름이 밝혀져 서는 안 된다.

③ 외부의 기부금은 개인의 이익이 아닌 AA 전체의 이익을 위해서만 쓰여야 한다.

④ 항상 비직업적이어야 하지만, 서비스센터에는 전임 직원을 둘 수 있다.

090 자살을 하거나 시도하는 학생들에게 공통적으로 나타나는 성격특성과 가장 거리가 <u>먼</u> 것은?

① 부적절한 대처 기술   ② 부정적 자아개념

③ 부족한 의사소통 기술   ④ 과도한 신중성

091 상담 및 심리치료의 발달사에 관한 설명으로 옳지 <u>않은</u> 것은?

① 메이(May)와 프랭클(Frankl) 영향으로 게슈탈트 상담이 발전하였다.

② 글래서(Glasser)는 1960년대에 현실치료를 제시하였다.

③ 가족치료 및 체계치료는 1970년대부터 본격적으로 등장하였다.

④ 위트머(Witmer)는 임상심리학이라는 용어를 최초로 사용했으며, 치료적 목적을 위해 심리학의 지식과 방법을 활용하였다.

092 다음 내용에 해당하는 상담의 기본원리는?

> - 상담은 내담자를 중심으로 진행해야 한다.
> - 내담자의 자조의 욕구와 권리를 존중해야 한다.
> - 상담자는 먼저 자기의 감정이나 태도를 이해할 수 있어야 한다.
> - 상담자의 반응은 상담실에서 이루어져야 한다.
> - 내담자에 대한 과잉 동일시를 피해야 한다.

① 개별화의 원리

② 수용의 원리

③ 자기결정의 원리

④ 무비판적 태도의 원리

093 진로상담에서 "하고 싶은 일이 너무 많아요." 라고 호소하는 내담자에게 가장 먼저 개입해야 하는 방법은?

① 직업정보 탐색   ② 진로 의사결정

③ 자기 이해   ④ 진학정보 탐색

094 정신분석적 상담에서 내적 위험으로부터 아이를 보호하고 안정시켜주는 어머니의 역할을 모델로 한 분석기법은?

① 해석(interpretation)

② 현실검증(reality testing)

③ 버텨주기(holding)

④ 역전이(counter transference)

095 상담의 초기단계에서 다루어야 할 내용과 가장 거리가 <u>먼</u> 것은?

① 상담 진행방식의 합의
② 촉진적 상담관계의 형성
③ 도움을 청하는 직접적인 이유의 확인
④ 과정적 목표의 설정과 달성

096 청소년 상담시 대인관계 문제해결을 위한 상담전략에 관한 설명으로 <u>틀린</u> 것은?

① 정서적 개입 : 문제의 신체적 요소에 초점을 맞춘 신체 인식활동도 포함한다.
② 상호작용적 개입 : 습관, 일상생활 방식이나 다른 사람과의 상호작용 패턴을 수정하도록 한다.
③ 행동적 개입 : 내담자에게 비생산적인 현재의 행동을 통제하게 하거나 제거하게 함으로써 새로운 행동이나 기술을 개발하도록 돕는다.
④ 인지적 개입 : 내담자가 자신이 처한 상황이나 사건, 사람, 감정 등에 대해 지금과 다르게 생각하도록 돕는다.

097 Lazarus의 중다양식 상담에 관한 설명으로 <u>틀린</u> 것은?

① 성격의 일곱가지 양식은 행동, 감정, 감각, 심상, 인지, 대인관계, 약물/생물학 등이다.
② 행동주의 학습이론과 사회학습이론, 인지주의의 영향을 많이 받았으며, 그 외 다른 치료기법들도 절충적으로 사용한다.
③ 사람들은 고통, 좌절, 스트레스를 비롯하여 감각자극이나 내적 자극에 대한 반응을 나타내는 식별역이 유사하다.
④ 사람은 개인이 타인들과의 긍정적이거나 부정적인 상호작용의 결과들을 관찰함으로써 무엇을 할 것인지를 배운다고 본다.

098 집단상담의 후기 과정에서 일어날 수 있는 구성원의 문제에 해당하는 것은?

① 내담자가 말을 너무 많이 해서 집단 과정을 방해한다.
② 내담자가 강도 높은 자기 개방으로 인한 불안으로 철수한다.
③ 내담자가 집단을 독점하고 자신만 주목받기를 원한다.
④ 내담자가 질문과 잡다한 충고 등을 해서 집단 과정을 방해한다.

099 아들러(Adler)의 개인심리학적 상담이론에 대한 설명으로 옳지 <u>않은</u> 것은?

① 무의식이 의식보다 중요하다고 본다.

② 인간을 목적론적 존재로 본다.

③ 내담자가 사회적 관심을 갖도록 돕는다.

④ 낙담한 내담자에게 용기를 불어넣는 격려에 초점을 둔다.

100 게슈탈트(Gestalt) 상담에 대한 설명으로 옳지 <u>않은</u> 것은?

① 여기 - 지금(Here-Now)이 중요한 개념이다.

② 자각과 개인의 책임을 강조한다.

③ 전경과 배경이 자연스럽게 교차되는 것을 건강한 상태로 가정한다.

④ 생활양식 분석이 중요한 과제이다.

MEMO

2021

임상심리사 2급
필기 기출문제

제1회 임상심리사 2급 필기 기출문제

정답 및 해설 p.292

제1과목 | 심리학개론

001 고전적 조건형성에서 조건자극과 무조건 자극을 배열할 때 조건형성효과가 가장 오래 지속되는 배열은?

① 후진 배열
② 흔적 배열
③ 지연 배열
④ 동시적 배열

002 조건형성의 원리와 그에 해당하는 예를 잘못 연결시킨 것은?

① 조작적 조건형성의 응용 - 행동수정
② 소거에 대한 저항 - 부분강화 효과
③ 강화보다 처벌 강조 - 행동조성
④ 고전적 조건형성의 응용 - 유명연예인 광고모델

003 성격의 5요인 이론 중 다른 사람들의 복지에 대해 관심을 가지며, 사람들을 신뢰하고, 다른 사람에 대해 편견을 덜 갖는 경향을 나타내는 것은?

① 개방성(Openness)
② 외향성(Extraversion)
③ 우호성(Agreeableness)
④ 성실성(Conscientiousness)

004 다음은 무엇에 관한 설명인가?

> 방어기제 중 우리가 가진 바람직하지 않은 자질들을 과장하여 다른 사람들에게 부여함으로써 우리의 결함을 인정하지 않도록 막아주는 것

① 부인
② 투사
③ 전위
④ 주지화

005 다음 설명에 해당하는 것은?

- 아동들의 자기개념이 왜 우선적으로 남자-여자 구분에 근거하는지를 설명하고자 한다.
- 아동에게 성이라는 렌즈를 통해 세상을 보도록 가르치는 문화의 역할을 중요시한다.

① 사회학습 이론
② 인지발달 이론
③ 성 도식 이론
④ 정신분석학 이론

006 심리검사의 오차유형 중 측정 결과에 변화를 주는 것은?

① 해석적 오차
② 항상적 오차
③ 외인적 오차
④ 검사자 오차

007 프로이트(S. Freud)의 성격 구조에 관한 설명으로 옳은 것은?

① 자아는 현실원리를 따르며 개인이 현실에 적응하도록 돕는다.
② 자아는 일차적 사고과정을 따른다.
③ 자아는 자아이상과 양심으로 구성되어 있다.
④ 초자아는 성적욕구와 관련된 것으로 쾌락의 원리를 따른다.

008 검사에 포함된 각 질문 또는 문항들이 동일한 것을 측정하는 정도를 나타내는 것은?

① 내적일치도
② 경험타당도
③ 구성타당도
④ 준거타당도

009 성격과 환경간의 상호작용 중 개인의 성격은 타인으로부터 독특한 반응을 이끌어낸다는 것은?

① 유도적 상호작용
② 반응적 상호작용
③ 주도적 상호작용
④ 조건적 상호작용

010 켈리(Kelly)의 개인적 구성개념이론에 관한 설명으로 옳지 <u>않은</u> 것은?

① 성격 연구의 목적은 개인이 자신과 자신의 사회적 세상을 해석하는데 사용하는 차원을 찾는 것이어야 한다.

② 개개인을 직관적 과학자로 보아야 한다.

③ 특질검사는 개인의 구성개념을 측정하기에 가장 적합하다.

④ 구성개념의 대조 쌍은 논리적으로 반대일 필요가 없다.

011 성격의 정의에 관한 설명으로 틀린 것은?

① 성격에는 개인이 가지고 있는 고유하고 독특한 성질이 포함된다.

② 개인의 독특성은 시간이 지나도 비교적 안정적으로 변함없이 일관성을 지닌다.

③ 성격은 다른 사람이나 환경과 상호작용하는 관계에서 행동양식을 통해 드러난다.

④ 성격은 타고난 것으로 개인이 속한 가정과 사회적 환경에 영향을 받지 않는다.

012 단기기억의 특성이 <u>아닌</u> 것은?

① 정보의 용량이 매우 제한적이다.

② 작업기억(working memory)이라 불린다.

③ 현재 의식하고 있는 정보를 의미한다.

④ 거대한 도서관에 비유할 수 있다.

013 사람들이 자기 자신의 행동을 설명할 때 현저한 상황적 원인들은 지나치게 강조하고 사적인 원인들은 미흡하게 강조하는 것은?

① 사회억제 효과   ② 과잉정당화 효과

③ 인지부조화 현상   ④ 책임감 분산 효과

014 연구방법의 주요 개념에 관한 설명으로 옳지 <u>않은</u> 것은?

① 측정 : 한 변인의 여러 값들에 숫자를 할당하는 체계

② 실험 : 원인과 결과에 대한 가설을 정밀하게 검사하는 것

③ 실험집단 : 가설의 원인이 제공되지 않는 집단

④ 독립집단 : 실험자에 의해 정밀하게 통제되는 가설의 원인으로서 참가자의 과제와 무관한 변인

015 사랑의 삼각형 이론에서 사랑의 3가지 요소에 포함되지 <u>않는</u> 것은?

① 관심(Attention)
② 친밀감(Intimacy)
③ 열정(Passion)
④ 투신(Commitment)

016 사람들은 혼자 있을 때보다 자신과 같은 일을 수행하고 있는 다른 사람들이 있을 때 수행이 향상된다는 것을 지칭하는 것은?

① 동조효과
② 방관자효과
③ 사회촉진
④ 사회태만

017 다음의 설명에 해당하는 것은?

> 척도상의 대표적 수치를 의미하며 평균, 중앙치, 최빈치가 그 예이다.

① 빈도분포값
② 추리통계값
③ 집중경향값
④ 변산측정값

018 기억에 정보를 저장하기 위해서 환경의 물리적 정보의 속성을 기억에 저장할 수 있는 속성으로 변화시키는 과정은?

① 주의과정
② 각성과정
③ 부호화과정
④ 인출과정

019 통계분석에 관한 설명으로 옳지 <u>않는</u> 것은?

① 2개의 모평균 간에 차이가 있는지를 검정하기 위해서 중다회귀분석(multiple regression analysis)을 이용한다.
② 3개 또는 그 이상의 평균치 사이에 차이가 있는지를 검정하기 위해서 분산분석을 사용한다.
③ 빈도 차이의 유의성을 검증하기 위해서 x^2검정을 사용한다.
④ 피어슨 상관계수 r은 근본적으로 관련성을 보여주는 지표이지 어떠한 인과적 요인을 밝혀주지는 않는다.

020 소거(extinction)가 영구적인 망각이 아니라는 증거가 될 수 있는 것은?

① 변별   ② 조형

③ 자극 일반화   ④ 자발적 회복

021 이상행동의 분류와 평가에 관한 설명으로 옳지 <u>않은</u> 것은?

① 범주적 분류는 이상행동이 정상행동과는 질적으로 구분되며 흔히 독특한 원인에 의한 것이기 때문에 정상행동과는 명료한 차이점을 지니고 있다는 가정에 근거한다.

② 차원적 분류는 정상행동과 이상행동의 구분이 부적응성 정도의 문제일 뿐 질적인 차이는 없다는 가정에 근거한다.

③ 타당도는 한 분류체계를 적용하여 환자들의 승상이나 장애를 평가했을 때 동일한 결과가 도출되는 정도를 의미한다.

④ 같은 장애로 진단된 사람들에게서 동일한 원인적 요인들이 발견되는 정도는 원인론적 타당도이다.

022 조현병의 양성증상에 해당하는 것은?

① 무의욕증   ② 무사회증

③ 와해된 행동   ④ 감퇴된 정서 표현

023 물질관련장애에 관한 설명으로 옳지 <u>않은</u> 것은?

① 물질에 대한 생리적 의존은 내성과 금단증상으로 나타난다.

② 임신 중의 과도한 음주는 태아알코올증후군을 유발할 수 있다.

③ 모르핀과 헤로인은 자극제(흥분제)의 대표적 종류이다.

④ 헤로인의 과다 복용은 뇌의 호흡 중추를 막아 죽음에 이르게 할 수 있다.

024 조현병 스펙트럼 및 기타 정신병적장애에 해당하지 <u>않은</u> 것은?

① 망상장애   ② 순환성장애

③ 조현양상장애   ④ 단기 정신병적 장애

025 반사회성 성격장애와 가장 관련이 없는 것은?

① 품행장애의 과거력   ② 역기능적 양육환경

③ 붕괴된 자아와 강한 도덕성 발달   ④ 신경전달물질인 세로토닌(Serotonin)의 부족

026 DSM-5에 의한 성격장애로 분류로 옳지 않은 것은?

① A군 성격장애 : 조현성 성격장애   ② C군 성격장애 : 편집성 성격장애

③ B군 성격장애 : 연극성 성격장애   ④ C군 성격장애 : 회피성 성격장애

027 노출장애에 관한 설명과 가장 거리가 먼 것은?

① 성도착적 초점은 낯선 사람에게 성기를 노출시키는 것이다.

② 성기를 노출시켰다는 상상을 하면서 자위행위를 하기도 한다.

③ 청소년기나 성인기 초기에 시작되는 것으로 알려져 있다.

④ 노출 대상은 사춘기 이전의 아동에게 국한된다.

028 DSM-5의 신경발달장애에 해당하지 않는 것은?

① 지적장애   ② 분리불안장애

③ 자폐스펙트럼장애   ④ 주의력결핍 과잉행동장애

029 스트레스 호르몬이라고 불리는 코티솔(cortisol)이 분비되는 곳은?

① 부신   ② 변연계

③ 해마   ④ 대뇌피질

030 강박장애를 가진 내담자의 심리치료에 가장 효과적인 방법은?

① 행동조형   ② 자유연상법

③ 노출 및 반응 방지법   ④ 혐오조건화

031 우울장애에 대한 치료방법으로 적절하지 않는 것은?

① 대인관계치료(interpersonal psychotherapy)

② 기억회복치료(memory recovery therapy)

③ 인지행동치료(cognitive behavioral therapy)

④ 단기정신역동치료(brief psychodynamic therapy)

032 알코올 사용장애에 관한 설명으로 옳은 것은?

① 가족력이나 유전과는 관련성이 거의 없다.

② 성인 여자가 성인 남자보다 유병률이 높다.

③ 자살, 사고, 폭력과의 관련성이 거의 없다.

④ 금단 증상의 불쾌한 경험을 피하거나 경감시키기 위해 음주를 지속하게 된다.

033 파괴적 충동조절 및 품행장애에 관한 설명으로 옳지 않은 것은?

① 병적 방화의 필수 증상은 고의적이고 목적이 있는, 수차례의 방화 삽화가 존재하는 것이다.

② 품행장애의 유병률은 아동기에서 청소년기로 갈수록 증가한다.

③ 병적 도벽은 보통 도둑질을 미리 계획하지 않고 행한다.

④ 간헐적 폭발성 장애는 언어적 공격과 신체적 공격을 모두 포함해야 한다.

034 양극성장애(Bipolar disorder) 조증 시기에 있는 환자의 방어적 대응양상을 판단할 수 있는 행동이 아닌 것은?

① 화장을 진하게 하고 다닌다.　　　　② 자신이 신의 사자라고 이야기 한다.

③ 증거도 없는 행동을 두고 남을 탓한다.　　④ 활동 의욕이 줄어들어 과다 수면을 취한다.

035 DSM-5에 제시된 신경인지장애의 병인에 해당하지 않는 것은?

① 알츠하이머병　　　　　　　　② 레트

③ 루이소체　　　　　　　　　　④ 파킨슨병

036 아동 A에게 진단할 수 있는 가장 가능성이 높은 장애는?

> 4세 아동 A는 어머니와 애정적 관계를 형성하지 못하며, 장난감을 가지고 노는 데는 흥미가 없고 사물을 일렬로 배열하거나 자신의 몸을 앞뒤로 흔들면서 알 수 없는 말을 한다.

① 자폐 스펙트럼 장애　　　　　　② 의사소통장애

③ 틱 장애　　　　　　　　　　　④ 특정학습장애

037 치매에 관한 설명으로 가장 적합한 것은?

① 기억손실이 없다.
② 약물남용의 가능성이 많다.
③ 증상은 오전에 가장 심해진다.
④ 자신의 무능을 최소화하거나 자각하지 못한다.

038 공황장애의 특징에 해당하는 것을 모두 고른 것은?

ㄱ. 메스꺼움 또는 복부 불편감	ㄴ. 몸이 떨리고 땀 흘림
ㄷ. 호흡이 가빠지고 숨이 막힐 것 같은 느낌	ㄹ. 미쳐버리거나 통제력을 상실할 것 같은 느낌

① ㄷ, ㄹ   ② ㄱ, ㄴ, ㄹ
③ ㄴ, ㄷ, ㄹ   ④ ㄱ, ㄴ, ㄷ, ㄹ

039 해리장애에 대한 설명으로 적절하지 않은 것은?

① 해리 현상에 영향을 주는 주된 요인으로 학대받은 개인경험, 고통스러운 상태로부터의 도피 등이 있다.
② 해리 현상을 유발하는 가장 주된 방어기제는 투사로 알려져 있다.
③ 해리성 둔주는 정체감과 과거를 망각할 뿐만 아니라 완전히 다른 장소로 이동한다.
④ 해리성 기억상실증은 중요한 자서전적 정보를 회상하지 못하는 것으로, 해리성 둔주가 나타날 수 있다.

040 주요 우울장애에 환자가 일반적으로 나타내는 특징적 증상이 아닌 것은?

① 거절에 대한 두려움
② 불면 혹은 과다수면
③ 정신운동성 초조
④ 일상활동에서의 흥미와 즐거움의 상실

041 신경심리학적 능력 중 BGT 및 DAP, 시계그리기를 통해 가장 효과적으로 평가할 수 있는 것은?

① 주의 능력
② 기억 능력
③ 실행 능력
④ 시공간 구성 능력

042 신경심리검사에 대한 설명으로 옳은 것은?

① Broca와 Wernicke는 실행 중 연구에 뛰어난 업적을 남겼으며, Benton은 임상신경심리학의 창시자라고 할 수 있다.
② X레이, MRI등 의료적 검사결과가 정상적으로 나온 경우에는 신경심리검사보다는 의료적 검사결과를 신뢰하는 것이 타당하다.
③ 신경심리검사는 고정식(fixed) battery와 융통식(flexible) battery 접근이 있는데, 두 가지 접근 모두 하위검사들이 독립적인 검사들은 아니다.
④ 신경심리검사는 환자에 대한 진단, 환자의 강점과 약점, 향후 직업능력의 판단, 치료계획, 법의학적 판단, 연구 등에 널리 활용된다.

043 심리검사자가 준수해야 할 윤리적 의무로 옳은 것을 모두 고른 것은?

> ㄱ. 심리검사 결과 해석 시 수검자의 연령과 교육수준에 맞게 설명해야 한다.
> ㄴ. 심리검사 결과가 수검자의 삶에 영향을 줄 수 있음을 인식해야 한다.
> ㄷ. 컴퓨터로 실시하는 심리검사는 특정한 교육과 자격이 필요 없다.

① ㄱ
② ㄱ, ㄴ
③ ㄴ, ㄷ
④ ㄱ, ㄴ, ㄷ

044 표집 시 남녀 비율을 정해놓고 표집해야 하는 경우에 가장 적합한 방법은?

① 군집 표집(cluster sampling)
② 유층 표집(stratified sampling)
③ 체계적 표집(systematic sampling)
④ 구체적 표집(specific sampling)

045 MMPI-2의 각 척도에 대한 해석으로 가장 적합한 것은?

① 6번 척도가 60T 내외로 약간 상승한 것은 대인관계 민감성에 대한 경험을 나타낸다.

② 2번 척도는 반응성 우울증보다는 내인성 우울증과 관련이 높다.

③ 4번 척도의 상승 시 심리치료 동기가 높고 치료의 예후도 좋음을 나타낸다.

④ 7번 척도는 불안 가운데 상태불안 증상과 연관성이 높다.

046 웩슬러 지능검사의 하위지수 중 지적 장애를 가진 사람들이 어려움을 겪는 것으로 알려진 소검사들을 가장 많이 포함하고 있는 것은?

① 언어이해   ② 지각추론

③ 작업기억   ④ 처리속도

047 Guilford의 지능구조 입체모형에서 조작(operation) 요인에 해당하는 것은?

① 표정, 동작 등의 행동적 정보

② 사고결과의 적절성을 판단하는 평가

③ 의미 있는 단어나 개념의 의미적 정보

④ 어떤 정보에서 생기는 예상이나 기대들의 합

048 지능검사를 해석할 때 고려사항으로 옳지 <u>않은</u> 것은?

① 작업기억과 처리속도는 상황적 요인에 민감한 지수임을 감안한다.

② 지수점수를 해석할 때 여러 지수들 간에 점수 차이가 유의한지를 살펴봐야 한다.

③ 지수가 유의한 차이가 있을 경우 전체척도IQ는 해석하기가 용이하다.

④ 지수 점수간의 비교를 통해 상대적 약점이 문제의 원인이 될 수 있는지 확인한다.

049 다음 MMPI-2 프로파일과 가장 관련이 있는 진단은?

L=56,	F=78,	K=38		
1(Hs)=56	2(D)=58	3(Hy)=54	4(Pd)=53	5(Mf)=54
6(Pa)=76	7(Pt)=72	8(Sc)=73	9(Ma)=55	0(Si)=66

① 품행장애   ② 우울증

③ 전환장애   ④ 조현병

050 BSID-II(Bayley, Scale of Infant Development-II)에 대한 설명으로 <u>틀린</u> 것은?

① 신뢰도와 타당도에 관한 보다 많은 정보를 제공하여 검사의 심리측정학적 질이 개선되었다.

② 유아의 기억, 습관화, 시각선호도, 문제해결 등과 관련된 문항들이 추가되었다.

③ BSID-II에서는 대상 연령범위가 16일에서 42개월까지로 확대되었다.

④ 지능척도, 운동척도의 2가지 척도로 구성되어 있다.

051 성격을 측정하는 자기보고 검사에 관한 설명으로 옳은 것은?

① 개인의 심층적인 내면을 탐색하는데 흔히 사용된다.

② 응답결과는 개인의 반응경향성과 무관하다.

③ 강제선택형 문항은 개인의 묵종 경향성을 예방하는데 효과적이다.

④ 사회적으로 바람직하게 응답하려는 경향을 나타내기 쉽다.

052 80세 이상의 노인집단용 규준이 마련되어 있는 심리검사는?

① MMPI-A

② K-WISC-IV

③ K-Vineland-II

④ SMS(Social Maturity Scale)

053 Rorschach 검사에서 반응의 결정인 중 인간운동반응(M)에 대한 설명으로 옳지 <u>않은</u> 것은?

① M 반응이 많은 사람은 행동이 안정되어 있고 능력이 뛰어남을 나타낸다.

② M 반응이 많을수록 그 사람은 그의 세계의 지각을 풍부하게 만들기 위해 자유롭게 구사할 수 있는 상상력을 지니고 있다.

③ 상쾌한 기분은 M 반응의 수를 증가시킨다.

④ 좋은 형태의 수준을 가진 M의 출현은 높은 지능의 존재를 부정하는 것이며 가능한 M이 많이 나타난다는 사실은 낮은 지능을 의미한다.

054 MMPI-2의 자아 강도 척도(ego strength scale)에 관한 설명으로 <u>틀린</u> 것은?

① 정신치료의 성공여부를 예측하기 위해 고안되었다.

② 개인의 전반적인 기능수준과 상관이 있다.

③ 효율적인 기능과 스트레스를 견디는 능력을 반영한다.

④ F 척도가 높을수록 자아 강도 척도의 점수는 높아진다.

055 MMPI-2 검사를 실시할 때 고려해야 할 사항으로 옳지 않은 것은?

① 검사의 목적과 결과의 비밀보장에 대해 설명한다.

② 검사 결과는 환자와 치료자에게 중요한 자료가 됨을 강조할 필요가 있다.

③ 수검자들이 피로해있지 않는 시간대를 선택한다.

④ 수검자의 독해력은 중요하지 않다.

056 신경심리검사의 실시에 대한 설명으로 옳은 것은?

① 두부 외상이나 뇌졸중 환자의 경우에는 급성기에 바로 검사를 실시하는 것이 바람직하다.

② 어려운 검사는 피로가 적은 상태에서 실시하고 어려운 검사와 쉬운 검사를 교대로 실시하는 것이 좋다.

③ 운동 기능을 측정하는 검사는 과제제시와 검사 사이에 간섭과제를 사용한다.

④ 진행성 뇌질환의 경우 6개월 정도가 지난 후에 정신상태와 인지기능을 평가하는 것이 바람직하다.

057 타당도에 관한 설명으로 틀린 것은?

① 준거타당도는 검사점수와 외부 측정에서 얻은 일련의 수행을 비교함으로써 결정된다.

② 준거타당도는 경험타당도 또는 예언타당도라고 불리기도 한다.

③ 구성타당도는 측정될 구성개념에 대한 평가도구의 대표성과 적합성을 말한다.

④ 구성타당도는 내용 및 준거타당도 접근법에서 직면하게 될 부적합성 및 문제점을 해결하기 위해 개발되었다.

058 지능을 구성하는 요인에 관한 Cattell과 Horn의 이론 중 결정화된 지능(crystallized intelligence)에 관한 설명으로 옳은 것은?

① 비언어적 요인과 관련된 능력을 말한다.

② 후천적이기 보다는 선천적으로 이미 결정화된 지능의 측면을 말한다.

③ 나이가 들어감에 따라 낮아진다.

④ 문화적 요인에 의해 더 많은 영향을 받는다.

059 적성검사에 관한 설명으로 옳지 <u>않은</u> 것은?

① 개인의 특수한 영역에서의 능력을 측정한다.

② 적성검사는 능력검사로 불리기도 한다.

③ 적성검사는 개인의 미래수행을 예측하는데 사용된다.

④ 학업적성은 실제 학업성취도와 일치한다.

060 K-WISC-IV에서 인지효능지표에 포함되는 소검사가 <u>아닌</u> 것은?

① 숫자   ② 행렬 추리

③ 기호쓰기   ④ 순차연결

061 강제입원, 아동 양육권, 여성에 대한 폭력, 배심원 선정 등의 문제에 특히 관심을 가지는 심리학 영역은?

① 아동임상심리학

② 임상건강심리학

③ 법정심리학

④ 행동의학

062 MMPI-2의 타당도 척도 중 부정 왜곡을 통해 극단적인 수준으로 정신병적 문제가 있음을 나타내려는 경우에 상승되는 것은?

① S scale

② F(P) scale

③ TRIN scale

④ VRIN scale

063 역할-연기에 대한 설명과 가장 거리가 먼 것은?

① 주장 훈련과 관련이 있다.

② 사회적 기술을 포함하고 있다.

③ 행동시연을 해야 한다.

④ 이완 훈련을 해야 한다.

064 미국에서 임상심리가 비약적으로 발전하게 된 계기가 된 것은?

① 자원봉사자들의 활동

② 루스벨트 대통령의 후원

③ 제2차 세계대전

④ 매카시즘의 등장

065 임상심리사로서 전문적인 관계를 유지하는데 바람직한 지침사항과 가장 거리가 먼 것은?

① 다른 전문직에 종사하는 동료들의 욕구, 특수한 능력, 그리고 의무에 대하여 적절한 관심을 가져야 한다.

② 동료 전문가와 관련된 단체나 조직의 특권 및 의무를 존중하여 행동하여야 한다.

③ 소비자의 최대이익에 기여하는 모든 자원들을 활용해야 한다.

④ 동료 전문가의 윤리적 위반가능성을 인지하면 즉시 해당 전문가 단체에 고지해야 한다.

066 시각적 처리와 시각적으로 중재된 기억의 일부 측면에 관여하는 뇌의 위치는?

① 두정엽
② 후두엽
③ 전두엽
④ 측두엽

067 불안에 관한 노출치료의 내용과 가장 거리가 먼 것은?

① 노출은 불안을 더 일으키는 자극에서 낮은 불안을 일으키는 자극 순으로 진행되어야 한다.
② 노출은 공포, 불안이 제거될 때까지 반복되어야 한다.
③ 노출은 불안을 유발해야 한다.
④ 환자는 될 수 있는 한 공포스러운 자극에 주의를 기울이고 그 자극과 관계를 맺도록 노력해야 한다.

068 다음의 설명에 해당하는 것은?

> 불안을 유발하는 기억과 통찰을 무의식적으로 억압하거나 회피하려는 시도로 치료 기간에 잦은 지각이나 침묵과 의사소통의 회피 등을 보인다.

① 합리화
② 전이
③ 저항
④ 투사

069 행동평가에 관한 설명으로 가장 적합한 것은?

① 자연적인 상황에서 실제 발생한 것만을 대상으로 평가한다.
② 행동표본은 내면심리를 반영한 것으로 해석된다.
③ 특정 표적행동의 조작적 정의가 상이할 수 있음을 고려해야 한다.
④ 관찰 결과는 요구특성이나 피험자의 반응성 요인과는 무관하다.

070 문장완성검사에 관한 설명으로 틀린 것은?

① 수검자의 자기개념, 가족관계 등을 파악할 수 있다.
② 수검자의 검사자극의 내용을 감지할 수 없도록 구성되어 있다.
③ 수검자에 따라 각 문항의 모호함 정도는 달라질 수 있다.
④ 개인과 집단 모두에게 실시될 수 있다.

071 심리치료 이론 중 전이와 역전이의 중요성을 강조하고 치료에 활용하는 접근은?

① 정신분석적 접근　　　　　　　② 행동주의적 접근
③ 인본주의적 접근　　　　　　　④ 게슈탈트적 접근

072 인간중심치료에 대한 설명으로 적합하지 않은 것은?

① 인간중심접근은 개인의 독립과 통합을 목표로 삼는다.
② 인간 중심적 상담(치료)은 치료과정과 결과에 대한 연구관심사를 포괄하면서 개발되었다.
③ 치료자는 주로 내담자의 자기와 세계에 대한 인식에 주로 관심을 가진다.
④ 내담자가 정상인인가, 신경증 환자인가, 정신병 환자인가에 따라 각기 다른 치료원리가 적용된다.

073 임상심리사가 수행하는 역할과 가장 거리가 먼 것은?

① 심리치료상담　　　　　　　　② 심리검사
③ 언어치료　　　　　　　　　　④ 심리재활

074 다음에 해당하는 관찰법은?

> - 문제행동의 빈도, 강도, 만성화된 문제행동을 유지시키는 요인들을 실제장면에서 관찰하는데 효과적이다.
> - 시간과 비용이 많이 들며 대부분의 사람들은 자신들이 관찰된다는 것을 알고 있을 때 다르게 행동한다.

① 자연 관찰법　　　　　　　　　② 통제된 관찰법
③ 자기 관찰법　　　　　　　　　④ 연합 관찰법

075 다음에 해당하는 자문의 유형은?

> 주의력 결핍장애를 가진 아동의 혼란된 행동을 다루는 방법을 확신하지 못하고 있는 초등학교 3학년 담임교사에게 자문을 해주었다.

① 내담자 중심 사례 자문　　　　② 프로그램 중심 행정 자문
③ 피자문자 중심 사례 자문　　　④ 자문자 중심 행정 자문

076 합동가족치료에 대한 설명으로 <u>틀린</u> 것은?

① 비행 청소년들과 그들의 가족들을 위한 개입법으로 개발되었다.

② 한 치료자가 가족전체를 동시에 본다.

③ 치료자는 상황에 따라 비지시적인 역할을 알 수 있다.

④ 치료자는 가족 구성원에게 과제를 준다.

077 Rogers가 제안한 내담자의 긍정적 변화를 촉진시키기 위한 치료자의 3가지 조건에 해당하지 <u>않는</u> 것은?

① 무조건적 존중　　　　　　　　　② 정확한 공감

③ 창의성　　　　　　　　　　　　　④ 솔직성

078 접수면접의 목적에 대한 설명으로 가장 적합한 것은?

① 환자의 심리적 기능 수준과 망상, 섬망 또는 치매와 같은 이상 정신현상의 유무를 선별하기 위해 실시한다.

② 가장 적절한 치료나 중재 계획을 권고하고 환자의 증상이나 관심을 더 잘 이해하기 위해 실시한다.

③ 환자가 중대하고 외상적이거나 생명을 위협하는 위기에 있을 때 그 상황에서 구해내기 위해서 실시한다.

④ 환자가 보고하는 증상들과 문제들을 진단으로 분류하기 위해서 실시한다.

079 불안장애를 지닌 내담자에게 적용한 체계적 둔감법의 단계를 바르게 나열한 것은?

> ㄱ. 이완 상태에서 가장 낮은 위계의 불안자극에 노출한다.
> ㄴ. 이완 상태에서 더 높은 위계의 불안자극에 노출한다.
> ㄷ. 불안 자극의 위계를 정한다.
> ㄹ. 불안 상태와 양립 불가능하여 불안을 억제하는 효과를 지닌 이완기법을 배운다.

① ㄱ → ㄴ → ㄷ → ㄹ　　　　　　② ㄴ → ㄱ → ㄴ → ㄹ

③ ㄷ → ㄹ → ㄱ → ㄴ　　　　　　④ ㄹ → ㄱ → ㄴ → ㄷ

080 평가면접에서 면접자의 태도에 대한 설명으로 <u>틀린</u> 것은?

① 수용 : 내담자의 가치에 대한 기본적인 존중과 관련되어 있다.

② 해석 : 면접자가 자신의 내면과 부합하는 심상을 수용하는 것과 관련되어 있다.

③ 이해 : 내담자의 관점에서 세계를 보기 위한 노력과 관련되어 있다.

④ 진실성 : 면접자의 내면과 부합하는 것을 전달하는 정도와 관련되어 있다.

081 다음 사례에서 사용된 행동주의 상담기법은?

> 내담자는 낮은 학업 성적으로 인해 학교 적응에 어려움을 겪고 있다. 상담자는 내담자가 평소 컴퓨터 게임하는 것을 매우 좋아한다는 사실을 알았다. 상담자는 내담자가 하루 계획한 학습량을 달성하는 경우, 컴퓨터 게임을 30분 동안 하도록 개입하였다.

① 자기교수훈련, 정적강화
② 프리맥의 원리, 정적강화
③ 체계적 둔감법, 자기교수훈련
④ 자극통제, 부적강화

082 보딘(Bordin)이 제시한 작업동맹(working alliance)의 3가지 측면이 옳은 것은?

① 작업의 동의, 진솔한 관계, 유대관계
② 진솔한 관계, 유대관계, 서로에 대한 호감
③ 유대관계, 작업의 동의, 목표에 대한 동의
④ 서로에 대한 호감, 동맹, 작업의 동의

083 인간중심상담에 관한 설명으로 옳지 <u>않은</u> 것은?

① 모든 인간에게 실현경향성이 있다고 보는 긍정적 인간관을 지닌다.
② 이상적 자기와 현실적 자기 간의 괴리가 큰 경우 심리적 부적응이 발생한다고 본다.
③ 상담자가 내담자에 대해 무조건적 긍정적 존중의 태도를 지니는 것을 강조한다.
④ 아동은 부모의 기대와 가치를 내면화하여 현실적인 자기를 형성한다.

084 정신분석적 상담기법 중 상담진행을 방해하고 현재 상태를 유지하려는 의식적, 무의식적 생각, 태도, 감정, 행동을 의미하는 것은?

① 전이   ② 저항
③ 해석   ④ 훈습

085 Krumboltz가 제시한 상담의 목표에 해당하지 <u>않는</u> 것은?

① 내담자가 요구하는 목표이어야 한다.

② 상담자의 도움을 통해 내담자가 달성할 수 있는 목표이어야 한다.

③ 내담자가 상담목표 성취의 정도를 평가할 수 있어야 한다.

④ 모든 내담자에게 동일하게 적용될 수 있는 목표이어야 한다.

086 상담 진행과정에 관한 설명으로 옳지 <u>않은</u> 것은?

① 초기 : 비자발적 내담자의 경우 상담목표를 설정하지 않음

② 중기 : 내담자가 자신의 문제를 이해하고 반복적인 학습이 일어남

③ 중기 : 문제 해결 과정에서 저항이 나타날 수 있음

④ 종결기 : 상담 목표를 기준으로 상담성과를 평가함

087 글래서의 현실치료 이론에서 가정하는 기본적인 욕구가 <u>아닌</u> 것은?

① 생존의 욕구   ② 권력의 욕구

③ 자존감의 욕구   ④ 재미에 대한 욕구

088 내담자의 현재 상황에서의 욕구와 체험하는 감정의 자각을 중요시하는 상담이론은?

① 인간중심 상담   ② 게슈탈트 상담

③ 교류분석 상담   ④ 현실치료 상담

089 위기개입전략으로 옳지 <u>않은</u> 것은?

① 내담자가 즉각적인 욕구에 주목한다.

② 내담자와 진실한 관계를 형성하는 것이 중요하다.

③ 위기개입 시 현재 상황과 관련된 과거에 초점을 맞춘다.

④ 각각의 내담자와 위기를 독특한 것으로 보고 반응한다.

090 도박중독의 심리·사회적 특징에 대한 설명으로 옳은 것은?

① 도박 중독자들은 대체로 도박에만 집착할 뿐 다른 개인적인 문제를 가지지 않는다.

② 도박 중독자들은 직장에서 도박 자금을 마련하기 위해 남보다 더 열심히 노력한다.

③ 심리적 특징으로 단기적인 만족을 추구하기보다는 장기적인 만족을 추구한다.

④ 도박행동에 문제가 있음을 인정하지 않고 변명하려 든다.

091 학업상담의 특징에 관한 설명으로 <u>틀린</u> 것은?

① 비자발적 내담자가 많다.

② 부모의 관여가 적절한 수준과 형태로 이루어지도록 돕는다.

③ 학습의 영역에서 문제가 발생하였으므로 문제의 원인은 인지적인 것이다.

④ 학습과정에서 겪는 문제를 통합적으로 해결하여 유능한 학습자가 되도록 조력하는 과정이다.

092 상담자의 윤리에 관한 설명으로 <u>틀린</u> 것은?

① 비밀보장은 상담진행 과정 중 가장 근본적인 윤리기준이다.

② 내담자의 윤리는 개인 상담뿐만 아니라 집단상담이나 가족상담에서도 고려되어야 한다.

③ 상담여부를 결정하는 것은 내담자이며 상담자는 내담자에게 정확한 정보를 제공해야 한다.

④ 상담이론과 기법은 반복적으로 검증된 것이므로 시대 및 사회여건과 무관하게 적용해야 한다.

093 성희롱 피해 경험으로 인해 분노, 불안, 수치심을 느끼고 대인관계를 기피하는 내담자에 대한 초기 상담 개입 전략으로 옳지 <u>않은</u> 것은?

① 분노상황을 탐색하고 호소 문제를 구체화한다.

② 불안감소를 위해 이완 기법을 실시한다.

③ 수치심과 관련된 감정을 반영해 준다.

④ 대인관계 문제 해결을 위해 가해자에 대한 공감 훈련을 한다.

094 청소년 비행의 원인을 사회학적 관점에서 설명하는 이론이 <u>아닌</u> 것은?

① 아노미이론   ② 사회통제이론

③ 욕구실현이론   ④ 하위문화이론

095 교류분석에서 치료의 바람직한 목표인 치유의 4단계에 해당되지 <u>않는</u> 것은?

① 계약의 설정　　　　　　　　　　　　② 증상의 경감
③ 전이의 치유　　　　　　　　　　　　④ 각본의 치유

096 진로상담에서 진로 미결정 내담자를 위한 개입방법과 비교하여 우유부단한 내담자에 대한 개입방법이 갖는 특징이 <u>아닌</u> 것은?

① 장기적인 계획 하에 상담해야 한다.
② 대인관계나 가족 문제에 대한 개입이 필요하다.
③ 정보제공이나 진로선택에 관한 문제를 명료화하는 개입이 효과적이다.
④ 문제의 기저에 있는 역동을 이해하고 감정을 반영하는 것이 효과적이다.

097 다음에서 설명하는 용어로 옳은 것은?

> 두 약물의 약리작용 및 작용부위가 유사하여, 한 가지 약물에 대해 내성이 생긴 경우, 다른 약물을 투여해도 동일한 효과를 나타내는 현상

① 강화　　　　　　　　　　　　　　　② 남용
③ 교차내성　　　　　　　　　　　　　④ 공동의존

098 심리학 지식을 상담이나 치료의 목적으로 활용하기 위해 최초의 심리클리닉을 펜실베니아 대학교에 설립한 사람은?

① 위트머(Witmer)　　　　　　　　　② 볼프(Wolpe)
③ 스키너(Skinner)　　　　　　　　　④ 로저스(Rogers)

099 Ellis의 ABCDE 모형에 관한 설명으로 옳은 것은?

① A : 문제 장면에 대한 내담자의 신념
② B : 선행사건
③ C : 정서적·행동적 결과
④ D : 새로운 감정과 행동

100 다음 설명에 해당하는 기법은?

> - 공통의 관심사를 공유함으로써 집단응집력을 촉진한다.
> - 연계성에 주목하며 집단원 간의 상호작용을 촉진한다.
> - 집단원의 말과 행동을 다른 집단원의 관심사나 공통점과 관련짓는다.

① 해석하기   ② 연결하기
③ 반영하기   ④ 명료화하기

제3회 임상심리사 2급 필기 기출문제

정답 및 해설 p.337

제1과목 | 심리학개론

001 기질과 애착에 관한 설명으로 틀린 것은?

① 불안정-회피애착 아동은 주양육자에게 과도한 집착을 보인다.

② 내적작동모델은 아동의 대인관계에 대한 지표 역할을 한다.

③ 기질은 행동 또는 반응의 개인차를 설명해 주는 생물학적 기초를 가지고 있다.

④ 주양육자가 아동의 기질을 고려하여 적절하게 양육한다면 아동의 까다로운 기질이 반드시 불안정 애착으로 이어지는 것은 아니다.

002 다음 중 온도나 지능검사의 점수를 측정할 때 사용되는 척도는?

① 명목척도

② 서열척도

③ 등간척도

④ 비율척도

003 기억의 인출과정에 대한 설명으로 틀린 것은?

① 인출이 이후의 기억을 증가시킬 수 있다.

② 장기기억에서 한 항목을 인출한 것이 이후에 관련된 항목의 회상을 방해할 수 있다.

③ 인출행위가 경험에서 기억하는 것을 변화시킬 수 있다.

④ 기분과 내적상태는 인출단서가 될 수 없다.

004 인상형성에 관한 설명으로 **틀린** 것은?

① 인상형성 시 정보처리를 할 때 최소의 노력으로 빨리 처리하려고 하기 때문에 많은 오류나 편향을 나타내는데, 이러한 현상에서 인간을 '인지적 구두쇠'라고 보는 입장도 있다.

② 내현성격이론은 사람들이 인상형성을 할 때 타인과 관련된 다양한 정보를 통합적이고 객관적으로 평가하는 것을 말한다.

③ Anderson은 인상형성과 관련하여 가중평균모형을 주장했다.

④ 인상형성 시 긍정적인 정보보다 부정적인 정보가 더 큰 영향을 미치는데, 이를 부정성효과라고 한다.

005 Freud가 설명한 인간의 3가지 성격 요소 중 현실 원리를 따르는 것은?

① 원초아 　　　　　　　　　　　② 자아
③ 초자아 　　　　　　　　　　　④ 무의식

006 성격의 결정요인에 관한 설명으로 **틀린** 것은?

① 유전적 영향에 대한 증거는 쌍생아 연구에 근거하고 있다.

② 초기 성격이론가들은 환경적 요인을 강조하여 체형과 기질을 토대로 성격을 분류하였다.

③ 환경적 요인이 성격에 영향을 주는 방식은 학습이론의 맥락에서 이해할 수 있다.

④ 성격은 유전적 요인과 환경적 요인의 상호작용에 의하여 결정된다.

007 훈련받은 행동이 빨리 습득되고 높은 비율로 오래 유지되는 강화계획은?

① 고정비율계획 　　　　　　　　② 고정간격계획
③ 변화비율계획 　　　　　　　　④ 변화간격계획

008 조사연구에서, 참가자의 인지기능을 측정하기 위해 그가 가입한 정당을 묻는 것은 어떤 점에서 가장 문제가 되는가?

① 안면 타당도 　　　　　　　　　② 외적 타당도
③ 공인 타당도 　　　　　　　　　④ 예언 타당도

009 단기기억의 특징이 <u>아닌</u> 것은?

① 용량이 제한되어 있다.
② 절차기억이 저장되어 있다.
③ 정보를 유지하는 시간이 제한되어 있다.
④ 망각의 일차적 원인은 간섭이다.

010 현상학적 이론에 대한 설명으로 <u>틀린</u> 것은?

① 인간을 성취를 추구하는 존재로 파악한다.
② 인간을 자신의 환경에 굴복하지 않고 오히려 환경을 통제하고 조정할 수 있는 적극적인 힘을 갖고 있는 존재로 파악한다.
③ 현재 개인이 경험하고, 느끼고, 행동하는 것이 중요하며, 개인의 진정한 모습을 이해하는 것도 이를 통해 가능하다고 본다.
④ 인간은 타고난 욕구에 끌려 다니는 존재로 간주한다.

011 자신과 타인의 휴대폰 소리를 구별하거나 식용버섯과 독버섯을 구별하는 것은?

① 변별 ② 일반화
③ 행동조형 ④ 차별화

012 표본의 크기에 관한 설명으로 <u>틀린</u> 것은?

① 모집단이 동질적일수록 표본 크기는 작아도 된다.
② 동일한 조건에서 표본의 크기가 클수록 통계적 검증력은 증가한다.
③ 사례수가 작으면 표준오차가 커지므로 작은 '크기의 효과를 탐지할 수 있다.
④ 측정도구의 신뢰도가 낮을 경우 대규모 표본을 이용하는 것이 효과적이다.

013 발달의 일반적 특징으로 <u>틀린</u> 것은?

① 발달은 이전 경험의 누적에 따른 산물이다.
② 한 개인의 발달은 역사·문화적 맥락의 영향을 받는다.
③ 발달의 각 영역은 상호의존적이기보다는 서로 배타적이다.
④ 대부분의 발달적 변화는 성숙과 학습의 산물이다.

014 고전적 조건형성에 대한 설명으로 맞는 것은?

① 중립자극은 무조건 자극 직후에 제시되어야 한다.

② 행동변화의 효과를 거두기 위해서는 적절한 반응의 수나 비율에 따라 강화가 이루어져야 한다.

③ 적절한 행동은 즉시 강화하고, 부적절한 행동은 무시함으로써, 새로운 행동을 가르칠 수 있다.

④ 대부분의 정서적인 반응들은 고전적 조건형성을 통해 학습될 수 있다.

015 정신분석의 방어기제 중 투사에 해당하는 것은?

① 아주 위협적이고 고통스러운 충동이나 기억을 의식에서 추방시키는 것

② 반대되는 동기를 강하게 표현함으로써 자신의 동기를 숨기는 것

③ 자신이 가진 바람직하지 않은 자질들을 과장하여 다른 사람에게 부여하는 것

④ 불쾌한 현실이 있음을 부정하는 것

016 다음과 같은 연구의 종류는?

> A는 '정장 복장' 스타일과 '캐주얼 복장' 스타일 중 어떤 옷이 면접에서 더 좋은 점수를 얻게 하는지 살펴보고자 한다. A는 대학생 100명을 모집하고, 이들을 컴퓨터를 이용해 '정장 복장' 조건에 50명, '캐주얼 복장' 조건에 50명을 무선으로 배정한 후, 실제 취업면접처럼 면접자를 섭외하고 한 면접에 3명의 면접자를 배정하여 면접을 진행하였다. 이후 각 학생들이 면접자들에게 얻은 점수의 평균을 조사하였다.

① 사례연구

② 상관연구

③ 실험연구

④ 혼합연구

017 성격심리학의 주요한 모델인 성격 5요인에 대한 설명으로 옳은 것은?

① 5요인에 대한 개인차에서 유전적 요인은 찾아볼 수 없다.

② 성실성 점수가 높은 사람의 경우 행동을 계획하고 통제하는 것을 돕는 전두엽의 면적이 더 큰 경향이 있다.

③ 뇌의 연결성은 5요인의 특질에 영향을 미치지 않는다.

④ 정서적 불안정성인 신경증은 일생동안 계속해서 증가하고 성실성, 우호성, 개방성과 외향성은 감소한다.

018 대뇌의 우반구가 손상되었을 때 주로 영향을 받게 될 능력은?

① 통장잔고 점검　　　　　　　　　② 말하기
③ 얼굴 재인　　　　　　　　　　　④ 논리적 문제해결

019 비행기 여행에 두려움을 가지고 있는 환자의 경우, 정신분석적 입장에서 볼 때 이 두려움의 주된 원인으로 가정할 수 있는 것은?

① 두려운 느낌을 갖게 만드는 무의식적 갈등의 전이
② 어린 시절 사랑하는 부모에게 닥친 비행기 사고의 경험
③ 비행기의 추락 등 비행기 관련 요소들의 통제 불가능성
④ 자율신경계 등 생리적 활동의 이상

020 귀인이론에 관한 설명으로 틀린 것은?

① 성공 상황에서 노력 요인으로 귀인할 경우 학습 행동을 동기화 할 수 있다.
② 귀인 성향은 과거 성공, 실패 상황에서의 반복적인 원인 탐색 경험에 의해 형성된다.
③ 귀인의 결과에 따라 자부심. 죄책감. 수치심 등의 정서가 유발되기도 한다.
④ 능력 귀인은 내적, 안정적, 통제 가능한 귀인 유형으로 분류된다.

021 반사회성 인격장애의 진단기준이 <u>아닌</u> 것은?

① 반사회적 행동은 조현병이나 양극성 장애의 경과 중에만 발생되지는 않는다.
② 10세 이전에 품행장애의 증거가 있어야 한다.
③ 사회적 규범을 지키지 못한다.
④ 충동성과 무계획성을 보인다.

022 이상행동 및 정신장애의 판별기준과 가장 거리가 <u>먼</u> 것은?

① 적응적 기능의 저하 및 손상
② 주관적 불편감과 개인의 고통
③ 가족의 불편감과 고통
④ 통계적 규준의 일탈

023 알츠하이머병으로 인한 신경인지장애와 주요우울장애의 증상 구분에 관한 설명으로 옳은 것은?

① 알츠하이머병으로 인한 신경인지장애는 기억 손실을 감추려는 시도를 하는데 반해 주요우울장애에서는 기억손실을 불평한다.
② 알츠하이머병으로 인한 신경인지장애는 자기의 무능이나 손상을 과장하는데 반해 주요우울장애에서는 숨기려 한다.
③ 주요우울장애보다 알츠하이머병으로 인한 신경인지장애에서 알코올 등의 약물남용이 많다.
④ 주요우울장애에서는 증상의 진행이 고른데 반해 알츠하이머병으로 인한 신경인지장애에서는 몇 주 안에도 진행이 고르지 못하다.

024 회피성 성격장애에서 나타나는 대인관계 특징은?

① 자신의 목적을 달성하기 위해서 타인을 이용한다.
② 타인에게 과도하게 매달리고 복종적인 경향을 띤다.
③ 친밀한 관계를 바라지도 않으며 타인의 칭찬이나 비판에 무관심해 보인다.
④ 비판이나 거절, 인정받지 못함 등에 대한 두려움이 특징적이다.

025 다음 중 치매의 원인에 따른 유형으로 볼 수 없는 것은?

① 알츠하이머 질환   ② 혈관성 질환
③ 파킨슨 질환   ④ 페닐케톤뇨증

026 우울장애에 대한 설명으로 옳지 않은 것은?

① 주요우울장애의 발병은 20대에 최고지를 보인나.
② 주요우울장애의 유병율은 남자보다 여자에게서 더 높다.
③ 노르에피네프린이나 세로토닌 같은 신경전달물질이 우울장애와 관련된다.
④ 적어도 1년 동안 심하지 않은 우울을 지속적으로 경험할 때 지속성 우울장애로 진단한다.

027 양극성 장애에 대한 설명으로 틀린 것은?

① 주증 상태에서는 사고의 비약 등의 사고장애가 나타난다.
② 우울증 상태에서는 자살을 시도하기도 한다.
③ 조증은 서서히, 우울증은 급격히 나타난다.
④ 조증과 우울증이 반복되는 장애이다.

028 사람이 스트레스 장면에 처하게 되면 일차적으로 불안해지고 그 장면을 통제할 수 없게 되면 우울해진다고 할 때 이를 설명하는 이론은?

① 학습된 무기력 이론   ② 실존주의 이론
③ 사회문화적 이론   ④ 정신분석 이론

029 알코올 사용장애에 관한 설명으로 틀린 것은?

① 금단 증상은 과도하게 장기간 음주하던 것을 줄이거나 양을 줄인지 4 - 12시간 정도 후 나타나는 것이 특징이다.
② 장기간의 알코올 사용에 따르는 비타민 B의 결핍은 극심한 혼란, 작화반응 등을 특징으로 하는 헌팅턴병을 유발할 수 있다.
③ 알코올은 중추신경계에서 다양한 뉴런과 결합하여 개인을 진정시키는 효과를 가져온다.
④ 아시아인들은 알코올을 분해하는 탈수소효소가 부족하여 알코올 섭취 시 부정적인 반응이 쉽게 나타난다.

030 신체증상 및 관련 장애에 관한 설명으로 <u>틀린</u> 것은?

① 전환장애는 스트레스 요인이 동반되지 않는 경우도 있다.

② 신체증상장애는 일상에 중대한 지장을 일으키는 신체증상이 존재한다.

③ 질병불안장애는 심각한 질병에 걸렸다는 집착이 6개월 이상 지속된다.

④ 허위성 장애는 외적 보상이 쉽게 확인된다.

031 DSM-5의 조현병 진단기준에 해당하지 <u>않는</u> 것은?

① 망상이나 환각 등의 특징적 증상들이 2개 이상 1개월의 기간 동안 상당 시간에 존재한다.

② 직업, 대인관계 등 주요한 생활영역에서의 기능 수준이 발병 전에 비해 현저하게 저하된다.

③ 장애의 지속적 징후가 적어도 3개월 이상 계속된다.

④ 장애가 물질의 생리적 효과나 다른 의학적 상태로 인한 것이 아니다.

032 성도착장애에 관한 설명으로 <u>틀린</u> 것은?

① 물품음란장애는 여성보다 남성에게서 훨씬 더 많이 나타난다.

② 동성애를 하위 진단으로 포함한다.

③ 복장도착장애는 강렬한 성적흥분을 위해 이성의 옷을 입는 것이다.

④ 관음장애는 대부분 15세 이전에 발견되며 지속되는 편이다.

033 조현병의 양성 증상에 포함되지 <u>않는</u> 것은?

① 망상   ② 환각

③ 와해된 언어   ④ 둔화된 정서

034 이상행동의 원인을 다음과 같이 설명하는 이론은?

- 인간의 감정과 행동은 객관적, 물리적 현실보다 주관적, 심리적 현실에 의해서 결정된다.
- 정신장애는 인지적 기능의 편향 및 결손과 밀접하게 연관되어 있다.

① 정신분석이론   ② 행동주의 이론

③ 인지적 이론   ④ 인본주의 이론

035 다음 사례에 가장 적절한 진단명은?

> A는 중소기업에서 일하는 직원이다. 오늘은 동료 직원 B가 새로운 상품에 대해서 발표하기로 했는데, 결근을 해서 A가 대신 발표하게 되었다. 평소 A는 다른 사람들이 자신의 발표에 대해 나쁘게 평가할 것 같아 다른 사람 앞에서 발표하기를 피해왔다. 발표시간이 다가오자 온 몸에 땀이 쏟아지고, 숨 쉬기가 어려워졌으며, 곧 정신을 잃고 쓰러질 것 같이 느껴졌다.

① 범불안장애   ② 공황장애
③ 강박장애   ④ 사회불안장애

036 품행장애에 대한 설명으로 틀린 것은?

① 발병연령은 일반적으로 7-15세이며, 이 진단을 받은 아동 중 3/4은 소년이다.
② 주요한 사회적 규범을 위반하고 다른 사람들의 기본적인 권리를 종종 침해한다.
③ 사람이나 동물에 대한 공격적 행동, 절도나 심각한 거짓말 등이 전형적인 행동이다.
④ 청소년기 발병형은 아동기 발병형에 비해 성인기까지 지속되는 경향이 있다.

037 물질 관련 장애에 포함되지 <u>않는</u> 것은?

① 알코올 중도(intoxication)
② 대마계(칸나비스) 사용장애(use disorder)
③ 담배 중독(intoxication)
④ 아편계 금단(withdrawal)

038 지적장애에 관한 설명으로 옳지 <u>않은</u> 것은?

① 지적장애 중 가장 많은 비율을 차지하는 것을 경도의 지적장애이다.
② 지적장애를 일으키는 염색체 이상 중 가장 일반적인 것은 다운증후군에 의한 것이다.
③ 최고도의 지적장애인 경우, 훈련을 해도 걷기, 약간의 말하기, 스스로 먹기 같은 기초기술을 배우거나 나아질 수 없다.
④ 경도의 지적장애를 가진 아동의 경우, 자기관리는 연령에 적합하게 수행할 수 있다.

039 배설장애 중 유뇨증에 관한 설명으로 <u>틀린</u> 것은?

① 반복적으로 불수의적으로 잠자리나 옷에 소변을 본다.

② 유병률은 5세에서 5~10%, 10세에서 3~5%이며, 15세 이상에서는 약 1% 정도이다.

③ 야간 유뇨증은 여성에서 더 흔하다.

④ 야간 유뇨증은 종종 REM수면 단계 동안 일어난다.

040 광장공포증에 관한 설명으로 가장 적합한 것은?

① 광장공포증의 남녀 간의 발병비율은 비슷한 수준이다.

② 아동기에 발병률이 가장 높다.

③ 광장공포증이 있으면 공황장애는 진단할 수 없다.

④ 공포, 불안, 회피 반응은 전형적으로 6개월 이상 지속된다.

041 집-나무-사람(HTP) 검사에 관한 설명으로 맞는 것은?

① 집, 나무 사람의 순서대로 그리도록 한다.
② 각 그림마다 시간제한을 두어야 한다.
③ 문맹자에게는 실시할 수 없다.
④ 머레이(H. Murray)가 개발하였다.

042 다음 환자는 뇌의 어떤 부위가 손상되었을 가능성이 높은가?

> 30세 남성이 운전 중 중앙선을 침범한 차량과 충돌하여 두뇌 손상을 입었다. 이후 환자는 매사 의욕이 없고, 할 수 있는데도 불구하고 어떤 행동을 시작하려고 하지 않으며, 계획을 세우거나 실천하는 것이 거의 안 된다고 한다.

① 측두엽   ② 후두엽
③ 전두엽   ④ 두정엽

043 지능의 개념에 관한 연구자와 주장의 연결이 <u>틀린</u> 것은?

① Wechsler - 지능은 성격과 분리될 수 없다.
② Horn - 지능은 독립적인 7개 요인으로 이루어져 있다.
③ Cattell - 지능은 유동적 지능과 결정화된 지능으로 구분할 수 있다.
④ Spearman - 지적 능력에는 g요인과 s요인이 존재한다.

044 선로 잇기 검사(Trail Making Test)는 대표적으로 어떤 기능 또는 능력을 측정하기 위해 고안된 검사인가?

① 주의력   ② 기억력
③ 언어능력   ④ 시공간처리능력

045 로샤(Rorschach) 검사의 엑스너(J. Exner) 종합체계에서 유채색 반응이 <u>아닌</u> 것은?

① C'   ② CF
③ FC   ④ Cn

046 WAIS-IV의 소검사 중 언어이해 지수 척도의 보충 소검사에 해당되는 것은?

① 공통성   ② 상식
③ 어휘   ④ 이해

047 심리검사의 윤리에 관한 설명으로 **틀린** 것은?

① 자격을 갖춘 사람이 심리검사를 실시해야 한다.
② 검사 동의를 구할 때에는 비밀유지의 한계에 대해 알려야 한다.
③ 동의할 능력이 없는 사람에게도 평가의 본질과 목적을 알려야 한다.
④ 자동화된 서비스를 사용할 경우 검사자는 평가의 해석에 대한 책임을 지지 않는다.

048 지능에 대한 설명으로 **틀린** 것은?

① 아동기의 전반적인 인지발달은 청소년기보다 그 속도가 느리다.
② 발달규준에서는 수검자의 생활연령과 정신연령을 함께 표기한다.
③ 편차IQ는 집단 내 규준에 속한다.
④ 추적규준은 연령별로 동일한 백분위를 갖는다고 가정한다.

049 카우프만 아동용지능검사(K-ABC)에 관한 설명으로 **틀린** 것은?

① 정보처리적인 이론적 관점에서 제작되었다.
② 성취도를 평가할 수도 있다.
③ 언어적 기술에 덜 의존하므로 언어능력의 문제가 있는 아동에게 적합하다.
④ 아동용 웩슬러지능검사(WISC)와 동일한 연령대의 아동을 대상으로 한다.

050 MMPI 제작 방식에 관한 설명으로 옳은 것은?

① 정신병리 이론을 바탕으로 하여 제작되었다.
② 합리적·이론적 방식을 결합하여 제작되었다.
③ 정신장애군과 정상군을 변별하는 통계적 결과에 따라 경험적 방식으로 제작되었다.
④ 인성과 정신병리와의 상관성에 대한 선행연구 결과들을 바탕으로 하여 제작되었다.

051 표준점수에 관한 설명으로 <u>틀린</u> 것은?

① 대표적인 표준점수로는 Z점수가 있다.

② 표준점수는 원점수를 직선변환하여 얻는다.

③ 웩슬러지능검사의 IQ수치도 일종의 표준점수이다.

④ Z점수가 0이라는 것은 그 사례가 해당 집단의 평균치보다 1표준편차 위에 있다는 것을 의미한다.

052 노년기 인지발달에 관한 설명으로 옳은 것은?

① 정보처리 속도가 크게 증가한다.

② 결정지능의 감퇴가 유동지능보다 현저해진다.

③ 인지발달의 변화양상에서 개인차가 더 커지게 된다.

④ 의미기억이 일화기억보다 더 많이 쇠퇴한다.

053 성격검사에 관한 설명으로 <u>틀린</u> 것은?

① MMPI-A는 만15세 수검자에게 실시 가능하다.

② CAT은 모호한 검사자극을 통해 개인의 의식 영역 밖의 정신현상을 측정하기 위한 성격검사이다.

③ 16 성격요인검사는 케텔(R. Cattell)의 성격특성 이론을 근거로 개발되었다.

④ 에니어그램은 인간의 성격유형을 8개로 설명한다.

054 다음에서 설명하는 검사는?

> 유아 및 학령전 아동의 발달 과정을 체계적으로 측정하기 위한 최초의 검사로서, 표준 놀이기구와 자극 대상에 대한 유아의 반응을 직접 관찰하며, 의학적 평가나 신경학적 원인에 의한 이상을 평가하기 위해 사용된다.

① Gesell의 발달 검사   ② Bayley의 영아발달 척도

③ 시·지각 발달 검사   ④ 사회성숙도 검사

055 MMPI-2의 타당도 척도 중 비전형성을 측정하는 척도에서 증상타당성을 의미하는 것은?

① TRIN   ② FBS

③ F(P)   ④ F

056 심리검사 선정기준으로 <u>틀린</u> 것은?

① 신뢰도와 타당도가 높은 검사를 선정한다.
② 검사의 경제성과 실용성을 고려해 선정한다.
③ 수검자의 특성과 상관없이 의뢰 목적에 맞춰 선정한다.
④ 객관적 검사와 투사적 검사의 장·단점을 고려하여 선정한다.

057 신경심리평가 중 주의력 및 정신적 추적능력을 평가할 수 있는 검사가 <u>아닌</u> 것은?

① Wechsler 지능검사의 기호쓰기 소검사
② Wechsler 지능검사의 숫자 소검사
③ Tral Making Test
④ Wisconsin Card Sorting Test

058 투사적 검사에 관한 설명으로 옳은 것은?

① 벤더게슈탈트검사에서 성인이 그린 도형
② 동작성 가족화 검사는 가족의 정서적인 관계를 살펴보는데 유용하다.
③ 아동용 주제통각검사의 카드 수는 주제통각검사와 동일하다.
④ 주제통각검사 카드는 성인 남성과 성인 여성으로만 구별된다.

059 아동의 지적 발달이 또래 집단에 비해 지체되어 있는지, 혹은 앞서고 있는지를 평가하기 위해, Stern이 사용한 IQ산출계산방식은?

① 지능지수(IQ) = [정신연령/신체연령] × 100
② 지능지수(IQ) = [정신연령/신체연령] + 100
③ 지능지수(IQ) = [신체연령/정신연령] × 100
④ 지능지수(IQ) = [신체연령/정신연령] ÷ 100

060 뇌손상 환자의 병전지능 수준을 추정하기 위한 자료와 가장 거리가 <u>먼</u> 것은?

① 교육수준, 연령과 같은 인구학적 자료
② 이전의 직업기능 수준 및 학업 성취도
③ 이전의 암기력 수준, 혹은 웩슬러 지능검사에서 기억능력을 평가하는 소검사 점수
④ 웩슬러 지능검사에서 상황적 요인에 의해 잘 변화하지 않는 소검사 점수

061 행동평가와 전통적 심리평가 간의 차이점으로 틀린 것은?

① 행동평가에서 성격의 구성 개념은 주로 특정한 행동패턴을 요약하기 위해 사용된다.

② 행동평가는 추론의 수준이 높다.

③ 전통적 심리평가는 예후를 알고, 예측하기 위한 것이다.

④ 전통적 심리평가는 개인 간이나 보편적 법칙을 강조한다.

062 우리나라 임상심리학자의 고유 역할에 해당되지 않는 것은?

① 연구   ② 자문

③ 약물치료   ④ 교육

063 행동평가의 목적에 해당하지 않는 것은?

① 처치를 수정하기

② 진단명을 탐색하기

③ 적절한 처치를 선별하기

④ 문제행동과 그것을 유지하는 조건을 확인하기

064 셀리에(Selye)의 일반적응증후군의 단계로 옳은 것은?

① 경고 → 소진 → 저항   ② 경고 → 저항 → 소진

③ 저항 → 경고 → 소진   ④ 소진 → 저항 → 경고

065 HTP 검사해석으로 옳은 것은?

① 필압이 강한 사람은 약한 사람에 비해 억제된 성격일 가능성이 높다.

② 지우개를 과도하게 많이 사용한 사람은 대부분 자신감이 높다.

③ 집 그림 중에서 창과 창문은 내적 공상활동에 대한 정보를 제공하는 중요한 지표이다.

④ 나무의 가지와 사람의 팔은 대인관계에 대한 욕구를 탐색할 수 있는 정보를 제공한다.

066 다음 중 접수면접의 주요 목적과 가장 거리가 먼 것은?

① 환자를 병원이나 진료소에 의뢰할지를 고려한다.
② 제공되는 서비스에 대한 환자의 질문에 대답한다.
③ 환자에게 신뢰, 래포 및 희망을 심어주려고 시도한다.
④ 환자가 자신이나 다른 사람을 해칠 중대한 위험상태에 있는지 결정한다.

067 체계적 둔감법에 대한 설명으로 틀린 것은?

① 고전적 조건형성 원리에 기초한 행동치료 기법이다.
② 특정한 대상에 불안을 느끼는 경우에 효과적이다.
③ 이완훈련, 불안위계 목록 작성, 둔감화로 구성된다.
④ 심상적 홍수법과는 달리 불안 유발 심상에 노출되지 않는다.

068 현실치료에 관한 설명으로 틀린 것은?

① 내담자가 실행하지 못한 것에 대한 변명을 허용하지 않는다.
② 전행동(total behavior)의 '생각하기'에는 공상과 꿈이 포함된다.
③ 개인은 현실에 대한 지각을 통해 현실 그 자체를 알 수 있다.
④ 내담자 개인의 책임을 강조한다.

069 단기 심리치료에서 좋은 결과를 이끌어 내기 위한 요인이 아닌 것은?

① 치료자의 온정과 공감
② 견고한 치료적 동맹 관계
③ 문제에 대한 회피
④ 내담자의 적절한 긍정적 기대

070 두뇌기능의 국재화에 관한 설명으로 옳은 것은?

① 특정 인지능력은 국부적인 뇌 손상에 수반되는 한정된 범위의 인지적 결함으로부터 발생한다고 본다.
② Broca 영역은 좌반구 측두엽 손상으로 수용적 언어 결함과 관련된다.
③ Wernicke 영역은 좌반구 전두엽 손상으로 표현 언어 결함과 관련된다.
④ MRI 및 CT가 개발되었으나 기능 문제 확인에는 외과적 검사가 이용된다.

071 임상심리학자로서의 책임과 능력에 있어서 바람직하지 못한 것은?

① 서비스를 제공할 때 높은 기준을 유지한다.
② 자신의 활동결과에 대해 책임을 진다.
③ 자신의 능력과 기술의 한계를 알고 있어야 한다.
④ 자신만의 경험을 기준으로 내담자를 대한다.

072 방어기제에 대한 개념과 설명이 옳게 연결된 것은?

① 투사(projection) : 당면한 상황에서 얻게 된 결과에 대해 어쩔 수 없었다고 생각하며 행동한다.
② 대치(displacement) : 추동대상을 위협적이지 않거나 이용 가능한 대상으로 바꾼다.
③ 반동형성(reaction formation) : 이전의 만족방식이나 이전 단계의 만족대상으로 후퇴한다.
④ 퇴행(regression) : 무의식적 추동과는 정반대로 표현한다.

073 다음 중 관계를 중심으로 치료가 초점화되고 있는 정신역동적 접근방법의 단기치료가 <u>아닌</u> 것은?

① 핵심적 갈등관계 주제(core conflictual relationship theme)
② 불안유발 단기치료(anxiety provoking brief therapy)
③ 기능적 분석(functional analysis)
④ 분리개별화(separation and individuation)

074 잠재적인 학습문제의 확인, 학습실패 위험에 처한 아동에 대한 프로그램 운용, 학교 구성원들에게 다양한 관점 제공, 부모 및 교사에게 특정 문제행동에 대한 대처기술을 제공하는 학교심리학자의 역할은?

① 예방 　　　　　　　　　　　　② 교육
③ 부모 및 교사훈련 　　　　　　　④ 자문

075 임상심리학자로서 지켜야 할 내담자에 대한 비밀보장에 관한 설명으로 <u>틀린</u> 것은?

① 일반적으로 상담과정에서 내담자에 대해 알게 된 사실을 다른 사람들에게 말하면 안 된다.
② 아동 내담자의 경우에도 아동에 관한 정보를 부모에게 알려서는 안 된다.
③ 자살 우려가 있는 경우 내담자의 비밀을 지키는 것보다는 가족에게 알려 자살예방 조치를 취하는 것이 더 중요하다.
④ 상담 도중 알게 된 내담자의 중요한 범죄 사실에 대해서는 비밀을 지킬 필요가 없다.

076 행동치료를 위해 현재문제에 대한 기능분석을 하면 규명할 수 있는 요소가 <u>아닌</u> 것은?

① 문제행동을 일으키는 자극이나 선행조건   ② 문제행동과 관련 있는 유기체 변인
③ 문제행동과 관련된 인지적 해석   ④ 문제행동의 결과

077 다음에 해당하는 인지치료 기법은?

> 친한 친구와 심하게 다퉈 헤어졌을 때 마음이 많이 아프지만 이 상황을 자신의 의사소통이나 대인관계 방식을 돌아볼 수 있는 기회로 삼는다.

① 개인화   ② 사고중지
③ 의미축소   ④ 재구성

078 다음 뇌 관련 장애들은 공통적으로 어떤 질환과 관련이 있는가?

> 헌팅톤병, 파킨슨병, 알츠하이머병

① 종양   ② 뇌혈관 사고
③ 퇴행성 질환   ④ 만성 알코올 남용

079 성격평가 질문지에서 척도명과 척도군의 연결이 <u>틀린</u> 것은?

① 저 빈도 척도(INF) - 타당도 척도
② 지배성 척도(DOM) - 대인관계 척도
③ 자살관념 척도(SUI) - 치료고려 척도
④ 공격성 척도(AGG) - 임상 척도

080 알코올중독 환자에게 술을 마시면 구토를 유발하는 약을 투약하여 치료하는 기법은?

① 행동조성   ② 혐오치료
③ 자기표현훈련   ④ 이완훈련

081 청소년 비행의 원인을 현대사회의 가치관 혼란현상으로 설명하는 것은?

① 아노미이론   ② 사회통제이론

③ 하위문화이론   ④ 사고충돌이론

082 상담자가 내담자에 대한 치료를 중단 또는 종결할 수 있는 경우에 해당하지 <u>않는</u> 것은?

① 내담자가 제3자의 위협을 받는 등 중대한 사유가 있는 경우

② 내담자가 치료과정에 불성실하게 임하는 경우

③ 내담자에 대한 계속적인 서비스가 도움이 되지 않을 경우

④ 내담자가 더 이상 심리학적 서비스를 필요로 하지 않는 경우

083 정신분석에서 내담자가 지속적이고 반복적인 학습을 통해 자신이 이해하고 통찰한 바를 충분히 소화하는 과정은?

① 자기화   ② 훈습

③ 완전학습   ④ 통찰의 소화

084 항갈망제에 해당하는 것을 모두 고른 것은?

> ㄱ. 노르트립틸린(Nortriptyline)
> ㄴ. 날트렉손(Naltrxone)
> ㄷ. 아캄프로세이트(Acamprosate)

① ㄱ   ② ㄱ, ㄴ

③ ㄴ, ㄷ   ④ ㄱ, ㄴ, ㄷ

085 Beck의 인지적 왜곡 중 개인화에 대한 예로 적절한 것은?

① "관계가 끝나버린 건 모두 내 잘못이야."

② "이 직업을 구하지 못하며, 다시는 일하지 못할거야."

③ "나는 정말 멍청해."

④ "너무 불안하니까, 고속도로를 달리는 것은 위험할거야."

086 Gottfredson의 직업포부 발달이론에서 직업과 관련된 개인발달의 단계에 해당하지 <u>않는</u> 것은?

① 힘과 크기 지향성
② 성역할 지향성
③ 개인선호 지향성
④ 내적 고유한 자아 지향성

087 내담자에게 바람직한 목표행동을 설정해두고, 그 행동에 근접하는 행동을 보일 때 단계적으로 차별강화를 주어 바람직한 행동에 접근 해가도록 만드는 치료기법은?

① 역할연기
② 행동조형(조성)
③ 체계적 둔감화
④ 재구조화

088 임상적인 상황에서 활용되는 최면에 관한 가정과 가장 거리가 먼 것은?

① 최면상태는 자연스러운 것이나 치료자에 의해 형식을 갖춘 최면유도로만 일어날 수 있다.
② 모든 최면은 자기최면이라 할 수 있다.
③ 각 개인은 치료와 자기실현에 필요한 자원을 담고 있는 무의식을 소유하고 있다.
④ 내담자는 무의식 탐구로 알려진 일련의 과정을 진행시킬 수 있다.

089 가족치료의 주된 목표와 가장 거리가 <u>먼</u> 것은?

① 가계의 특징을 파악하고 이를 재구조화한다.
② 가족구성원 간의 잘못된 관계를 바로 잡는다.
③ 특정 가족구성원의 문제행동을 수정한다.
④ 가족구성원 간의 의사소통 유형을 파악하고 의사소통이 잘 되도록 한다.

090 다음 사례에서 직면기법에 가장 가까운 반응은 어느 것인가?

> 집단모임에서 여러 명의 집단원들로부터 부정적인 피드백을 받은 한 집단원에게 다른 집단원이 그의 느낌을 묻자 아무렇지도 않다고 하지만 그의 얼굴표정이 몹시 굳어있을 때, 지도자가 이를 직면하고자 한다.

① "00씨, 지금 느낌이 어떤지 좀 더 말씀하시면 어떨까요?"
② "00씨, 방금 아무렇지도 않다고 말씀하셨습니다."
③ "00씨, 이러한 일은 창피함을 느끼게 만드는 것 같습니다."
④ "00씨, 말씀과는 달리 얼굴이 굳어있고 목소리가 떨리는군요."

091 중학교 교사인 상담자가 학생을 상담하는 과정에서 구조화를 하는 방법으로 **틀린** 것은?

① 상담자와 내담자는 상담관계 이외에 사제관계를 맺고 있으므로 이런 이중적인 관계로 인해 예상되는 문제나 어려움을 사전에 논의한다.

② 상담에 대해 현실적으로 기대할 수 있는 바가 무엇인지, 기대의 실현을 위해 상담자와 내담자가 각각 해야 할 역할이 무엇인지에 대해 설명한다.

③ 정규적인 상담을 할 계획이라면 상담자와 내담자가 만나는 요일이나 시간을 정하고, 한번 만나면 매회 면접시간의 길이와 전체 상담과정의 길이나 횟수에 대해서도 알려준다.

④ 상담내용에 대한 비밀보장의 원칙을 내담자에게 알려주고, 비밀보장의 한계에 대한 정보는 내담자의 솔직한 자기개방을 저해할 수 있으므로 상담관계의 신뢰성이 충분히 형성된 이후에 알려주는 것이 좋다.

092 청소년기 자살의 위험인자와 가장 거리가 **먼** 것은?

① 공격적이고 약물남용 병력이 있으며 충동성이 높은 행동장애의 경우

② 성적이 급락하고 식습관 및 수면행동의 변화가 심한 경우

③ 습관적으로 부모에 대한 반항이나 저항을 보이는 경우

④ 동료나 가족 등 가까운 이들과 떨어져 지내는 회피행동이 증가한 경우

093 다음 알코올 중독 내담자에게 적용할만한 동기강화상담의 기법과 가장 거리가 **먼** 것은?

> "제가 술 좀 마신 것 때문에 아내가 저를 이곳에 남겨 두었다는 것을 믿을 수가 없군요. 그녀의 문제가 무엇인지 모르겠어요. 이 방에 불러서 이야기 좀 하고 싶어요. 음주가 문제가 아니라 그녀가 문제인 것이니까요."

① 반영반응(reflection response)

② 주창 대화(advocacy talk)

③ 재구성하기(reframing)

④ 초점 옮기기(shifting focus)

094 특성-요인 상담에 관한 설명으로 **틀린** 것은?

① 상담자 중심의 상담방법이다.

② 사례연구를 상담의 중요한 자료로 삼는다.

③ 문제의 객관적 이해보다는 내담자에 대한 정서적 이해에 중점을 둔다.

④ 내담자에게 정보를 제공하고 학습기술과 사회적 적응기술을 알려 주는 것을 중요시 한다.

095 학습상담 과정에 대한 설명과 가장 거리가 <u>먼</u> 것은?

① 현실성 있는 상담목표를 설정해서 상담한다.

② 학습문제와 관련된 내담자의 감정을 이해하고 격려한다.

③ 내담자의 장점, 자원 등을 학습상담과정에 적절히 활용한다.

④ 학습문제와 무관한 개인의 심리적 문제들은 회피하도록 한다.

096 인간중심 상담의 과정을 7단계로 나눌 때, (   )에 들어갈 내용의 순서가 올바른 것은?

1단계 : 소통의 부재	2단계 : 도움의 필요성 인식 및 도움 요청
3단계 : 대상으로서의 경험 표현	4단계 : (ㄱ)
5단계 : (ㄴ)	6단계 : (ㄷ)
7단계 : 자기실현의 경험	

① ㄱ : 지금-여기에서 더 유연한 경험표현

   ㄴ : 감정수용과 책임증진

   ㄷ : 경험과 인식의 일치

② ㄱ : 감정수용과 책임증진

   ㄴ : 경험과 인식의 일치

   ㄷ : 지금-여기에서 더 유연한 경험 표현

③ ㄱ : 경험과 인식의 일치

   ㄴ : 지금-여기에서 더 유연한 경험 표현

   ㄷ : 감정수용과 책임증진

④ ㄱ : 감정수용과 책임증진

   ㄴ : 지금-여기에서 더 유연한 경험 표현

   ㄷ : 경험과 인식의 일치

097 성상담을 할 때 상담자가 가져야 할 시행지침으로 옳은 것은?

① 성과 관련된 개인적 사고는 다루지 않는다.

② 내담자의 죄책감과 수치심은 다루지 않는다.

③ 성폭력은 낯선 사람에 의해서만 발생함을 감안한다.

④ 성폭력은 성적 자기결정권의 침해임을 감안한다.

098 상담 시 내담자에게 관심을 집중시키는 기술과 가장 거리가 먼 것은?

① 개방적인 몸자세를 취한다.

② 내담자를 향해서 편안한 자세로 앉는다.

③ 내담자를 지나치게 응시하지 않는다.

④ 내담자에게 잘 듣고 있다고 항상 말로 확인해준다.

099 다음은 가족상담 기법 중 무엇에 관한 설명인가?

가족들이 어떤 특정한 사건을 언어로 표현하는 대신에 공간적 배열과 신체적 표현으로 묘사하는 기법

① 재구조화   ② 순환질문

③ 탈삼각화   ④ 가족조각

100 심리치료의 발전사에 관한 설명으로 옳지 않은 것은?

① 인지심리학의 발전과 더불어 개발된 치료방법들은 1960~70년대 행동치료와 접목되면서 인지행동치료로 발전하였다.

② 로저스(Rogers)는 정신분석치료의 대안으로 인간중심치료를 제시하면서 자신의 치료활동을 카운슬링(counseling)으로 지칭하였다.

③ 윌버(Wilber)는 자아초월 심리학의 이론체계를 발전시켰으며 그의 이론에 근거한 통합적 심리치료를 제시하였다.

④ 제임스(James)는 펜실베니아 대학교에 최초의 심리클리닉을 설립하여 학습장애와 행동장애 아동을 대상으로 치료활동을 시작하였다.

MEMO

2020

임상심리사 2급
필기 기출문제

제1, 2회 통합 임상심리사 2급 필기 기출문제

정답 및 해설 p.372

제1과목 | 심리학개론

001 설문조사에서 문항에 대한 응답을 「매우 찬성」에서 「매우 반대」까지 5개의 답지로 응답하게 만든 척도는?

① 리커트(Likert) 척도
② 써스톤(Thurstone) 척도
③ 거트만(Guttman) 척도
④ 어의변별(semantic differential) 척도

002 Piaget가 발달심리학에 끼친 영향과 가장 거리가 먼 것은?

① 환경 속의 자극을 적극적으로 구축하는 가설 - 생성적인 개체로 아동을 보게 하였다.
② 인간 마음의 변화를 생득적 - 경험적이라는 두 대립된 시각으로 보는데 큰 기여를 했다.
③ 발달심리학에서 추구하는 학습이론이 구조와 규칙에 대한 심리학이 되는데 그 기반을 제공했다.
④ 발달심리학이 인간의 복잡한 지적능력의 변화를 탐색하는 분야가 되는데 기여했다.

003 인간의 동조행동에 대한 설명으로 틀린 것은?

① 집단이 전문가로 이루어져 있을수록 동조행동은 커진다.
② 대체로 집단의 크기가 커질수록 동조행동은 줄어든다.
③ 집단의 의견이나 행동의 만장일치가 깨지면 동조행동은 거의 나타나지 않는다.
④ 비동조에의 동조(conformity to nonconformity)는 행위자의 과거행동에 일관되게 행동하려는 경향이다.

004 다음 중 모집단의 표준편차를 적은 수의 표본자료에서 추정할 경우 사용하는 분포로 가장 적합한 것은?

① 정규분포
② t 분포
③ x^2분포
④ F 분포

005 성격의 일반적인 특성과 가장 거리가 <u>먼</u> 것은?

① 독특성   ② 안정성

③ 일관성   ④ 적응성

006 인본주의 성격이론에 대한 설명으로 옳은 것은?

① 무의식적 욕구나 동기를 강조한다.

② 대표적인 학자는 Bandura와 Watson이다.

③ 외부 환경자극에 의해 행동이 결정된다고 본다.

④ 개인의 성장 방향과 선택의 자유에 중점을 둔다.

007 효과적인 설득을 위해 고려해야 할 사항이 <u>아닌</u> 것은?

① 설득자가 설득행위가 일어난 상황에 주의를 기울일 필요가 있다.

② 설득자는 피설득자의 특질과 상태를 고려할 필요가 있다.

③ 메시지의 강도가 중요하다.

④ 설득자의 자아존중감이 무엇보다 중요하다.

008 로저스(Rogers)의 '자기 개념'에 관한 설명으로 옳지 <u>않은</u> 것은?

① 사람의 세상에 대한 지각에 영향을 준다.

② 상징화되지 못한 감정들로 구성되어 있다.

③ 자기에는 지각된 자기 외에 되고 싶어 하는 자기도 포함된다.

④ 지각된 경험에 의해 형성된다.

009 음식, 물과 같이 하나 이상의 보상과 연합되어 중립 자극 자체가 강화적 속성을 띠게 되는 현상은?

① 소거(extinction)

② 자발적 회복(spontaneous recovery)

③ 자극 일반화(stimulus generalization)

④ 일반적 강화인(generalized reinforcer)

010 장기기억의 특성에 관한 설명 중 옳지 <u>않은</u> 것은?

① 장기기억에서 주의를 기울인 정보는 다음 기억인 작업기억으로 전이된다.
② 장기기억의 정보는 일반적으로 의미에 따라서 부호화된다.
③ 장기기억에서의 망각은 인출 실패에 따른 것이다.
④ 장기기억의 몇몇 망각은 저장된 정보의 상실에 의해 일어난다.

011 다음은 무엇에 관한 설명인가?

> 가장 널리 사용되고 있는 성격검사로서 성격 특성과 심리적인 문제를 측정하는 데 사용되는 임상적 질문지

① 주제통각검사　　　　　　　　　② Rorschach 검사
③ 다면적 인성검사　　　　　　　　④ 문장완성검사

012 프로이트(Freud)의 성격체계에서 자아(ego)의 역할이 <u>아닌</u> 것은?

① 중재 역할　　　　　　　　　　　② 현실 원칙
③ 충동 지연　　　　　　　　　　　④ 도덕적 가치

013 기온에 따라 학습 능률이 어떻게 달라지는가를 알아보기 위해 기온을 13℃, 18℃, 23℃인 세 조건으로 만들고 학습능률은 단어의 기억력 점수로 측정하였다. 이 때 독립변수는 무엇인가?

① 기온　　　　　　　　　　　　　② 기억력 점수
③ 학습능률　　　　　　　　　　　④ 예언

014 최빈값에 관한 설명으로 옳지 <u>않은</u> 것은?

① 주어진 자료 중에서 가장 많이 나타나는 측정값이다.
② 최빈값은 대표성을 갖고 있다.
③ 자료 중 가장 극단적인 값의 영향을 받는다.
④ 중심경향성 기술값 중의 하나이다.

015 성격의 5요인 모델에 속하지 <u>않는</u> 것은?

① 개방성
② 성실성
③ 외향성
④ 창의성

016 강화계획 중 유기체는 여전히 특정한 수의 반응을 행한 후에 강화를 받지만 그 숫자가 예측할 수 없게 변하는 것은?

① 고정비율 강화계획
② 변동비율 강화계획
③ 고정간격 강화계획
④ 변동간격 강화계획

017 Kübler - Ross가 주장한 죽음의 단계에 대한 순서로 옳은 것은?

① 부정 → 분노 → 타협 → 우울 → 수용
② 분노 → 우울 → 부정 → 타협 → 수용
③ 우울 → 부정 → 분노 → 타협 → 수용
④ 타협 → 부정 → 분노 → 우울 → 수용

018 연합학습 이론에 대한 설명으로 <u>틀린</u> 것은?

① 고전적 조건형성 이론 : 능동적 차원의 행동변화
② 조작적 조건형성 이론 : 결과에 따른 행동변화
③ 고전적 조건형성 이론 : 무조건 자극과 조건자극의 짝짓기 빈도, 시간적 근접성, 수반성 등이 중요
④ 조작적 조건형성 이론 : 강화계획을 통해 행동출현 빈도의 조절 가능

019 뉴런의 전기화학적 활동에 관한 설명으로 옳지 <u>않은</u> 것은?

① 뉴런은 자연적으로 전하를 띄는데, 이를 활동전위라고 한다.
② 안정전위는 뉴런의 세포막 안과 밖 사이의 전하 차이를 의미한다.
③ 활동전위는 축색의 세포막 채널에 변화가 있을 경우 발생한다.
④ 활동전위는 전치 쇼크가 일정 수준 즉, 역치에 도달할 때에만 발생한다.

020 기억의 왜곡을 줄이는데 효과적인 방법으로 가장 거리가 <u>먼</u> 것은?

① 반복해서 학습하기
② 연합을 통한 인출단서의 확대
③ 기억술 사용
④ 간섭의 최대화

021 불안 증상을 중심으로 한 정신장애에 대한 설명으로 가장 거리가 <u>먼</u> 것은?

① 강박장애 : 원치 않는 생각이 침습적으로 경험되고, 이를 무시하거나 억압하려 하고, 중화시키려고 노력한다.

② 외상후 스트레스장애 : 외상적 사건을 경험하고 난 후에 불안상태가 지속된다.

③ 공황장애 : 갑자기 엄습하는 강렬한 불안, 즉 공황발작을 반복적으로 경험한다.

④ 범불안장애 : 다른 사람들과 상호작용하는 사회적 상황을 두려워하여 회피한다.

022 자폐스펙트럼 장애의 진단에 특징적인 증상만으로 묶인 것은?

① 사회적 - 감정적 상호성의 결함, 관계 발전, 유지 및 관계에 대한 이해의 결함, 상동증적이거나 반복적인 운동성 동작

② 구두 언어 발달의 지연, 비영양성 물질을 지속적으로 먹음, 상징적 놀이 발달의 지연

③ 일반적인 의학적 상태, 타인과의 대화를 시작하거나 지속하는 능력의 현저한 장애, 발달수준에 적합한 친구관계 발달의 실패

④ 동물에게 신체적으로 잔혹하게 대함, 반복적인 동작성 매너리즘(mannerism), 다른 사람들과 자발적으로 기쁨을 나누지 못함

023 대형 화재현장에서 살아남은 남성이 불이 나는 장면에 극심하게 불안증상을 느낄 때 의심할 수 있는 가능성이 가장 높은 장애는?

① 외상후 스트레스 장애　　　　　　　② 적응장애

③ 조현병　　　　　　　　　　　　　　④ 범불안장애

024 DSM - 5에서 변태성욕장애의 유형에 대한 설명으로 옳은 것은?

① 노출장애 : 다른 사람이 옷을 벗고 있는 모습을 몰래 훔쳐봄으로서 성적 흥분을 느끼는 경우

② 관음장애 : 동의하지 않는 사람에게 자신의 성기나 신체 일부를 반복적으로 나타내는 경우

③ 소아성애장애 : 사춘기 이전의 아동을 대상으로 한 성적 활동을 통해 반복적이고 강렬한 성적 흥분이 성적 공상, 충동, 행동으로 발현되는 경우

④ 성적가학장애 : 굴욕을 당하거나 매질을 당하거나 묶이는 등 고통을 당하는 행위를 중심으로 성적 흥분을 느끼거나 성적행위를 반복

025 환각제에 해당되는 약물은?

① 펜시클리딘　　　　　　　　　　② 대마
③ 카페인　　　　　　　　　　　　④ 오피오이드

026 소인 - 스트레스이론(diathesis - stress theory)에 대한 설명으로 가장 적합한 것은?

① 소인은 생후 발생하는 생물학적 취약성을 의미한다.
② 스트레스가 소인을 변화시킨다.
③ 소인과 스트레스는 서로 억제한다.
④ 소인은 스트레스 상황에서 발현된다.

027 자기애성 성격장애에 대한 설명으로 <u>틀린</u> 것은?

① 과도한 숭배를 원한다.
② 자신의 중요성에 대해 과대한 느낌을 가진다.
③ 자신의 방식에 따르지 않으면 일을 맡기지 않는다.
④ 대인관계에서 착취적이다.

028 주요 우울장애와 양극성 장애의 비교설명으로 옳은 것은?

① 주요 우울장애와 양극성 장애의 발병률은 비슷하다.
② 주요 우울장애는 여자가 남자보다, 양극성 장애는 남자가 여자보다 높은 발병률을 보인다.
③ 주요 우울장애는 사회경제적으로 낮은 계층에서 발생비율이 높고, 양극성 장애는 높은 계층에서 더 많이 발견된다.
④ 주요 우울장애 환자는 성격적으로 자아가 약하고 의존적이며, 강박적인 사고를 보이는 경우가 많은데 비해, 양극성 장애의 경우에는 병전 성격이 히스테리성 성격장애의 특징을 보인다.

029 조현병의 원인에 관한 설명으로 옳은 것은?

① 사회적 낙인 : 조현병 환자는 발병 후 도시에서 빈민거주지역으로 이동한다.
② 도파민(Dopamine) 가설 : 조현병의 발병이 도파민이라는 신경 전달물질의 과다활동에 의해 유발된다.
③ 사회선택이론 : 조현병이 냉정하고 지배적이며 갈등을 심어주는 어머니에 의해 유발된다.
④ 표출정서 : 조현병이 뇌의 특정 영역의 구조적 손상에 의해 유발된다.

030 알츠하이머병으로 인한 신경인지장애의 특성에 대한 설명으로 옳은 것은?

① 초기에는 일반적으로 오래된 과거에 관한 기억장애만을 가지고 있다.

② 인지 기능의 저하는 서서히 나타난다.

③ 기질적 장애 없이 나타나는 정신병적 상태이다.

④ 약물, 인지, 행동적 치료 성공률이 높은 편이다.

031 주요우울장애에 대한 설명으로 옳은 것은?

① 주요우울장애의 유병률은 문화권에 관계없이 비슷하다.

② 주요우울장애의 유병률은 60세 이상에서 가장 높다.

③ 정신증적 증상이 나타나면 주요우울장애로 진단할 수 없다.

④ 생물학적 개입방법으로는 경두개 자기자극법, 뇌심부자극 등이 있다.

032 우울장애의 원인에 관한 설명으로 옳은 것은?

① 신경전달물질인 노어에피네프린 및 세로토닌의 결핍과 관련이 있다.

② 갑상선 기능 항진과 관련된다.

③ 코티졸 분비감소와 관련된다.

④ 비타민 B_1, B_6, 엽산의 과다와 관련이 있다.

033 다음 중 만성적인 알코올 중독자에게서 흔히 발생하는 것으로 비타민 B_1(티아민) 결핍과 관련이 깊으며, 지남력 장애, 최근 및 과거 기억력의 상실, 작화증 등의 증상을 보이는 장애는?

① 혈관성 치매   ② 코르사코프 증후군

③ 진전 섬망   ④ 다운 증후군

034 병적 도벽에 관한 설명으로 옳은 것은?

① 개인적으로 쓸모가 없거나 금전적으로 가치가 없는 물건을 훔치려는 충동을 저지하는데 반복적으로 실패한다.

② 훔친 후에 고조되는 긴장감을 경험한다.

③ 훔치기 전에 기쁨, 충족감, 안도감을 느낀다.

④ 훔치는 행동이 품행장애로 더 잘 설명되는 경우에도 추가적으로 진단한다.

035 급식 및 섭식장애에 대한 설명으로 **틀린** 것은?

① 이식증은 아동기에서 가장 발병률이 높다.

② 되새김 증상은 다른 정신장애에서 발생하는 경우 심각성과 상관없이 추가적으로 진단할 수 있다.

③ 신경성 폭식장애에서는 체중증가를 막기 위한 반복적이고 부적절한 보상행동이 나타난다.

④ 신경성 식욕부진증의 유병률은 여성이 남성보다 높다.

036 지적장애에 관한 설명으로 **틀린** 것은?

① 심각한 두부외상으로 인해 이전에 습득한 인지적 기술을 소실한 경우에는 지적장애와 신경인지장애로 진단할 수 있다.

② 경도의 지적장애는 여성보다 남성에게 더 많다.

③ 지적장애는 개념적, 사회적, 실행적 영역에 대한 평가로 진단된다.

④ 지적장애 개인의 지능지수는 오차 범위를 포함해서 대략 평균에서 1표준편차 이하로 평가된다.

037 신경성 식욕부진증에 관한 설명으로 **틀린** 것은?

① 폭식하거나 하제를 사용하는 경우는 해당하지 않는다.

② 체중과 체형이 자기평가에 지나치게 영향을 미친다.

③ 말랐는데도 체중의 증가와 비만에 대한 극심한 두려움이 있다.

④ 체중을 회복시키고 다른 합병증의 치료를 위해 입원치료가 필요한 경우도 있다.

038 이상심리학의 역사에 관한 설명으로 **틀린** 것은?

① Kraepelin은 현대 정신의학의 분류체계에 공헌한 바가 크다.

② 고대 원시사회에서는 정신병을 초자연적 현상으로 이해하였다.

③ Hippocrates는 모든 질병은 그 원인이 마음에 있다고 하였다.

④ 서양 중세에는 과학적 접근 대신 악마론적 입장이 성행하였다.

039 성격장애에 대한 설명으로 **옳은** 것은?

① 성격장애는 아동기, 청소년기에는 진단할 수 없다.

② 반사회성 성격장애의 경우 품행장애의 과거력이 있다면 연령과 상관없이 진단할 수 있다.

③ 회피성 성격장애의 유병률은 여성에게서 더 높다.

④ 경계성 성격장애의 유병률은 여성에게서 더 높다.

040 섬망(delirium) 증상의 특징이 <u>아닌</u> 것은?

① 주의를 기울이고 집중, 유지, 전환하는 능력의 감소

② 환경 또는 자신에 대한 지남력의 저하

③ 증상은 오랜 기간에 걸쳐서 발생

④ 오해, 착각 또는 환각을 포함하는 지각장애

041 시각운동협응 및 시각적 단기기억, 계획성을 측정하며 운동(motor)없이 순수하게 정보처리 속도를 측정하는 소검사는?

① 순서화　　　　　　　　　　② 동형찾기
③ 지우기　　　　　　　　　　④ 어휘

042 표본에서 얻은 타당도 계수가 표집에 의한 우연요소에 의해 산출된 것이 아님을 확인하기 위해 필요한 것은?

① 추정의 표준오차　　　　　　② 모집단의 표준편차
③ 표본의 표준편차　　　　　　④ 표본의 평균

043 집중력과 정신적 추적능력(mental tracking)을 측정하는데 사용되는 신경심리검사는?

① Bender Gestalt Test
② Rey Complex Figure Test
③ Trail Making Test
④ Wisconsin Card Sorting Test

044 Wechsler 지능검사를 실시할 때 주의할 사항으로 옳은 것은?

① 피검자가 응답을 못하거나 당황하면 정답을 알려주는 것이 원칙이다.
② 모호하거나 이상하게 응답한 문항을 다시 질문하여 확인할 필요는 없다.
③ 모든 검사에서 피검자가 응답할 수 있을 때까지 충분한 여유를 주어야 한다.
④ 피검자의 반응을 기록할 때는 그대로 기록하는 것이 원칙이다.

045 심리검사 점수의 해석과 사용에서 임상 심리사가 유의해야 할 점이 <u>아닌</u> 것은?

① 검사는 개인의 일정 시점에서 무엇을 할 수 있는지를 밝혀내도록 고안된 것이다.
② 검사 점수를 해석할 때는 그 사람의 배경이나 수행동기 등을 배제해야 한다.
③ 문화적 박탈 효과에 둔감한 검사는 문화적 불이익의 효과를 은폐시킬 수 있다.
④ IQ점수를 범주화하여 해석하는 것은 오류 가능성이 있다.

046 다음 MMPI 검사의 사례를 모두 포함하는 코드 유형은?

> ㄱ. 에너지가 부족하고 냉담하며 우울하고 불안하며 위장장애를 호소하는 남자이다.
> ㄴ. 이 남자는 삶에 참여하거나 흥미를 보이지 않고 일을 시작하는 것을 힘들어 한다.
> ㄷ. 미성숙한 모습을 보이며 의존적일 때가 많다.

① 2 - 3/3 - 2   ② 3 - 4/4 - 3
③ 2 - 7/7 - 2   ④ 1 - 8/8 - 1

047 MMPI - 2의 임상척도 중 0번 척도가 상승한 경우 나타나는 특징은?

① 외향적이다.
② 소극적이다.
③ 자신감이 넘친다.
④ 관계를 맺는 데 능숙하다.

048 정신지체가 의심되는 6세 6개월 된 아동의 지능검사로 가장 적합한 것은?

① H - T - P   ② BGT - 2
③ K - WAIS - 4   ④ K - WPPSI

049 BGT(Bender - Gestalt Test)에 관한 설명으로 옳지 <u>않은</u> 것은?

① 기질적 장애를 판별하려는 목적에서 만들어졌다.
② 언어적인 방어가 심한 환자에게 유용하다.
③ 정서적 지수와 기질적 지수가 거의 중복되지 않는다.
④ 통일된 채점체계가 없으며 전문가간의 불일치가 발생할 수 있다.

050 원판 MMPI의 타당도 척도가 <u>아닌</u> 것은?

① L척도   ② F척도
③ K척도   ④ S척도

051 다음 중 뇌손상으로 인해 기능이 떨어진 환자를 평가하고자 할 때 흔히 부딪힐 수 있는 환자의 문제와 가장 거리가 <u>먼</u> 것은?

① 시력장애   ② 주의력 저하

③ 동기저하   ④ 피로

052 K - WAIS - IV에서 일반능력지수(GAI)에 해당하지 <u>않는</u> 것은?

① 행렬추론   ② 퍼즐

③ 동형찾기   ④ 토막짜기

053 기억검사로 분류되지 <u>않는</u> 것은?

① K - BNT   ② Rey - Kim Test

③ Rey Complex Figure Test   ④ WMS

054 MMPI - 2의 재구성 임상척도 중 역기능적 부정 정서를 나타내며, 불안과 짜증 등을 경험하는 경우 상승하는 척도는?

① RC4   ② RC1

③ RC7   ④ RC9

055 지능에 대한 설명으로 옳지 <u>않은</u> 것은?

① 비네(A. Binet)는 정신연령(Mental Age)이라는 용어를 사용하였다.

② 지능이란 인지적, 지적 기능의 특성을 나타내는 불변개념이다.

③ 새로운 환경 및 다양한 상황을 다루는 적응과 순응에 관한 능력이다.

④ 결정화된 지능은 문화적, 교육적 경험에 따라 영향을 받는다.

056 Rorschach 검사에서 지각된 스트레스와 관련된 구조변인이 <u>아닌</u> 것은?

① M   ② FM

③ C′   ④ Y

057 연령이 69세인 노인환자의 신경심리학적 평가에 적합하지 <u>않은</u> 검사는?

① SNSB   ② K - VMI - 6

③ Rorschach 검사   ④ K - WAIS - IV

058 검사 - 재검사 신뢰도에 관한 설명으로 옳지 <u>않은</u> 것은?

① 검사 사이의 시간 간격이 너무 길면 측정 대상의 속성이나 특성이 변할 가능성이 있다.

② 반응민감성에 의해 검사를 치르는 경험이 개인의 진점수를 변화시킬 가능성이 있다.

③ 감각식별검사나 운동검사에 권장되는 방법이다.

④ 검사 사이의 시간간격이 짧으면 이월효과가 작아진다.

059 심리검사의 윤리적 문제에 대한 설명으로 옳지 <u>않은</u> 것은?

① 검사자들은 검사제작의 기술적 측면에만 관심을 가질 필요가 있다.

② 제대로 자격을 갖춘 검사자만이 검사를 사용해야 한다는 조건은 부당한 검사사용으로부터 피검자를 보호하기 위한 조치이다.

③ 검사자는 규준, 신뢰도, 타당도 등에 관한 기술적 가치를 평가할 수 있어야 한다.

④ 심리학자에게 면허와 자격에 관한 법을 시행하는 것은 직업적 윤리 기준을 세우기 위함이다.

060 Sacks의 문장완성검사(SSCT)에서 4가지 영역에 속하지 <u>않는</u> 것은?

① 가족 영역   ② 대인관계 영역

③ 자기개념 영역   ④ 성취욕구 영역

061 임상적 면접에서 사용되는 바람직한 의사소통 기술에 해당되는 것은?

① 면접자 자신의 사적인 이야기를 꺼내는데 주저하지 않는다.

② 침묵이 길어지지 않게 하기 위해 면접자는 즉각 개입할 준비를 한다.

③ 환자가 의도한대로 단어들을 이해하기 위해 노력한다.

④ 내담자의 감정보다는 얻고자 하는 정보에 주목한다.

062 자신의 초기 경험이 타인에 대한 확장된 인식과 관계를 맺는다는 가정을 강조하는 치료적 접근은?

① 대상관계이론

② 자기심리학

③ 심리사회적 발달이론

④ 인본주의

063 골수 이식을 받아야 하는 아동에게 불안과 고통에 대처하도록 돕기 위하여 교육용 비디오를 보게 하는 치료법은?

① 유관관리 기법

② 역조건형성

③ 행동시연을 통한 노출

④ 모델링

064 주의력 결핍 과잉행동장애(ADHD)는 뇌와 행동과의 관계에서 볼 때 어떤 부위의 결함을 시사하는가?

① 전두엽의 손상

② 측두엽의 손상

③ 변연계의 손상

④ 해마의 손상

065 Rorschach 검사의 모든 반응이 왜곡된 형태를 근거로 한 반응이고, MMPI에서 8번 척도가 65T 정도로 상승되어 있는 내담자에 대한 설명으로 가장 적합한 것은?

① 우울한 기분, 무기력한 증상이 주요 문제일 가능성이 있다.

② 주의집중과 판단력이 저하되어 있을 가능성이 있다.

③ 합리화나 주지화를 통해 성공적인 방어기제를 작동시킬 가능성이 있다.

④ 회피성 성격장애의 특징을 보일 가능성이 있다.

066 통제된 관찰에 관한 설명으로 적합하지 <u>않은</u> 것은?

① 스트레스 면접은 통제된 관찰의 한 유형이다.

② 자기 - 탐지 기법은 통제된 관찰의 한 유형이다.

③ 역할시연은 가장 일반적으로 사용되는 통제된 관찰 유형이다.

④ 모의실험 방식에서 관심행동이 나타나도록 하는 유형이다.

067 초기 접수면접에 관한 설명과 가장 거리가 <u>먼</u> 것은?

① 환자가 미래의 문제들을 잘 다룰 수 있는지에 초점을 맞춰야 한다.

② 내원 사유를 정확히 파악해야 한다.

③ 기관의 서비스가 환자의 필요와 기대에 부응하는지 판단해야 한다.

④ 치료에 대해 가질 수 있는 비현실적 기대를 줄여 줄 수 있어야 한다.

068 다음 ( )에 알맞은 것은?

> Seligman의 학습된 무기력과 관련하여 사람들이 부정적 사건들을 ( ), ( ), ( )으로 볼 때 우울하게 되는 경향이 있다고 예언한다.

① 내부적, 안정적, 일반적 ② 내부적, 불안정적, 특수적

③ 외부적, 안정적, 일반적 ④ 외부적, 불안정적, 특수적

069 치료 매뉴얼을 바탕으로 하며, 내담자의 특성이 명확하게 기술된 대상에게 경험적으로 타당화 된 치료를 실시할 때, 증거가 잘 확립된 치료에 대한 기준에 해당하지 <u>않는</u> 것은?

① 서로 다른 연구자들이 시행한 두 개 이상의 집단설계 연구로서, 위약 혹은 다른 치료에 비해 우수한 효능을 보이는 경우

② 두 개 이상의 연구가 대기자들과 비교해 더 우수한 효능을 보이는 경우

③ 많은 일련의 단일사례 설계연구로서, 엄정한 실험설계 및 다른 치료와 비교하여 우수한 효능을 보이는 경우

④ 서로 다른 연구자들이 시행한 두 개 이상의 집단설계 연구로서, 이미 적절한 통계적 검증력(집단 당 30명 이상)을 가진 치료와 동등한 효능을 보이는 경우

070 임상심리학자의 법적, 윤리적 책임에 관한 설명으로 **틀린** 것은?

① 임상심리학자의 직업수행에는 공적인 책임이 따른다.
② 어떠한 경우에도 내담자의 비밀은 보장해야 한다.
③ 내담자 사생활의 부당한 침해를 방지하기 위해 노력해야 한다.
④ 내담자, 피감독자, 학생, 연구참여자들을 성적으로 악용해서는 안된다.

071 기억력 손상을 측정하는 검사가 <u>아닌</u> 것은?

① Wechsler Memory Scale
② Benton Visual Retention Test
③ Rey Complex Figure Test
④ Wisconcin Card Sorting Test

072 아동기에 기원을 둔 무의식적인 심리적 갈등에서 이상행동이 비롯된다고 가정한 조망은?

① 행동적 조망
② 인지적 조망
③ 대인관계적 조망
④ 정신역동적 조망

073 Rorschach 검사에서 반응위치를 부호화할 때 단독으로 기록할 수 <u>없는</u> 것은?

① S
② D
③ Dd
④ W

074 현재 임상장면에서 많이 사용되는 심리평가 도구들 중 가장 <u>먼저</u> 개발된 검사는?

① 다면적 인성검사
② Strong 직업흥미검사
③ Rorschach 검사
④ 주제통각검사

075 프로그램의 주요 초점은 사회 복귀이며, 직업능력증진부터 내담자의 자기개념 증진에 걸쳐 있는 것은?

① 일차 예방
② 이차 예방
③ 삼차 예방
④ 보편적 예방

076 다음은 무엇에 관한 설명인가?

> Beck이 우울증 환자에 대한 관찰을 기반 하여 사용한 용어로, 자신을 무가치하고 사랑받지 못할 사람으로 간주하고, 자신이 경험하는 세계가 가혹하고 도저히 대처할 수 없는 곳이라고 지각하며, 자신의 미래는 암담하고 통제할 수 없으며 계속 실패할 것이라고 예상하는 것

① 부정적 사고(negative thought)　　　② 인지적 삼제(cognitive triad)
③ 비합리적 신념(irrational belief)　　　④ 인지오류(cognitive error)

077 임상심리사의 역할 중 교육에 관한 설명으로 옳은 것을 모두 고른 것은?

> ㄱ. 심리학자가 아동들이 부모의 이혼에 대처하도록 도와주는 방법에 관한 강의를 해주는 것은 비학구적인 장면에서의 교육에 해당된다.
> ㄴ. 의과대학과 병원에서의 교육은 비학구적인 장면에서의 교육에 포함된다.
> ㄷ. 임상심리학자들은 심리학과뿐만 아니라 경영학, 법학, 의학과에서도 강의한다.
> ㄹ. 의료적, 정신과적 문제를 대처하도록 환자를 가르치는 것도 임상적 교육에 포함된다.

① ㄱ, ㄴ, ㄷ　　　② ㄱ, ㄴ, ㄹ
③ ㄱ, ㄷ, ㄹ　　　④ ㄴ, ㄷ, ㄹ

078 다음은 무엇에 관한 설명인가?

> 정신이상 항변을 한 피고인이 유죄로 판결되면 치료를 위해 정신과 시설로 보내진다. 최종적으로 정상상태로 판정되면 남은 형기를 채우기 위해 교도소로 보낸다.

① M'Naghten(McNaughton) 원칙　　　② GBMI 평결
③ Durham 기준　　　④ ALI 기준

079 수업시간에 가만히 자리에 앉아 있지 못하고 돌아다니며, 급우들의 물건을 함부로 만져 왕따를 당하고 있는 초등학교 3학년 10세 지적장애 남아의 문제행동을 도울 수 있는 가장 권장되는 행동치료법은?

① 노출치료　　　② 체계적 둔감화
③ 유관성 관리　　　④ 혐오치료

080 **행동관찰에 대한 설명으로 틀린 것은?**

① 면접을 통해서 얻어진 정보에 비해서 의도적 또는 비의도적으로 왜곡될 가능성이 더 적다.

② 연구자 스스로 관심을 가지고 있는 문제를 볼 수 있는 기회를 제공해준다.

③ 표적 행동을 분명하게 정의하기 위하여 조작적 정의를 개발하는 것이 필요하다.

④ 외현적 - 운동 행동뿐만 아니라 인지와 정서적 상태에 대한 정보를 풍부하게 얻을 수 있다.

081 미국심리학회(APA)와 미국상담학회(ACA)에서 제시한 전문적 심리상담자의 기본적인 도덕원칙에 해당하지 않는 것은?

① 자율성(autonomy)　　　　　　　② 명확성(clarity)
③ 성실성(fidelity)　　　　　　　　④ 덕행(beneficence)

082 청소년비행 중 우발적이고 기회적이어서 일단 발생하면 반복되고 습관화되어 다른 비행행동과 복합되어 나타날 수 있는 것은?

① 약물사용　　　　　　　　　　　② 인터넷 중독
③ 폭력　　　　　　　　　　　　　④ 도벽

083 상담 종결에 관한 설명으로 옳지 않은 것은?

① 상담목표가 달성되지 않아도 상담을 종결할 수 있다.
② 상담의 진행결과가 성공적이었거나 실패했을 때에 이루어진다.
③ 조기종결 시 상담자는 조기종결에 따른 내담자의 감정을 다뤄야 한다.
④ 조기종결 시 상담자는 내담자에게 조기종결에 따른 솔직한 감정을 표현하는 것은 도움이 되지 않는다.

084 다음 내용에 해당하는 상담의 기본원리는?

- 상담은 내담자를 중심으로 진행해야 한다.
- 내담자의 자조의 욕구와 권리를 존중해야 한다.
- 상담자는 먼저 자기의 감정이나 태도를 이해할 수 있어야 한다.
- 상담자의 반응은 상담실에서 이루어져야 한다.
- 내담자에 대한 과잉 동일시를 피해야 한다.

① 개별화의 원리
② 무비판적 태도의 원리
③ 자기결정의 원리
④ 수용의 원리

085 게스탈트 치료의 접촉경계 장애에 관한 설명으로 옳은 것을 모두 고른 것은?

> ㄱ. 내사 : 개체가 환경의 요구를 무비판적으로 받아들이는 것
> ㄴ. 투사 : 자신의 생각이나 욕구, 감정을 타인의 것으로 지각하는 것
> ㄷ. 융합 : 밀접한 관계에 있는 두 사람이 서로의 독자성을 무시하고 동일한 가치와 태도를 지니는 것처럼 여기는 것
> ㄹ. 편향 : 다른 사람에게 하고 싶은 행동을 자기 자신에게 하는 것

① ㄱ, ㄴ
② ㄱ, ㄴ, ㄷ
③ ㄴ, ㄷ, ㄹ
④ ㄱ, ㄴ, ㄷ, ㄹ

086 집단상담에서 상대방의 행동이 나에게 어떤 반응을 일으키는가에 대하여 상대방에게 직접 이야기 해주는 개입방법은?

① 자기투입과 참여
② 새로운 행동의 실험
③ 피드백 주고받기
④ 행동의 모범을 보이기

087 로저스(Rogers)가 제안한 '충분히 기능하는 사람'의 특성과 가장 거리가 먼 것은?

① 창조적이다.
② 제약없이 자유롭다.
③ 자신의 유기체를 신뢰한다.
④ 현재보다는 미래에 투자할 줄 안다.

088 교류분석상담에서 성격이나 일련의 교류들을 자아상태 모델의 관점에서 분석하는 것은?

① 구조분석
② 기능분석
③ 게임분석
④ 각본분석

089 REBT 상담에 대한 설명으로 옳지 않은 것은?

① 내담자의 비합리적 신념을 발견하고 규명 한다.
② 내담자의 무의식을 의식화하고 자아를 강화시킨다.
③ 주요한 상담기술로 인지적 재구성, 스트레스 면역 등이 있다.
④ 합리적 행동 반응을 개발, 촉진하기 위한 행동연습을 실시한다.

090 와이너(Weiner)의 비행분류에 관한 설명으로 옳지 <u>않은</u> 것은?

① 비행자의 심리적인 특징에 따라 사회적 비행과 심리적 비행을 구분한다.

② 심리적 비행에는 성격적 비행, 신경증적 비행, 정신병적(기질적) 비행이 있다.

③ 신경증적 비행은 행위자가 타인의 주목을 끌 수 있는 방식으로 비행을 저지르는 경우가 많다.

④ 소속된 비행하위집단 내에서 통용되는 삶의 방식들은 자존감과 소속감을 가져다주므로 장기적으로 적응적이라고 할 수 있다.

091 진로상담에서 "하고 싶은 일이 너무 많아요."라고 호소하는 내담자에게 가장 <u>먼저</u> 개입해야 하는 방법은?

① 자기 이해

② 직업정보 탐색

③ 진학정보 탐색

④ 진로 의사결정

092 가족상담의 기본적인 원리와 가장 거리가 먼 것은?

① 가족체제의 문제성을 이해하도록 한다.

② 자녀행동과 부모관계를 파악한다.

③ 감정노출보다는 생산적 이해에 초점을 둔다.

④ 현재보다 과거 상황에 초점을 둔다.

093 청소년의 권리 및 책임, 청소년육성정책에 관한 기본적인 사항을 규정한 청소년기본법의 제정 시기는?

① 1960년대

② 1970년대

③ 1980년대

④ 1990년대

094 성문제 상담에서 상담자가 지켜야 할 일반적 지침으로 옳지 <u>않은</u> 것은?

① 상담자는 성에 대한 자신의 태도를 자각하고 있어야 한다.

② 내담자가 성에 대한 올바른 지식을 가지고 있음을 전제로 상담을 시작한다.

③ 상담 중 내담자와 성에 관하여 개방적인 의사소통을 한다.

④ 자신의 한계를 넘어서는 문제는 다른 전문가에게 의뢰한다.

095 약물에 관한 설명으로 옳은 것을 모두 고른 것은?

> ㄱ. 약물오용 : 의도적으로 약물을 다른 목적으로 사용하는 것이다.
> ㄴ. 약물의존 : 약물이 없이는 지낼 수 없어 계속 약물을 찾는 상태를 말한다.
> ㄷ. 약물남용 : 약물을 적절한 용도로 사용하지 못하고 잘못 사용하는 것이다.
> ㄹ. 약물중독 : 약물로 인해 신체건강에 여러 부작용을 나타내는 상태를 말한다.

① ㄱ, ㄴ   ② ㄴ, ㄹ
③ ㄷ, ㄹ   ④ ㄱ, ㄹ

096 약물남용 청소년의 진단 및 평가에 있어서 상담자가 유의해야 할 사항으로 옳지 <u>않은</u> 것은?

① 청소년이 약물을 사용한 경험이 있다는 것만으로 약물남용자로 낙인찍지 않도록 한다.
② 청소년 약물남용과 관련해서 임상적으로 이중진단의 가능성이 높은 심리적 장애는 우울증, 품행장애, 주의결핍 - 과잉행동 장애, 자살 등이 있다.
③ 청소년 약물남용자들은 약물사용 동기나 형태, 신체적 결과 등에서 성인과 다른 양상을 보이므로 DSM - V와 같은 성인 위주 진단체계의 적용에 한계가 있다.
④ 가족문제나 학교 부적응 등의 관련요인들의 영향으로 인한 일차적인 약물남용의 문제를 보이는 경우, 상담의 목표도 이에 따라야 한다.

097 트라우마 체계 치료(TST)의 원리에 대한 설명으로 옳지 <u>않은</u> 것은?

① 무너진 체계를 조정하고 복원하기
② 현실에 맞추기
③ 최대한의 자원으로 작업하기
④ 강점으로 시작하기

098 정신분석적 상담에서 내적 위험으로부터 아이를 보호하고 안정시켜주는 어머니의 역할을 모델로 한 분석기법은?

① 버텨주기(holding)
② 역전이(counter transference)
③ 현실검증(reality testing)
④ 해석(interpretation)

099 벌을 통한 행동수정 시 유의해야 할 사항이 <u>아닌</u> 것은?

① 벌을 받을 행동을 구체적으로 세분화하고 설명한다.

② 벌을 받을 상황을 가능한 한 없애도록 노력한다.

③ 벌은 그 강도를 점차로 높여가야 한다.

④ 벌을 받을 행동이 일어난 직후에 즉각적으로 벌을 준다.

100 다음 설명에 해당하는 상담기법은?

내담자가 반복적으로 드러내는 자기 파멸적인 행동의 동기를 확인하고 그것을 제시해서 감춰진 동기를 외면하지 못하고 자각하게 함으로써 부적응적인 행동을 멈추도록 한다.

① 즉시성   ② 단추 누르기

③ 스프에 침뱉기   ④ 악동 피하기

제3회 임상심리사 2급 필기 기출문제

정답 및 해설 p.405

제1과목 | 심리학개론

001 새로운 자극이 원래 CS와 유사할수록, 조건 반응을 촉발할 가능성이 크다는 학습의 원리는?

① 일반화   ② 변별
③ 획득   ④ 소거

002 전망이론(prospect theory)에 관한 설명으로 옳은 것은?

① 범주의 모든 구성원이 공유하고 있지는 않지만, 범주 구성원을 특징짓는 속성이 있다.
② 사람들은 잠재적인 손실을 평가할 때 위험을 감수하는 선택을 하고, 잠재적인 이익을 평가할 때는 위험을 피하는 선택을 한다.
③ 우리는 새로운 사례와 범주의 다른 사례에 대한 기억을 비교함으로써 범주 판단을 한다.
④ 우리는 어떤 것이 일어날 가능성이 얼마인지를 결정하고, 그 결과의 가치를 판단한 후, 이 둘을 곱하여 결정을 내린다.

003 쏜다이크(Thorndike)가 제시한 효과의 법칙(law of effect)과 관련이 없는 것은?

① 고전적 조건 형성   ② 도구적 조건 형성
③ 시행착오 학습   ④ 문제상자(puzzle box)

004 고전적 조건형성에 대한 설명으로 옳지 않은 것은?

① 조건자극과 무조건 자극이 빈번하게 짝지어지면 조건형성이 더 잘 일어난다.
② 무조건 자극이 조건자극에 선행하는 경우에 조건형성이 더 잘 일어난다.
③ 조건형성이 소거된 후 일정시간이 지난 후 조건자극이 주어지면 여전히 조건 반응이 발생하기도 한다.
④ 학습과정에서 제시되지 않았던 자극이라도 조건자극과 유사하면 조건반응을 유발시킬 수 있다.

005 "통계적으로 유의미하다"라는 말의 뜻을 나타내는 것은?

① 실험 결과가 우연이 아닌 실험 처치에 의해서 나왔다.

② 실험 결과를 통계적 방법을 통해 분석할 수 있다.

③ 실험 결과가 통계적 분석 방법을 써서 나온 것이다.

④ 실험 결과가 통계적 혹은 확률적 현상이다.

006 다음 사항을 나타내는 발견법(heuristic)은?

사람들은 한 상황의 확률을 그 상황에 들어 있는 사건들 사이에 존재하는 관련성의 강도에 근거하여 추정한다.

① 대표성 발견법   ② 인과성 발견법

③ 확률 추정의 발견법   ④ 가용성 발견법

007 심리학의 연구방법 중 인간의 성행동을 연구한 킨제이(Kinsey)와 그의 동료들이 남성의 성행동과 여성의 성행동을 연구하기 위해 주로 사용한 것은?

① 실험   ② 검사

③ 설문조사   ④ 관찰

008 다음 중 '고통스러운 상황을 추상적이고 지적인 용어로 대처함으로써 그 상황으로부터 멀어지려고 하는 것'과 관련된 방어기제는?

① 합리화   ② 주지화

③ 반동형성   ④ 투사

009 마음에 용납할 수 없는 충동들에 의해 야기되는 불안을 감소시키기 위해 사용하는 방법은?

① 흥분성 조건형성   ② 자기규제

③ 방어기제   ④ 억제성 조건형성

010 현상학적 성격이론에 관한 설명으로 옳지 <u>않은</u> 것은?

① 사건 자체가 아니라 그 사건에 대한 개인의 주관적 경험이 행동을 결정한다.

② 세계관에 대한 개인의 행동을 예측하고 이해하기 위해서는 개인의 지각을 이해해야 한다.

③ 어린 시절의 동기를 분석하기보다는 앞으로 무엇이 발생할 것인가에 초점을 둔다.

④ 선택의 자유를 강조하는 인본주의적 입장과 자기실현을 강조하는 자기이론적 입장을 포함한다.

011 척도와 그 예가 올바르게 짝지어진 것은?

① 명명척도 : 운동선수 등번호

② 서열척도 : 온도계로 측정한 온도

③ 등간척도 : 성적에서의 학급석차

④ 비율척도 : 지능검사로 측정한 지능지수

012 생후 22주 된 아동들은 사물이나 대상이 눈앞에 보이지 않더라도 계속 존재한다는 것을 안다. 이를 나타내는 것은?

① 대상영속성   ② 지각적 항상성

③ 보존   ④ 정향반사

013 기억유형 중 정서적으로 충만한 중요한 사건을 학습하였던 상황에 대한 명료하면서도 비교적 영속적인 것은?

① 암묵기억   ② 섬광기억

③ 구성기억   ④ 외현기억

014 인지부조화 이론의 예로 옳지 <u>않은</u> 것은?

① 지루한 일을 하고 1000원 받은 사람이 20000원 받은 사람에 비해 그 일이 재미있다고 생각한다.

② 열렬히 사랑했으나 애인과 헤어진 남자가 떠나간 애인이 못생기고 성격도 나쁘다고 생각한다.

③ 빵을 10개나 먹은 사람이 빵을 다 먹고 난 후, 자신이 배가 고팠음을 인식한다.

④ 반미적인 태도를 지닌 사람이 친미적인 발언을 한 후 친미적 태도로 변화되었다.

015 표본조사에 대한 설명으로 옳지 <u>않은</u> 것은?

① 연구자가 모집단의 모든 성원을 조사할 수 없을 때 표본을 추출한다.

② 모집단의 특성을 일반화하기 위해서는 표본은 모집단의 부분집합이어야 한다.

③ 표본의 특성을 모집단에 일반화하기 위해서 무선표집을 사용한다.

④ 표본추출에서 표본의 크기가 작을수록 표집오차도 줄어든다.

016 강화에 관한 설명으로 옳지 <u>않은</u> 것은?

① 계속적 강화보다는 부분 강화가 소거를 더욱 지연시킨다.

② 고정비율 계획보다는 변화비율 계획이 소거를 더욱 지연시킨다.

③ 강화가 지연됨에 따라 그 효과가 감소한다.

④ 어떤 행동에 대해 돈을 주거나 칭찬을 해주는 것은 일차 강화물이다.

017 Piaget의 인지발달 단계 중 보존개념이 획득되는 시기는?

① 감각운동기

② 전조작기

③ 구체적 조작기

④ 형식적 조작기

018 자극추구 성향에 관한 설명으로 옳은 것은?

① Eysenck는 자극추구 성향에 관한 척도를 제작했다.

② 자극추구 성향이 높을수록 노아에피네프린(NE)이라는 신경전달물질을 통제하는 체계에서의 흥분수준이 낮다는 주장이 있다.

③ 성격특성이 일부 신체적으로 유전된다는 주장을 반박하는 근거로 제시된다.

④ 내향성과 외향성을 구분하는 생리적 기준으로 사용된다.

019 방어기제 중 성적인 충동이나 공격성을 사회적으로 용인된 바람직한 방향으로 변화시켜 표현하는 것은?

① 합리화　　　　　　　　　　② 주지화

③ 승화　　　　　　　　　　　④ 전위

020 단기기억의 기억용량을 나타내는 것은?

① 3±2개   ② 5±2개
③ 7±2개   ④ 9±2개

021 전환장애의 특징을 모두 고른 것은?

> ㄱ. 신경학적 근원이 없는 신경학적 증상을 경험한다.
> ㄴ. 의식적으로 증상을 원하거나 의도적으로 증상을 만들어내지 않는다.
> ㄷ. 대부분 순수한 의학적 질환의 증상과 유사하지 않다.

① ㄱ, ㄴ   ② ㄱ, ㄷ
③ ㄴ, ㄷ   ④ ㄱ, ㄴ, ㄷ

022 다음 중 DSM - 5의 주요우울장애(major depressive disorder) 진단기준에 해당하지 않는 것은?

① 증상이 사회적, 직업적 또는 다른 중요한 기능 영역에서 정상적으로 현저한 고통이나 손상을 초래한다.
② 삽화가 물질의 생리적 효과나 다른 의학적 상태로 인한 것이 아니다.
③ 주요우울삽화가 조현정동장애, 조현병 등 기타 정신병적 장애로 더 잘 설명되지 않는다.
④ 조증 삽화 혹은 경조증 삽화가 존재한 적이 있다.

023 심리적 갈등이나 스트레스로 인해 갑작스런 시력상실이나 마비와 같은 감각 이상 또는 운동증상을 나타내는 질환은?

① 공황장애   ② 전환장애
③ 신체증상장애   ④ 질병불안장애

024 다음 증상사례의 정신장애 진단으로 옳은 것은?

> 대구 지하철 참사현장에서 생명의 위협을 경험한 이후 재경험증상, 회피 및 감정 마비증상, 과도한 각성상태를 1개월 이상 보이고 있는 30대 후반의 여성

① 제2형 양극성장애
② 외상 후 스트레스 장애
③ 조현양상장애
④ 해리성 정체성 장애

025 행동주의적 견해에 따르면 강박행동은 어떤 원리에 의해 유지되는가?

① 고전적 조건형성   ② 부적 강화

③ 소거   ④ 모델링

026 다음 중 경계성 성격장애의 임상적 특징이 <u>아닌</u> 것은?

① 반복적인 자살행동과 만성적인 공허감

② 자신의 중요성에 대한 과장된 지각과 특권의식 요구

③ 일시적이고 스트레스와 연관된 피해적 사고 혹은 심한 해리 증상

④ 실제 혹은 상상 속에서 버림받지 않기 위해 미친 듯이 노력함

027 자폐스펙트럼 장애에 관한 설명으로 옳은 것은?

① 남성보다 여성에서 4~5배 더 많이 발병한다.

② 유병률은 인구 천 명당 2~5명으로 보고되고 있다.

③ 사회적 상호작용을 위해 여러 가지 비언어적 행동을 사용한다.

④ 언어기술과 전반적 지적 수준이 예후와 가장 밀접한 관계가 있다.

028 다음에 해당하는 장애는?

> - 적어도 1개월 동안 비영양성·비음식물질을 먹는다.
> - 먹는 행동이 사회적 관습 혹은 문화적 지지를 받지 못한다.
> - 비영양성·비음식물질을 먹는 것이 발달수준에 비추어 볼 때 부적절하다.

① 되새김장애   ② 이식증

③ 회피적/제한적 음식섭취장애   ④ 달리 명시된 급식 또는 섭식장애

029 항정신병 약물 부작용으로서 나타나는 혀, 얼굴, 입, 턱의 불수의적 움직임 증상은?

① 무동증(akinesia)

② 만발성 운동장애(tardive dyskinesia)

③ 추체외로 증상(extrapyramidal symptoms)

④ 구역질(nausea)

030 기분장애의 '카테콜라민(catecholamine)가설'에 관한 설명으로 옳은 것은?

① 조증 : 도파민의 부족
② 조증 : 세로토닌의 증가
③ 우울증 : 노르에피네프린의 부족
④ 우울증 : 생물학적 및 환경적 원인의 상호작용

031 일반적 성격장애의 DSM - 5의 진단기준에 해당하지 <u>않는</u> 것은?

① 지속적인 유형이 물질(남용약물 등)의 생리적 효과나 다른 의학적 상태로 인한 것이다.
② 지속적인 유형이 다른 정신질환의 현상이나 결과로 더 잘 설명되지 않는다.
③ 지속적인 유형이 개인의 사회상황의 전 범위에서 경직되어 있고 전반적으로 나타난다.
④ 유형은 안정적이고 오랜 기간 동안 있어 왔으며 최소한 청년기 혹은 성인기 초기부터 시작된다.

032 55세의 A씨는 알코올 중독으로 입원한 후 이틀째에 혼돈, 망상, 환각, 진전, 초조, 불면, 발한 등의 증상을 보였다. A씨의 현 증상은?

① 알코올로 인한 금단 증상이다.
② 알코올로 인한 중독 증상이다.
③ 알코올을 까맣게 잊어버리는(black out) 증상이다.
④ 알코올로 인한 치매 증상이다.

033 다음에 해당하는 장애는?

- 경험하는 성별과 자신의 성별 간 심각한 불일치
- 자신의 성적 특성을 제거하고자 하는 강한 욕구
- 다른 성별 구성원이 되고자 하는 강한 욕구

① 성도착증   ② 동성애
③ 성기능부전   ④ 성별불쾌감

034 이상심리학의 발전에 기여한 중요한 사건들을 연대순으로 바르게 나열한 것은?

> ㄱ. Beck의 인지치료
> ㄴ. Freud의 꿈의 해석 발간
> ㄷ. 정신장애 진단분류체계인 DSM - I 발표
> ㄹ. Rorschach 검사 개발
> ㅁ. 집단 지능검사인 army 알파 개발

① ㄱ → ㄴ → ㄷ → ㄹ → ㅁ
② ㄴ → ㅁ → ㄹ → ㄷ → ㄱ
③ ㄴ → ㄹ → ㅁ → ㄱ → ㄷ
④ ㄴ → ㅁ → ㄹ → ㄱ → ㄷ

035 DSM - 5의 성기능부전에 해당하지 않는 것은?

① 조루증
② 성정체감 장애
③ 남성 성욕감퇴장애
④ 발기장애

036 조현병의 유전적 요인에 관한 설명으로 옳지 않은 것은?

① 친족의 근접성과 동시발병률은 관련이 없다.
② 여러 유전자 결함의 조합으로 나타나는 장애이다.
③ 일란성 쌍생아보다 이란성 쌍생아 동시발병률이 더 낮다.
④ 생물학적 가족이 입양 가족에 비해 동시발병률이 더 높다.

037 치매의 진단에 필요한 증상과 가장 거리가 먼 것은?

① 기억장해
② 함구증
③ 실어증
④ 실행증

038 알코올사용장애에 관한 설명으로 옳지 않은 것은?

① 금단, 내성, 그리고 갈망감이 포함된 행동과 신체 증상들의 집합체로 정의된다.
② 알코올 중독의 첫 삽화는 10대 중반에 일어나기 쉽다.
③ 유병률은 인종 간 차이가 없다.
④ 성인 남자가 성인 여자보다 유병률이 높다.

039 불안과 관련된 장애에 관한 설명으로 옳지 않은 것은?

① 공황장애는 광장공포증을 동반하기도 한다.

② 특정공포증 환자는 자신의 공포 반응이 비합리적임을 알고 있다.

③ 사회공포증은 주로 성인기에 발생한다.

④ 외상후 스트레스 장애는 외상과 관련된 자극에 대한 회피가 특징이다.

040 지적장애의 심각도 수준에 관한 설명으로 옳은 것은?

① 중등도 : 성인기에도 학업기술은 초등학생 수준에 머무르며 일상생활에 도움이 필요하다.

② 고도 : 학령전기 아동에서는 개념적 영역은 정상발달과 뚜렷한 차이를 보이지 않을 수 있다.

③ 최고도 : 개념적 기술을 제한적으로 습득할 수 있다.

④ 경도 : 운동 및 감각의 손상으로 사물의 기능적 사용이 어려울 수 있다.

041 K - WAIS - IV의 언어이해 소검사에 해당하지 <u>않는</u> 것은?

① 어휘   ② 이해

③ 기본지식   ④ 순서화

042 심리검사자가 지켜야 할 윤리적 의무와 가장 거리가 <u>먼</u> 것은?

① 심리검사 결과 해석 시 수검자의 연령과 교육수준에 맞게 설명해야 한다.

② 컴퓨터로 실시하는 심리검사는 특정한 교육과 자격이 없어도 된다.

③ 심리검사 결과가 수검자의 삶에 영향을 줄 수 있음을 인식해야 한다.

④ 검사규준 및 검사도구와 관련된 최근 동향과 연구방향을 민감하게 파악해야 한다.

043 뇌손상에 수반된 기억장애에 대한 설명으로 옳지 <u>않은</u> 것은?

① 대부분의 경우에 정신성 운동속도의 손상이 수반된다.

② 장기기억보다 최근 기억이 더 손상된다.

③ 일차기억은 비교적 잘 유지된다.

④ 진행성 장애의 초기징후로 나타나기도 한다.

044 발달검사를 사용할 때 고려해야 할 사항으로 가장 거리가 <u>먼</u> 것은?

① 대상자의 연령에 적합한 검사를 선정해야 한다.

② 경험적으로 타당한 측정도구를 사용해야 한다.

③ 규준에 의한 발달적 비교가 가능해야 한다.

④ 기능적 분석을 중심으로 평가해야 한다.

045 Wechsler검사에서 시각 - 공간적 기능손상이 있는 뇌손상 환자에게 특히 어려운 과제는?

① 산수   ② 빠진 곳 찾기

③ 차례 맞추기   ④ 토막 짜기

046 심리검사에서 원점수에 대한 설명으로 <u>틀린</u> 것은?

① 원점수 그 자체로는 객관적인 정보를 주지 못한다.
② 원점수는 기준점이 없기 때문에 특정 점수의 의미를 파악하기 어렵다.
③ 원점수는 척도의 종류로 볼 때 등간척도에 불과할 뿐 사실상 서열척도가 아니다.
④ 원점수는 서로 다른 검사의 결과를 동등하게 비교할 수 없다.

047 표준화 검사에 대한 설명으로 옳은 것은?

① 표준화 검사는 검사의 제반 과정에서 검사자의 주관적인 의도나 해석이 개입될 수 있도록 한다.
② 절차의 표준화는 환경적 조건에 대한 엄격한 지침을 제공함으로써 시간 및 공간의 변화에 따라 검사 실시 절차가 달라지는 것을 의미한다.
③ 실시 및 채점의 표준화를 위해서는 그에 관한 절차를 명시해야 한다.
④ 표준화된 여러 검사에서 원점수의 의미는 서로 동등하다.

048 노년기 인지발달의 특징에 관한 설명으로 옳지 <u>않은</u> 것은?

① 일화기억보다 의미기억이 더 많이 쇠퇴한다.
② 노년기 인지기능의 저하는 처리속도의 감소와 관련이 있다.
③ 연령에 따른 지능의 변화 양상은 지능의 하위 능력에 따라 다르다.
④ 노인들은 인지기능의 쇠퇴에 직면하여 목표범위를 좁혀나가는 등의 최적화 책략을 사용한다.

049 Rorschach 검사에 대한 설명으로 옳지 <u>않은</u> 것은?

① 좌우 대칭의 잉크 반점이 나타난 10장의 카드로 구성되어 있다.
② 모호한 자극 특성을 이용한 투사법검사이다.
③ 자유로운 연상과 반응을 위해 임의의 순서로 카드를 제시하는 것이 좋다.
④ 반응 시 카드를 회전해서 보아도 무방하다.

050 신경심리평가의 용도로 사용되지 <u>않는</u> 검사는?

① 스트룹(Stroop) 검사
② 레이 도형(Rey - Complex Figure) 검사
③ 밀론 다축 임상(Millon Clinical Multiaxial Inventory)검사
④ 위스콘신 카드분류(Wisconsin Card Sorting)검사

051 MMPI - 2의 타당도 척도에 관한 설명으로 틀린 것은?

① ? 척도는 응답하지 않은 문항들이나 '예', '아니오' 둘 다에 응답한 문항들의 합계로 채점된다.

② L 척도는 자신을 사회적으로 바람직하며 좋은 사람처럼 보이게끔 하려는 태도를 가려내기 위한 척도이다.

③ F 척도는 점수가 높을수록 평범 반응경향을 말해준다.

④ K 척도는 L 척도에 의해 포착하기 어려운 은밀한 방어적 태도를 측정하는 문항들로 구성되어 있다.

052 편차지능지수에 관한 설명으로 옳은 것은?

① 정규분포 가정이 적용되지 않는다.

② 한 개인의 점수는 같은 연령 범주 내에서 비교된다.

③ 비네 - 시몽(Binet - Simon) 검사에서 사용한 지수이다.

④ 비율지능지수에 비해 중년 집단에의 적용에는 한계가 있다.

053 MMPI - 2의 임상척도에 대한 설명으로 옳은 것은?

① 각 임상척도는 그에 상응하는 DSM 진단명이 부여되어 있으며 해당 진단명에 준해 엄격하게 해석해야 한다.

② MMPI - 2의 임상척도는 타당도 척도와는 달리 수검태도에 따른 반응왜곡의 영향을 받지 않는다.

③ 임상척도 중 5번 척도는 그에 상응하는 정신병리적 진단이 존재하지 않는다.

④ 임상척도 중에서는 약물처방 유무를 직접적으로 알려주는 지표를 먼저 검토해야 한다.

054 MMPI - 2와 Rorschach 검사에서 정신병리의 심각성과 지각적 왜곡의 문제를 탐색할 수 있는 척도와 지표로 옳은 것은?

① F척도, X - %

② Sc척도, EB

③ Pa척도, a:p

④ K척도, Afr

055 MMPI - 2에서 T - 점수의 평균과 표준편차는?

① 평균 : 100, 표준편차 : 15

② 평균 : 50, 표준편차 : 15

③ 평균 : 100, 표준편차 : 10

④ 평균 : 50, 표준편차 : 10

056 다음에서 설명하는 타당도는?

> 주어진 준거에 비추어 검사의 타당도를 확인하기 위한 것으로 미래 예측과 관련된다. 예를 들어 수능시험이 얼마나 대학에서의 학업능력을 잘 예측하는지를 확인하기 위하여 학점과 관련성을 측정하는 것이다.

① 변별타당도   ② 예언타당도
③ 동시타당도   ④ 수렴타당도

057 K - WAIS - IV에서 일반능력지수(GAI)와 개념적으로 관련이 있는 지수는?

① 언어이해지수와 지각추론지수
② 언어이해지수와 작업기억지수
③ 작업기억지수와 처리속도지수
④ 지각추론지수와 처리속도지수

058 신경심리평가를 사용하는 목적으로 옳지 않은 것은?

① 뇌손상 여부의 판단
② 치료과정에서 병의 진행과정과 호전 여부의 평가
③ MRI 등으로 판단하기 어려운 미세한 기능장애의 평가
④ 과거의 억압된 감정을 치료하는데 주목적이 있다.

059 한 아동이 웩슬러 아동용 지능검사에서 언어이해지수(VCI) 125, 지각추론지수(PRI) 89, 전체검사 지능지수(FSIQ) 115를 얻었다. 이 결과에 대한 해석적인 가설이 될 수 있는 것은?

① 매우 우수한 공간지각능력   ② 열악한 초기 환경
③ 학습부진   ④ 우울증상

060 지능이론가와 모형이 잘못 짝지어진 것은?

① 스피어만(Spearman) - 2요인 모형
② 써스톤(Thurstone) - 다요인/기본정신능력 모형
③ 가드너(Gardner) - 다중지능 모형
④ 버트(Burt) - 결정성 및 유동성 지능 모형

061 주로 흡연, 음주문제, 과식 등의 문제를 해결하기 위해 사용되며, 부적응적이고 지나친 탐닉이나 선호를 제거하는데 사용되는 행동치료 방법은?

① 부적 강화　　　　　　　　　　② 혐오치료
③ 토큰경제　　　　　　　　　　　④ 조형

062 지역사회심리학에서 강조하는 사항과 가장 거리가 먼 것은?

① 지역사회 조직과의 관계 개발을 강조한다.
② 준전문가의 역할과 자조활동을 강조한다.
③ 전통적인 입원치료에 대한 지역사회의 대안을 강조한다.
④ 유지되는 능력보다는 결손된 능력을 강조한다.

063 다음 중 가장 최근에 있었던 사건은?

① Boulder 모형 제안
② Wechsler - Bellevue 지능 척도 출판
③ George Engel 생물심리사회 모델 제안
④ Rogers 내담자중심치료 출판

064 기말고사에서 전 과목 100점을 받은 경희에게 선생님은 최우수상을 주고 친구들 앞에서 칭찬도 해주었다. 선생님이 경희에게 사용한 학습 원리는?

① 조건화　　　　　　　　　　　② 내적 동기화
③ 성취　　　　　　　　　　　　④ 모델링

065 심리치료에서 치료자가 역전이를 다루는 방식으로 가장 바람직한 것은?

① 치료자는 내담자에 대해 부정적인 감정을 느끼지 않도록 노력해야 한다.
② 내담자에게 좋은 치료자라는 말을 듣고 싶은 것은 당연한 욕구라고 여긴다.
③ 내담자에게 느끼는 역전이 감정은 내담자의 전이와 함께 연결지어 분석한다.
④ 치료자가 경험하는 역전이를 정확하게 인식해야 하지만 이를 치료에 활용하는 것을 삼간다.

066 한국심리학회 윤리규정에 관한 설명으로 **틀린** 것은?

① 심리학자는 성실성과 인내심을 가지고 함께 일하는 다른 분야의 종사자와 협조적으로 업무를 수행한다.

② 심리학자는 내담자의 개인정보를 어떠한 경우에도 노출하면 안된다.

③ 심리학자는 성적 괴롭힘을 하지 않는다.

④ 심리학자는 개인과 사회의 발전을 위해 노력하여야 한다.

067 사회기술 훈련 프로그램의 구성 요소와 가장 거리가 먼 것은?

① 문제해결 기술

② 증상관리 기술

③ 의사소통 기술

④ 자기주장 훈련

068 전통적인 정신역동적 심리평가와 비교했을 때 행동평가의 특징으로 옳은 것은?

① 행동이 시간이나 장소에 관계없이 일관될 것으로 예상한다.

② 개인 간을 비교하며 보편적 법칙을 더 강조한다.

③ 행동을 징후라고 해석하기 보다는 표본으로 간주한다.

④ 성격 특성의 병인론을 기술하는데 초점을 둔다.

069 다음 중 뇌반구의 기능에 관한 설명으로 적합하지 **않은** 것은?

① 좌반구는 세상의 좌측을 보고, 우반구는 우측을 본다.

② 좌측 대뇌피질의 전두엽 가운데 운동피질 영역의 손상은 언어문제 혹은 실어증을 일으킨다.

③ 대부분의 언어 장애는 좌반구와 관련이 있다.

④ 좌반구는 말, 읽기, 쓰기 및 산수를 통제한다.

070 치료동맹에 관한 설명 중 내담자 중심 치료의 입장을 가장 잘 반영하고 있는 것은?

① 내담자와 치료자의 관계가 치료적 변화를 발생시킬 수 있는 필요충분조건이다.

② 치료동맹을 형성하는데 있어서 치료자 보다는 내담자의 자발성을 강조하는 것이 중요하다.

③ 치료관계보다 치료기법을 적절하게 사용하는 것이 치료효과를 높이는데 더 중요하다.

④ 치료동맹은 내담자의 적절한 행동에 대한 수반적 강화를 제공하기 때문에 치료효과에 긍정적이다.

071 우울증에 관한 Beck의 인지치료에서 강조하는 내용과 가장 거리가 <u>먼</u> 것은?

① 내담자의 비활동성과 자신의 우울한 감정에 초점을 두는 경향을 막기 위해 활동 계획표를 만든다.

② 환자에게 부정적 결과에 대한 비난을 자신 아닌 적절한 다른 곳으로 돌리게 가르친다.

③ 내담자의 미해결된 억압된 기억을 자각하고 의식함으로써 지금 - 여기에서 해결하도록 조력한다.

④ 내담자가 해결 불가능한 일로 간주하고 자신을 비난하는 대신 문제에 대한 대안책을 찾도록 돕는다.

072 뇌의 편측화 효과를 측정할 수 있는 대표적 방법은?

① 미로검사   ② 이원청취기법

③ Wechsler 기억검사   ④ 성격검사

073 신경인지장애가 의심되는 경우 주로 사용하는 구조화된 면접법은?

① SADS(Schedule of Affective Disorders and Schizophrenia)

② 개인력 청취

③ SIRS(Structured Interview of Reported Symptoms)

④ 정신상태평가

074 현실치료에 관한 설명으로 가장 적합한 것은?

① 내담자가 더 현실적이고 실현 가능한 인생철학을 습득함으로써 정서적 혼란과 자기 패배적 행동을 최소화하는 것을 강조한다.

② 내담자의 좌절된 욕구를 알고 사람들과의 관계에서 새로운 선택을 함으로써 보다 성공적인 관계를 얻고 유지할 수 있음을 강조한다.

③ 현대의 소외, 고립, 무의미 등 생활의 딜레마 해결에 제한된 인식을 벗어나 자유와 책임 능력의 인식을 강조한다.

④ 가족 내 서열에 대한 해석은 어른이 되어 세상과 작용하는 방식에 큰 영향이 있음을 강조한다.

075 Cormier와 Cormier가 제시한 적극적 경청 기술과 그 내용에 해당하지 <u>않는</u> 것은?

① 해석 : 당신이 그 사람과의 관계에서 재미없다고 말할 때 성적 관계에서 재미없다는 말씀으로 들립니다.

② 요약 : 이제까지의 말씀은 당신이 결혼하기에 적당한 사람인지 불확실해서 걱정하신다는 것이지요.

③ 반영 : 당신은 그 사람과의 관계에서 지루함을 느끼고 있군요.

④ 부연 : 그래서 당신은 자신의 문제 때문에 결혼이 당신에게 맞는지 확신하지 못하는군요.

076 인간의 정신병리가 경험회피와 인지적 융합으로 인한 심리적 경직성 때문이라고 주장하며 창조적 절망감, 맥락으로서의 자기 등의 치료 요소를 강조하는 가장 대표적인 치료법은?

① 수용전념치료(ACT)

② 변증법적 행동치료(DBT)

③ 합리적 정서행동치료(REBT)

④ 마음챙김에 근거한 인지치료(MBCT)

077 최근 컴퓨터는 임상실무에서의 치료효과 평가에 점차 그 사용이 확대되고 있다. 전산화된 심리평가에 관한 설명으로 옳은 것은?

① 컴퓨터 기반 검사는 시행 시간을 절약해 주지만 검사자 편파가능성이 높아진다.

② 컴퓨터 기반 보고서는 임상가를 대체하는 임상적 판단을 제공할 수 있다.

③ 컴퓨터 기반 검사를 사용하면 임상가가 유능하지 못한 영역에서도 임상적 판단을 제공할 수 있다.

④ 컴퓨터 평가 기반 해석의 경우 짧거나 중간 정도의 분량을 지닌 진술이 긴 분량의 진술에 비해 일반적으로 타당한 경우가 더 많다.

078 다음 중 대뇌 기능의 편재화를 평가하는데 사용하는 검사가 <u>아닌</u> 것은?

① 손잡이(handedness) 검사

② 주의력 검사

③ 발잡이(footedness) 검사

④ 눈의 편향성 검사

079 심리평가에서 임상적 예측을 시행할 때 자료 통계적 접근법이 더욱 권장되는 경우는?

① 매우 드물게 발생하며, 비정상적인 사건으로서 지극히 개인적인 일을 예측하고 판단 내려야 하는 경우

② 다수의 이질적인 표본들을 대상으로 한 경우로 한 개인의 특성에 대한 관심은 적은 경우

③ 적절한 검사가 없는 영역이나 사건에 대한 정보가 필요한 경우

④ 예측하지 못한 상황변수가 발생하여 공식이 유용하지 않게 되는 경우

080 다음 (　　)에 알맞은 방어 기제는?

> 중현이는 선생님께 꾸중을 들어 기분이 매우 좋지 않았다. 집으로 돌아온 중현이에게 동생이 밥을 먹을 것인지 묻자, "네가 상관할 거 없잖아!"라고 소리를 질렀다. 중현이가 사용 하고 있는 방어기제는 (　　)이다.

① 행동화

② 투사

③ 전위

④ 퇴행

081 다음에서 설명하는 것은?

> 로저스(Rogers)가 제시한 바람직한 심리 상담자의 태도 중 상담자가 내담자의 경험 또는 내담자의 사적인 세계를 민감하게 그리고 정확하게 이해하려는 노력

① 공감적 이해
② 진실성
③ 긍정적 존중
④ 예민한 관찰력

082 특정한 직업분야에서 훈련이나 직무를 성공적으로 수행할 가능성을 예측하는 데 가장 적합한 검사는?

① 직업적성검사
② 직업흥미검사
③ 직업성숙도검사
④ 직업가치관검사

083 AA(익명의 알코올중독자모임)에서 고수하고 있는 12단계와 12전통에 해당하지 <u>않는</u> 것은?

① 외부의 문제에 대해서는 어떠한 의견도 제시하지 않는다.
② 항상 비직업적이어야 하지만, 서비스센터에는 전임 직원을 둘 수 있다.
③ 홍보 원칙은 적극적인 선전보다 AA 본래의 매력에 기초를 둠에 따라 대중매체에 개인의 이름이 밝혀져서는 안 된다.
④ 외부의 기부금은 개인의 이익이 아닌 AA 전체의 이익을 위해서만 쓰여야 한다.

084 테일러(Taylor)가 제시한 학습부진아에 관한 특성으로 옳지 <u>않은</u> 것은?

① 학업에 대한 막연한 불안감을 가지고 있다.
② 자기비판적이고 부적절감을 가져 자존감이 낮다.
③ 목표설정이 비현실적이고 계속적인 실패를 보인다.
④ 주의가 산만하고 학업지향적이다.

085 알코올 중독을 치료하기 위해 음주 시 구토를 유발하는 약물을 사용하는 것과 같은 조건형성 기법은?

① 소거
② 홍수법
③ 혐오치료
④ 충격치료

086 아들러(Adler)의 상담이론에서 사용하는 기법이 <u>아닌</u> 것은?

① 격려하기

② 전이의 해석

③ 내담자의 수프에 침 뱉기

④ 마치 ~인 것처럼 행동하기

087 벡(Beck)의 인지치료에서 인지도식에 관한 설명으로 옳지 <u>않은</u> 것은?

① 인지도식이란 나와 세상을 이해하는 틀이다.

② 사람마다 인지도식이 다르기 때문에 같은 사건을 다르게 해석한다.

③ 역기능적 인지도식은 추상적 사고가 가능한 청소년기부터 형성된다.

④ 역기능적 신념이 역기능적 자동적 사고를 유발하여 부적응행동을 초래한다.

088 다음에서 설명하는 상담기술은?

내담자의 감정에 대한 명확한 이해를 포함하여 내담자의 진술을 반복하거나 재표현하기도 한다.

① 재진술   ② 감정반영

③ 해석   ④ 통찰

089 스트레스나 스트레스 대처에 관한 설명으로 옳은 것은?

① 스트레스의 원천으로는 좌절, 압력, 갈등, 변화 등이 있다.

② 스트레스에 대한 생리적 반응으로 부교감신경계가 활성화된다.

③ 스트레스 대처방안에는 문제중심형과 인간중심형 대처방법이 있다.

④ 스트레스에 대한 생리적 반응은 경고, 탈진, 저항 단계 순으로 진행된다.

090 자살을 하거나 시도하는 학생들에게 공통적으로 나타나는 성격특성과 가장 거리가 <u>먼</u> 것은?

① 부정적 자아개념   ② 부족한 의사소통 기술

③ 과도한 신중성   ④ 부적절한 대처 기술

091 상담에서 내담자의 권리에 관한 설명으로 옳지 <u>않은</u> 것은?

① 상담자의 자격과 훈련에 대한 정보를 제공 받을 수 있다.

② 내담자가 자신과 타인에게 해를 미칠 경우에도 비밀을 보장받을 수 있다.

③ 상담자를 선택할 수 있는 권리와 상담을 거부할 수 있는 권리에 대한 정보를 제공받을 수 있다.

④ 법적으로 정보공개가 요구되는 경우는 비밀보장의 한계를 가질 수 있다.

092 변태성욕장애 중 여성의 속옷 또는 손수건 등을 수집하고, 이를 사용하여 성적 만족을 느끼는 것은?

① 노출장애   ② 물품음란장애
③ 관음장애   ④ 소아성애장애

093 도박중독에 관한 설명으로 옳은 것은?

① 원하는 흥분을 얻기 위해 액수를 낮추면서 도박을 한다.

② 정상적인 사회생활에는 큰 지장이 없다.

③ 도박을 중단하면 금단증상이 나타나며, 심하면 자살을 초래한다.

④ 도시보다 시골지역에 많으며, 평생 유병률은 5% 정도로 보고되고 있다.

094 정신분석적 접근에서 과거가 현재의 정신적 활동에 지배적이고 영속적인 영향을 미친다는 기본개념은?

① 결정론(determinism)
② 역동성(dynamics)
③ 지형학적 모델(topography)
④ 발생적 원리(genetic)

095 상담기법 중 상담 초기단계에서 더 많이 사용하는 것은?

① 직면   ② 자기개방
③ 개방형 질문   ④ 심층적 질문

096 상담관계 형성에서 상담자가 갖추어야 할 자세로 적합하지 <u>않은</u> 것은?

① 내담자와 시선 맞추기
② 최소반응을 적절히 사용하기
③ 내담자의 주호소 문제를 인내를 갖고 지켜 보기
④ 내담자의 감정을 반영하기

097 상담 및 심리치료의 발달사에 관한 설명으로 옳지 <u>않은</u> 것은?

① 글래서(Glasser)는 1960년대에 현실치료를 제시하였다.
② 가족치료 및 체계치료는 1970년대부터 본격적으로 등장하였다.
③ 메이(May)와 프랭클(Frankl) 영향으로 게슈탈트 상담이 발전하였다.
④ 위트머(Witmer)는 임상심리학이라는 용어를 최초로 사용했으며, 치료적 목적을 위해 심리학의 지식과 방법을 활용하였다.

098 실존적 심리치료에서 가정하는 인간의 4가지 실존적 조건에 해당하지 <u>않는</u> 것은?

① 무의미　　　　　　　　　② 무한적 존재
③ 고독과 소외　　　　　　　④ 자유와 책임

099 사회학적 관점에서 청소년 비행의 원인을 설명하기에 적합하지 <u>않은</u> 이론은?

① 아노미 이론　　　　　　　② 사회통제 이론
③ 하위문화 이론　　　　　　④ 사회배제 이론

100 집단상담의 발달단계 특징을 순서대로 나열한 것은?

> ㄱ. 구성원들에게 왜 이 집단에 들어오게 되었는지를 분명히 이해시키고, 서로 친숙해지도록 도와준다.
> ㄴ. 상담자와 집단원들은 집단과정에서 배운 것을 미래의 생활에서 어떻게 적용할 것인가를 생각한다.
> ㄷ. 집단원들이 자기의 문제를 집단에서 논의하여 바람직한 행동 변화를 모색 한다.
> ㄹ. 집단과정 동안에 일어나는 저항, 방어 등을 자각하고 정리하도록 도와준다.

① ㄱ→ㄴ→ㄷ→ㄹ　　　　　② ㄱ→ㄹ→ㄴ→ㄷ
③ ㄱ→ㄹ→ㄷ→ㄴ　　　　　④ ㄷ→ㄴ→ㄱ→ㄹ

2019

임상심리사 2급
필기 기출문제

제1회 임상심리사 2급 필기 기출문제

정답 및 해설 p.440

제1과목 | 심리학개론

001 망각에 대한 설명으로 **틀린** 것은?   2015

① 망각은 단기기억과 장기기억에서 모두 일어날 수 있다.

② 시간이 경과함에 다라 이전의 정보를 더 많이 잃어버리는 현상을 쇠퇴라고 한다.

③ 망각은 적절한 인출 단서가 없거나 유사한 기억 내용이 간섭을 해서 나타날 수 있다.

④ 장기기억에서 망각이 일어나는 주요 이유는 대치와 쇠퇴 현상 때문이다.

002 Fastinger와 Carlsmith(1959)의 연구에 의하면 피험자들이 적은 돈, 혹은 많은 돈을 받고 어떤 지루한 일을 재미있다고 다른 사람에게 말하였을 때, 후에 그 일에 대한 태도의 결과로 옳은 것은?

① 적은 돈을 받은 사람은 실제로 그 일이 재미있다고 생각한다.

② 많은 돈을 받은 사람은 실제로 그 일이 재미있다고 생각한다.

③ 적은 돈을 받은 사람이나 많은 돈을 받은 사람 모두 실제로 그 일이 재미있다고 생각한다.

④ 적은 돈을 받은 사람이나 많은 돈을 받은 사람 모두 그 일이 지루하다고 생각한다.

003 성격이론에 대한 설명으로 **틀린** 것은?

① 유형론이 비연속적 범주에 의해서 성격특징들을 기술하는데 비해 특성론은 연속적인 속성으로 성격특징들을 파악하고 기술한다.

② Adler이론에서는 열등감, 보상, 우월성 추구가 핵심적 개념이다.

③ 행동주의적 성격이론에 따르면 성격은 개인이 타고났거나 상당히 지속적인 속성이며 학습에 의해 형성된 것이다.

④ Rogers가 묘사한 "완전히 기능하는 인간"은 경험에 대한 개방, 자신에 대한 신뢰, 내적 평가, 성장의지를 가진 사람이다.

004 표집방법 중 확률표집방법에 해당하지 <u>않는</u> 것은?

① 단순 무선표집(simpling random sampling) ② 체계적 표집(systematic sampling)
③ 군집표집(cluster sampling) ④ 대리적 표집(incidental sampling)

005 Freud에 따르면 거세불안을 극복하는 과정에서 형성되는 성격의 요소는? = 2012

① 원초아 ② 자아
③ 초자아 ④ 무의식

006 처벌의 효과적인 사용방법에 대한 설명으로 틀린 것은?

① 처벌은 반응 이후 시간을 두고 주는 것이 효과적이다.
② 반응이 나올 때마다 매번 처벌을 주는 것이 효과적이다.
③ 처음부터 아주 강한 강도의 처벌을 주는 것이 효과적이다.
④ 처벌행동에 대해 대안적 행동이 있을 대 효과적이다.

007 Rogers의 성격이론에서 심리적 적응에 가장 중요한 역할을 한다고 가정하는 것은? 2015 / 2011

① 자아강도(ego strength) ② 자기(self)
③ 자아이상(ego ideal) ④ 인식(awareness)

008 성격심리학의 주요한 모델인 성격 5요인에 대한 설명으로 옳은 것은?

① 5요인에 대한 개인차에서 유전적 요인은 찾아볼 수 없다.
② 성실성 점수가 높은 사람의 경우 행동을 계획하고 통제하는 것을 돕는 전두엽의 면적이 더 큰 경향이 있다.
③ 뇌의 연결성은 5요인의 특질에 영향을 미치지 않는다.
④ 정서적 불안정성인 신경증은 일생동안 계속해서 증가하고 성실성, 우호성, 개방성과 외향성은 감소한다.

009 특정 검사에 대한 반복노출로 인해 발생하는 연습효과를 줄이기 위해 이 검사와 비슷한 것을 재는 다른 검사를 이용하여 측정하는 검사의 신뢰도는?

① 반분신뢰도 ② 동형검사 신뢰도
③ 검사 - 재검사 신뢰도 ④ 채점자간 신뢰도

010 다음 설명이 나타내는 것은?

> 우리는 교통사고(혹은 교통위반범칙금)를 예방하기 위하여 빨강 신호등에서 정지하는 것을 학습한다.

① 행동조성   ② 회피학습
③ 도피학습   ④ 유관성 학습

011 다음 실험에서 살펴보고자 한 것은?

> 할로윈데이 밤에 아이들이 찾아와 '사탕과자 안주면 장난칠 거예요'라고 외치는 경우, 한 사람이 한 개씩만 가져가라고 한 다음 사탕과자가 든 바구니를 놓아둔 채 문 안으로 사라진다. 일부 아이들에게는 이름을 물어 확인하였고, 나머지 일부 아이들은 익명성을 유지하도록 하였다.

① 몰개성화   ② 복종
③ 집단사고   ④ 사회촉진

012 다음 ( )에 알맞은 것은? `2010 / 2016`

> Freud의 주장에 따르면, 신경증적 불안은 ( )에서 온다.

① 환경에 있는 실재적 위험
② 환경내의 어느 일부를 과장해서 해석함
③ 원초아의 충동과 자아의 억제 사이의 무의식적 갈등
④ 그 사회의 기준에 맞추어 생활하지 못함

013 너무 더우면 땀을 흘리고, 너무 추우면 몸을 떠는 것과 같이 항상성(homeostasis)을 유지하는 것과 관련이 있는 뇌의 부위는?

① 소뇌   ② 시상하부
③ 뇌하수체   ④ 변연계

014 다음이 설명하는 개념은? 2011

> 학교에서 강의를 듣는 학생이 강의를 받던 곳에서 시험을 치르면 강의를 받지 않은 다른 곳에서 시험을 보는 것보다 시험결과가 좋아질 수가 있다.

① 처리수준모형　　　　　　　　　　② 부호화특정원리
③ 재인기억　　　　　　　　　　　　④ 우연학습

015 Piaget의 인지발달단계 중 대상영속성(object permanence)의 발달이 최초로 이루어지는 단계는?
2007 / 2008 / 2009

① 감각운동기　　　　　　　　　　② 전조작기
③ 구체적 조작기　　　　　　　　　④ 형식적 조작기

016 강화계획에 관한 설명으로 틀린 것은? 2016

① 고정비율 계획에서는 매 n번의 반응마다 강화인이 주어진다.
② 변동비율 계획에서는 평균적으로 n번의 반응마다 강화인이 주어진다.
③ 고정간격 계획에서는 정해진 시간이 지난 후의 첫 번째 반응에 강화인이 주어지고, 강화인이 주어진 시점에서 다시 일정한 시간이 지난 후의 첫 번째 반응에 강화인이 주어진다.
④ 변동비율과 변동간격 계획에서는 강화를 받은 후 일시적으로 반응이 중단되는 특성이 있다.

017 마리화나가 기억에 미치는 영향을 알아보기 위한 연구에서 선행조건인 마리화나의 양은 어떤 변수에 해당하는가? 2010 / 2016

① 독립변수　　　　　　　　　　② 종속변수
③ 가외변수　　　　　　　　　　④ 외생변수

018 상관계수에 관한 설명으로 옳은 것은?

① 두 변수간의 연합정도 보다는 변별정도를 나타낸다.
② 상관계수의 범위는 0에서 +1까지이다.
③ 두 변수 사이의 관계의 강도는 상관계수(r)의 절대치에 의해 규정된다.
④ 한 변수가 다른 변수에 영향을 미치는 인과관계를 추론할 수 있다.

019 의미 있는 "0"의 값을 갖는 측정의 수준은? 2015

① 명목측정　　　　　　　　　② 비율측정

③ 등간측정　　　　　　　　　④ 서열측정

020 내분비체계에서 개인의 기분, 에너지 수준 및 스트레스를 해결하는 능력에서 중요한 역할을 하는 것은?

① 시상하부　　　　　　　　　② 뇌하수체

③ 송과선　　　　　　　　　　④ 부신

021 DSM - 5에서 다음에 해당하는 지적장애(Intellectual Disability) 수준은?

> 개념적 영역에서, 학령기 아동과 성인에서는 학업 기술을 배우는데 어려움이 있으며, 연령에 적합한 기능을 하기 위해서는 하나 이상의 영역에서 도움이 필요하다. 사회적 영역에서, 또래에 비해 사회적 상호작용이 미숙하고, 사회적 위험에 대해 제한적인 이해를 한다. 실행적 영역에서, 성인기에는 개념적 기술이 강조되지 않는 일자리에 종종 취업하기도 한다. 지적 장애의 가장 많은 비율이 여기에 해당한다.

① 경도(Mild)   ② 중등도(Moderate)
③ 고도(Severe)   ④ 최고도(Profound)

022 친밀한 관계에서의 문제, 인지 및 지각의 왜곡, 행동의 괴이성 등을 주요특징으로 보이는 성격장애는?

`2018`

① 조현성 성격장애   ② 조현형 성격장애
③ 편집성 성격장애   ④ 회피성 성격장애

023 공황을 경험하거나 옴짝달싹 못하게 되었을 때, 도망가기 어렵거나 도움이 가능하지 않은 공공장소나 상황에 있는 것을 두려워하는 불안장애는?

`2014`

① 왜소공포증   ② 사회공포증
③ 광장공포증   ④ 폐쇄공포증

024 의사소통장애(communication disorder)에 속하지 않는 것은?

① 언어장애(language disorder)
② 말소리장애(speech sound disorder)
③ 아동기 발병 유창성장애(childhood - onset fluency disorder)
④ 탈억제성 사회적 유대감 장애(disinhibited social engagement disorder)

025 **공황장애에 대한 설명과 가장 거리가 <u>먼</u> 것은?**

① 일부 신체감각에 대한 재앙적 사고는 공황장애에서 나타나는 대표적인 인지적 왜곡이다.

② 항우울제보다는 항불안제가 공황장애 환자들의 치료에 우선적으로 쓰인다.

③ 전체 인구의 1/4 이상은 살면서 특정 시점에 한두 번의 공황발작을 경험하는 것으로 알려져 있다.

④ 반복적이고 예기치 못한 공황발작이 특징적이다.

026 **Young에 의해 개발된 것으로, 전통적인 인지치료를 통해 긍정적인 치료효과를 보지 못했던 만성적인 성격 문제를 지닌 환자와 내담자를 위한 치료법은?**

① 심리도식 치료(schema therapy)

② 변증법적 행동치료(dialectical behavior therapy)

③ 마음챙김에 기초한 인지치료(mindfulness - based cognitive therapy)

④ 통찰 중심치료(insight focused therapy)

027 **다음 사례와 같은 성격장애는?**   `2009 / 2011(유사)`

> 자신이 관심의 중심에 있기를 바라고, 감정이 빠르게 변하고 피상적이며, 지나치게 인상에 근거한 언어 표현을 보이고, 피암시성이 높은 특성을 보인다.

① 편집성 성격장애

② 연극성 성격장애

③ 자기애성 성격장애

④ 강박성 성격장애

028 **뇌에서 발견되는 베타 아밀로이드라는 단백질의 존재와 가장 관련이 있는 장애는?**   `2015`

① 파킨슨병

② 조현병

③ 알츠하이머병

④ 주요우울장애

029 다음에서 설명하고 있는 조현병 유발요인에 해당하는 것은? `2018`

> 부모의 상반된 의사전달, 감정과 내용이 불일치하는 의사소통방식 등이 조현병의 원인이 될 수 있다.

① 조현병을 유발하기 쉬운 어머니의 양육태도(schizophrenogenic mother)
② 이중구속이론(double - bind theory)
③ 표현된 정서(expressed emotion)
④ 분열적 부부관계(marital schism)

030 Beck의 우울 이론 중 부정적 사고의 세 가지 형태에 해당하지 <u>않는</u> 것은?

① 과거에 대한 부정적 사고
② 자신에 대한 부정적 사고
③ 미래에 대한 부정적 사고
④ 주변환경(경험)에 대한 부정적 사고

031 공포증의 형성 및 유지에 대한 2요인 이론은 어떤 요인들이 결합된 이론인가? `2016`

① 학습 요인과 정신분석 요인
② 학습 요인과 인지 요인
③ 회피 조건형성과 준비성 요인
④ 고전적 조건형성과 조작적 조건형성

032 알콜 중독과 비타민 B(티아민) 결핍이 결합되어 만성 알콜 중독자에게 발생하는 장애로, 최근 및 과거 기억을 상실하고 새로운 정보를 학습하지 못하는 인지손상과 관련이 있는 것은?

`2007 / 2009 / 2012 / 2016(유사)`

① 뇌전증   ② 혈관성 신경인지장애
③ 헌팅턴병   ④ 코르사코프 증후군

033 정신분석학적 관점에서 볼 때 해리장애를 야기하는 주된 방어기제는? `2011 / 2013 / 2016`

① 억압   ② 반동형성
③ 치환   ④ 주지화

034 조현병의 진단기준에 해당하는 증상이 <u>아닌</u> 것은? 2015(유사)

① 망상   ② 환각

③ 고양된 기분   ④ 와해된 언어

035 주의력결핍 및 과잉행동 장애(ADHD)의 치료에 사용되는 약물은?

① Ritalin   ② Thorazine

③ Insulin   ④ Methadone

036 특정공포증의 하위유형 중 공포상황에서 초반에 짧게 심박수와 혈압이 증가된 후 갑자기 심박수와 혈압의 저하가 뒤따르고 그 결과 실신하거나 실신할 것 같은 반응을 경험하는 것은?

① 동물형

② 상황형

③ 자연환경형

④ 혈액 - 주사 - 손상형

037 기분관련장애와 관련된 유전가능성에 대한 설명으로 옳은 것은?

① 유전가능성은 양극성 장애보다 단극성 장애에서 더 높다.

② 유전가능성은 단극성 장애보다 양극성 장애에서 더 높다.

③ 유전가능성은 단극성 장애와 양극성 장애에서 유사하다.

④ 단극성 장애와 양극성 장애는 유전가능성과 관련이 없다.

038 외상후 스트레스 장애의 주된 증상과 가장 거리가 <u>먼</u> 것은?

① 침습증상

② 지속적인 회피

③ 과도한 수면

④ 인지와 감정의 부정적 변화

039 DSM - 5에서 주요우울장애의 주 증상에 포함되지 <u>않는</u> 것은? 2015

① 정신운동성 초조나 지체

② 불면이나 과다수면

③ 죽음에 대한 반복적 인 생각

④ 주기적인 활력의 증가와 감소

040 DSM - 5에서 성별 불쾌감에 대한 설명으로 <u>틀린</u> 것은? 2015

① 성인의 경우 반대 성을 지닌 사람으로 행동하며 사회에서 그렇게 받아들여지기를 강렬하게 소망한다.

② 태어나면서 정해진 출생 성별과 경험하고 표현하는 성별 사이에 뚜렷한 불일치를 보인다.

③ 아동에서부터 성인에 이르기까지 다양한 연령대에서 나타날 수 있다.

④ 동성애자들이 주로 보이는 장애이다.

041 지능의 개념에 관한 연구자와 주장의 연결이 <u>틀린</u> 것은?

① Wechsler - 지능은 성격과 분리될 수 없다.

② Horn - 지능은 독립적인 7개 요인으로 이루어져 있다.

③ Cattell - 지능은 유동적 지능과 결정화된 지능으로 구분할 수 있다.

④ Spearman - 지적 능력에는 g요인과 s요인이 존재한다.

042 MMPI - 2의 형태분석에서 T 점수가 65 이상으로 상승된 임상척도들을 묶어서 해석하는 것은?

① 코드유형(code type)

② 결정문항(critical items)

③ 내용척도(content scales)

④ 보완척도(supplementary scales)

043 정신연령(mental age) 개념상 실제 연령이 10세인 아동이 IQ검사에서 평균적으로 12세 아동들이 획득할 수 있는 점수를 보였다. 이 아동의 IQ 점수는 어느 정도라고 할 수 있는가?

① 84

② 100

③ 120

④ 140

044 다음은 MMPI의 2개척도 상승 형태분석 결과이다. 어느 척도 상승에 해당하는 것인가? `2010`

> 이 프로파일은 반사회적 인격장애 특징을 나타낸다. 즉, 사회적 규범과 가치관, 제도에 대해 무관심하거나 무시하며, 반사회적 행위로 인해 권위적인 인물과 자주 마찰을 빚는다. 이들의 성격 특징은 충동적이고 무책임하며 타인과 관계에서 신뢰를 얻기 어렵다.

① 1 - 2

② 2 - 1

③ 3 - 5

④ 4 - 9

045 Rorschach 검사의 각 카드별 평범반응이 <u>잘못</u> 짝지어진 것은? `2015`

① 카드I - 가면

② 카드IV - 거인

③ 카드V - 나비

④ 카드VI - 동물의 가죽

046 초등학교 아동에게 사용하기 적합하지 <u>않은</u> 검사는?

① SAT
② KPRC
③ CBCL
④ K - Vineland - II

047 MMPI - 2가 대표적인 자기보고식 심리검사로 사용되는 이유가 <u>아닌</u> 것은?

① 객관적으로 표준화된 규준을 갖추고 있다.
② 많은 연구결과가 축적되어 있다.
③ 코드 유형 등을 사용해 체계적으로 사용할 수 있다.
④ MMPI척도가 DSM체계와 일치하여 장애진단이 용이하다.

048 Rorschach 구조변인 중 형태질에 대한 채점이 <u>아닌</u> 것은?

① v
② -
③ o
④ u

049 뇌손상 환자의 병전지능 수준을 추정하기 위한 자료와 가장 거리가 <u>먼</u> 것은?　`2013`

① 교육수준, 연령과 같은 인구학적 자료
② 이전의 직업기능 수준 및 학업 성취도
③ 이전의 암기력 수준, 혹은 웩슬러 지능검사에서 기억능력을 평가하는 소검사 점수
④ 웩슬러 지능검사에서 상황적 요인에 의해 잘 변화하지 않는 소검사 점수

050 신경심리 평가시 고려해야 할 사항과 가장 거리가 <u>먼</u> 것은?　`2012`

① 손상후 경과시간
② 성별
③ 교육수준
④ 연령

051 심리평가를 시행할 때 고려할 사항과 가장 거리가 <u>먼</u> 것은?

① 성격이 복잡한 구조로 이루어져 있음을 고려한다.

② 각각의 심리검사는 성격의 상이한 수준을 측정할 수 있음을 고려한다.

③ 측정의 방법과 관련된 요인이 그 결과에 영향을 미칠 수 있음을 고려한다.

④ 심리적 구성개념과 대응되는 구체적인 행동 모두를 관찰한 이후에야 결론에 이를 수 있음을 고려한다.

052 일반적으로 지능검사는 같은 연령 범주 규준집단의 원 점수를 평균 100, 표준편차 15인 표준점수로 바꾸어서 규준을 작성 한다. IQ 85와 115 사이에는 전체 규준 집단의 사람들 중 약 몇 %가 포함된다고 가정할 수 있는가?

① 16%

② 34%

③ 68%

④ 96%

053 선로 잇기 검사(Trail Making Test)는 대표적으로 어떤 기능 또는 능력을 측정하기 위해 고안된 검사인가?

① 주의력

② 기억력

③ 언어능력

④ 시공간 처리능력

054 주의력결핍과잉행동장애(ADHD)로 진단된 아동의 경우 Wechsler 지능검사상 수행이 저하되기 쉬운 소검사는? `2010`

① 공통성

② 숫자

③ 토막짜기

④ 어휘

055 다음 설명에 해당하는 타당도는? `2015`

> 타당화하려는 검사와 외적 준거 간에는 상관이 높아야 하고, 어떤 검사를 실시하여 얻은 점수로부터 수검자의 다른 행동을 예측할 수 있어야 한다.

① 준거관련 타당도

② 내용관련 타당도

③ 구인타당도

④ 수렴 및 변별 타당도

056 MMPI에서 6번과 8번 척도가 함께 상승했을 때의 가능한 해석이 <u>아닌</u> 것은? 2010(유사)

① 편집증적 경향과 사고장애가 주된 임상 특징이다.

② 주요 방어기제는 투사, 외향화, 왜곡, 현실 부정이다.

③ 대인관계 특징은 친밀한 관계 형성의 어려움, 불신감, 적대감이다.

④ 남들로부터 관심과 애정을 끌고 동정을 받으려는 강한 욕구를 지니고 있다.

057 Wechsler 지능검사를 실시할 때 주의할 점과 가장 거리가 <u>먼</u> 것은?

① 가급적 표준화된 과정과 동일한 방식대로 실시되어야 한다.

② 검사의 이론적 배경, 적용한계, 채점방식 등에 관해 충분한 이해가 선행되어야 한다.

③ 검사도구는 그 검사를 실시하기 전까지 피검자의 눈에 띄지 않는 곳에 두어야 한다.

④ 지적인 요인을 평가하는 검사이므로 다른 어떤 검사보다 피검자와의 라포 형성은 최소화되어야 한다.

058 MMPI - 2에서 문항의 내용과 무관하게 응답하는 경향을 측정하는 척도는? 2017(유사)

① F

② F(p)

③ FBS

④ TRIN

059 심리검사 사용 윤리와 가장 거리가 <u>먼</u> 것은? 2013

① 자격을 갖춘 사람만이 심리검사를 사용해야 한다.

② 자격을 갖춘 사람만이 심리검사를 구매할 수 있다.

③ 쉽게 이해할 수 있고 검사 목적에 맞는 용어로 검사 결과를 제시하는 것이 좋다.

④ 검사 결과는 어떠한 경우라도 사생활 보장과 비밀유지를 위해 수검자 본인에게만 전달되어야 한다.

060 주의력 손상을 측정하기 위한 검사가 <u>아닌</u> 것은?

① Category Test

② Digit - Span Test

③ Letter Cancellation Test

④ Visual Search and Attention Test

061 심리평가 도구 중 최초 개발된 이후에 검사의 재료가 변경된 적이 없는 것은?

① Wechsler 지능검사　　　　　　② MMPI 다면적 인성검사
③ Bender - Gestalt 검사　　　　　④ Rorschach 검사

062 심리치료에 관한 연구결과로 옳은 것은?　　　　　2011

① 모든 문제들은 똑같이 치료가 어렵다.
② 치료자의 연령과 치료성과와의 관련성은 없다.
③ 사회경제적 지위는 좋은 치료효과를 예언한다.
④ 치료자의 치료경험과 치료성과 간의 관계는 일관적이다.

063 치료효과에 긍정적인 영향을 미치는 유능한 치료자의 특성과 가장 거리가 먼 것은?

① 의사소통 능력　　　　　　　　② 이론적 모델
③ 치료적 관계 형성 능력　　　　　④ 자기관찰과 관리기술

064 Rogers의 인간중심 이론에서 치료자가 지녀야 할 주요 특성으로 틀린 것은?　　2013(유사)

① 합리성　　　　　　　　　　　② 진실성
③ 정확한 공감　　　　　　　　　④ 무조건적인 존중

065 내담자의 경험에 초점을 두고 심리치료적 상호작용에서 감정이입, 따뜻함, 무조건적인 긍정적 존중을 강조한 접근은?

① 정신분석적 접근　　　　　　　② 행동주의 접근
③ 생물학적 접근　　　　　　　　④ 인본주의 접근

066 다음과 같은 상황에서 임상심리사에게 가장 필요한 것은?

> 개인적인 문제와 관련하여 공격적이거나 적대적인 내담자와의 관계에서 자주 갈등을 일으키며 이 때문에 심리적 고통이 심하고 업무수행이 곤란한 상황이다.

① 임상실습훈련에 참여　　　　　② 지도감독에 참여
③ 소양교육에 참여　　　　　　　④ 개인심리치료에 참여

067 심리평가의 해석 과정에 대한 설명으로 틀린 것은?

① T 점수의 평균은 50점, 표준편차는 10점이 된다.
② 개인내간 차이는 각 하위척도 점수를 표준점수로 환산하여 오차를 없앤 뒤 절대값을 산출한다.
③ 외적 준거로 채택한 검사에서 받을 수 있는 점수를 좀 더 정확하게 추정하려면 회귀방정식을 이용해야 한다.
④ 심리검사의 점수는 절대성이 있는 것이 아니고 상대적으로 비교한 측정치로 상대성을 포함한다.

068 다음 중 접수면접에서 반드시 확인되어야 할 사항과 가장 거리가 먼 것은?　　`2009 / 2012`

① 인적사항　　　　　　　　　　② 주 호소문제
③ 내원하게 된 직접적 계기　　　④ 문제의 원인으로 추정되는 어린 시절의 경험

069 다음과 관련된 치료적 접근은?

> 치료과정에서 내담자의 열등감 극복을 주요과제로 상정하며, 보상을 향한 추구행동으로서의 생활방식을 변화시키는데 주목한다.

① Erikson의 심리사회적 발달이론　　② Freud의 정신분석학
③ Adler의 개인심리학　　　　　　　④ 대상관계이론

070 최초의 심리진료소를 설립함으로써 임상심리학의 초기발전에 직접적으로 중요한 공헌을 한 인물은?
`2003 / 2012`

① Kant　　　　　　　　　　　② Witmcr
③ Mowrer　　　　　　　　　　④ Miller

071 다음은 자문의 모델 중 무엇에 관한 설명인가? 2009

- 자문가와 자문요청자간에 보다 분명한 역할이 있다.
- 자문가는 학습이론이 어떻게 개인, 집단 및 조직의 문제에 실질적으로 적용될 수 있는지를 가르치고 보여주는 인정된 전문가이다.
- 문제해결에 대한 지식에 있어 자문가와 자문요청자 간에 불균형이 있다.

① 정신건강 모델　　　　　　　　　② 행동주의 모델
③ 조직 모델　　　　　　　　　　　④ 과정 모델

072 방어기제에 대한 개념과 설명이 바르게 짝지어진 것은?

① 투사(projection) : 주어진 상황에서 결과에 대해 어쩔 수 없었다고 생각하며 행동한다.
② 대치(displacement) : 추동대상을 위협 적이지 않거나 이용 가능한 대상으로 바꾼다.
③ 반동형성(reaction formation) : 이전의 만족방식이나 이전 단계의 만족대상으로 후퇴한다.
④ 퇴행(regression) : 무의식적 추동과는 정반대로 표현한다.

073 직접행동관찰에 관한 설명으로 가장 적합한 것은? 2014

① 평정하고자 하는 속성을 명확하게 정의해야 한다.
② 후광효과의 영향은 고려되지 않는다.
③ 내현적이거나 추론된 성격 측면을 평가하는데 적합하다.
④ 각각의 항목에 대해 극단적인 점수에 평정하는 경향이 있다.

074 정상적 지능의 성인이 나머지 가족원을 살해한 사건에서 법정 임상심리학자가 가장 우선적으로 고려해야할 사항은?

① 가족의 재산정도　　　　　　　　② 피해자와 가해자의 평소 친분관계
③ 목격자 증언의 신빙성　　　　　　④ 범행 당시 가해자의 정신상태

075 다음 사례에서 사용한 치료적 접근은?

> 불안을 갖고 있는 내담자를 치료하는 과정에서 체계적 둔감법을 사용하였고, 공황을 느끼고 있는 내담자에게 참여 모델링 기법을 사용했다.

① 행동적 접근
② 정신분석적 접근
③ 실존주의적 접근
④ 현상학적 접근

076 상담자가 자신의 내담자와 치료를 진행하는 기간에 내담자 가족에게 식사초대를 받아 식사를 했다면 어떤 윤리원칙을 위반할 가능성이 높은가?

① 유능성
② 이중관계
③ 전문적 책임
④ 타인의 존엄성에 대한 존중

077 심리평가를 시행하는 동안 임상심리사가 취해야 할 태도와 가장 거리가 먼 것은?

2004(유사) / 2011 / 2013

① 행동관찰에서는 비일상적 행동이나 그 환자만의 특징적 인 행동을 주로 기술한다.
② 관찰된 행동을 기술할 때 구체적인 용어로 설명하는 것이 바람직하다.
③ 평가상황에서의 일상적인 행동을 평가보고서에 기록하는 것이 좋다.
④ 심리검사 결과뿐만 아니라 외모나 면접자에 대한 태도, 의사소통방식 등도 기록하는 것이 좋다.

078 임상적 평가의 목적과 가장 거리가 먼 것은?

① 치료의 효과에 대한 예측(예후)
② 미래 수행에 대한 예측
③ 위험성 예측
④ 심리 본질의 발견

079 아동의 바람직하지 않은 행동을 감소시키기 위해 사용할 수 있는 적합한 기법은?

① 행동연쇄(Chaining)
② 토큰경제(Token economy)
③ 과잉교정(Overcorrection)
④ 주장훈련(Assertive training)

행동평가에 관한 설명으로 틀린 것은?

① 목표행동을 정확히 기술한다.

② 행동의 선행조건과 결과를 확인한다.

③ 법칙정립적(nomothetic) 접근에 기초한다.

④ 특정상황에 대한 개인의 행동에 초점을 맞춘다.

081 진로지도 및 진로상담의 일반적 인 목표와 가장 거리가 <u>먼</u> 것은? `2013`

① 내담자 자신에 관한 보다 정확한 이해를 높인다.
② 합리적인 의사결정능력을 높인다.
③ 일과 직업에 대한 올바른 가치관을 형성하는데 도움을 준다.
④ 이미 선택한 진로에 대해 후회하지 않도록 유도한다.

082 사회 공포증 치료에서 지금까지 피해왔던 상황을 더 이상 회피하지 않고 직면하게 하는 행동수정 기법은? `2011 / 2016`

① 노출훈련
② 역할연기
③ 자동적 사고의 인지재구성 훈련
④ 역기능적 신념에 대한 인지재구성 훈련

083 주요 상담이론과 대표적 학자들이 바르게 짝지어지지 <u>않은</u> 것은?

① 정신역동이론 - Freud, Jung, Kernberg
② 인본(실존)주의이론 - Rogers, Frankl, Yalom
③ 행동주의 이론 - Watson, Skinner, Wölpe
④ 인지치료이론 - Ellis, Beck, Perls

084 성폭력에 관한 설명으로 옳은 것은? `2010`

① 성폭력은 성적 자기결정권의 침해이다.
② 끝까지 저항하면 강간은 불가능하다.
③ 성폭력의 피해자는 여성뿐이다.
④ 강간은 낯선 사람에 의해서만 발생한다.

085 상담의 일반적인 윤리적 원칙에 해당하지 <u>않는</u> 것은? `2015`

① 자율성(autonomy)
② 무해성(nonmaleficence)
③ 선행(beneficience)
④ 상호성(mutuality)

086 문화적으로 다양한 집단이 참여하는 집단상담에서의 기본 전제로 적합하지 <u>않은</u> 것은?

① 상담자보다 내담자에 대해서만 기본가정(문화, 인종, 성별 등)을 고려해야 한다.
② 모든 인간의 만남은 그 자체가 다문화적이다.
③ 사람들의 문화적 배경을 고려해야 한다.
④ 지도자는 다문화적 관점을 갖고 있어야 한다.

087 Satir의 의사소통 모형에서 스트레스를 다룰 때 자신의 스트레스를 무시하고 다른 사람에게 힘을 넘겨주며 모두에게 동의하는 말을 하는 의사소통 유형은?   2014

① 초이성형   ② 일치형
③ 산만형   ④ 회유형

088 다음 대화에서 상담자의 반응은?   2015

> 내담자 : (흐느끼며) 네, 의지할 사람이 아무도 없어요...
> 상담자 : (부드러운 목소리로) 외롭군요...

① 해석   ② 재진술
③ 요약   ④ 반영

089 병적 도박에 관한 설명으로 틀린 것은?   2012

① 대개 돈의 액수가 커질수록 더 흥분감을 느끼며, 흥분감을 느끼기 위해 액수를 더 늘린다.
② 도박행동을 그만두거나 줄이려고 시도할 때 안절부절 못하거나 신경이 과민해진다.
③ 병적 도박은 DSM - 5에서 반사회성 성격장애로 분류된다.
④ 병적 도박은 전형적으로 남자는 초기 청소년기에, 여자는 인생의 후기에 시작되는 경우가 많다.

090 다음에 해당하는 인지적 왜곡은?

> 길을 가다가 어떤 모르는 사람들이 웃고 있다면, 자신과 그 사람들은 아무런 관련이 없음에도 불구하고, 그 사람들이 자신을 욕하면서 비웃고 있다고 생각하는 것.

① 극대화   ② 예언자의 오류
③ 개인화   ④ 이분법적 사고

091 청소년 상담시 대인관계 문제해결을 위한 상담전략에 관한 설명으로 <u>틀린</u> 것은?

① 정서적 개입 : 문제의 신체적 요소에 초점을 맞춘 신체 인식활동도 포함한다.

② 인지적 개입 : 내담자가 자신이 처한 상황이나 사건, 사람, 감정 등에 대해 지금과 다르게 생각하도록 돕는다.

③ 행동적 개입 : 내담자에게 비생산적인 현재의 행동을 통제하게 하거나 제거하게 함으로써 새로운 행동이나 기술을 개발하도록 돕는다.

④ 상호작용적 개입 : 습관, 일상생활 방식이나 다른 사람과의 상호작용 패턴을 수정하도록 한다.

092 개인의 일상적 경험구조, 특히 소속된 분야에서 특별하다고 간주되던 사람들의 일상적 경험구조를 상세하게 연구하고자 하는 목적에서 생겨난 심리상담의 핵심적인 전제조건에 해당하는 것은?

① 매순간 새로운 자아가 출현하고 새로운 경험을 할 때마다 우리는 새로운 위치에 있게 된다.

② 어린 시절의 창조적 적응은 습관적으로 알아차림을 방해한다.

③ 내담자로 하여금 문제를 해결하는 것뿐만 아니라 그 문제를 유지시키는 보다 근본적인 기술을 변화시키도록 돕는 것이 중요하다.

④ 개인은 마음, 몸, 영혼으로 이루어진 체계이며, 삶과 마음은 체계적 과정이다.

093 상담초기에 상담관계 형성에 필요한 기법과 가장 거리가 <u>먼</u> 것은?　　　　　　　2014(유사)

① 경청하기　　　　　　　　　　　② 상담에 대한 동기부여하기

③ 핵심 문제 해석하기　　　　　　 ④ 무조건적인 긍정적 존중하기

094 Adler 개인심리학의 기본 가정에 해당하지 <u>않는</u> 것은?

① 개인은 무의식과 의식, 감정과 사고, 행동이 각각 분리되어 있는 것으로 본다.

② 인간은 미래 목표를 향해 나아가는 창조적인 존재라고 본다.

③ 현실에 대한 주관적 인식을 강조하며 현상학적 접근을 취한다.

④ 인간은 기본적으로 공동체 의식, 즉 사회적 관심을 지닌 존재라고 본다.

095 중독에 대한 동기강화상담의 기본 기법 4가지(OARS)에 포함되지 <u>않는</u> 것은?

① 인정　　　　　　　　　　　　　② 공감

③ 반영　　　　　　　　　　　　　④ 요약

096 직업발달을 직업 자아정체감을 형성해 나가는 계속적 과정으로 보는 이론은?

① Ginzberg의 발달이론　　　　　② Super의 발달이론
③ Tiedeman과 O'Hara의 발달이론　　　④ Tuckman의 발달이론

097 면접기법에 대한 설명으로 <u>틀린</u> 것은?

① 구체적인 내용의 해석은 상담관계가 형성되는 중반까지는 보류하는 것이 일반적이다.
② 감정의 명료화에서 내담자가 원래 제시한 것보다 더 많은 의미를 추가하여 반응하는 것은 삼갈 필요가 있다.
③ 내담자의 성격을 파악하지 못했거나 해석의 실증적 근거가 없을 때는 해석을 하지 말아야 한다.
④ 상담자의 반영, 명료화, 직면, 해석은 별개가 아니라 반응 내용의 정도와 깊이에 차이가 있을 뿐이다.

098 Lazarus의 중다양식 상담에 관한 설명으로 <u>틀린</u> 것은?

① 성격의 일곱가지 양식은 행동, 감정, 감각, 심상, 인지, 대인관계, 약물/생물학 등이다.
② 사람은 개인이 타인들과의 긍정적이거나 부정적인 상호작용의 결과들을 관찰함으로써 무엇을 할 것인지를 배운다고 본다.
③ 사람들은 고통, 좌절, 스트레스를 비롯하여 감각자극이나 내적 자극에 대한 반응을 나타내는 식별역이 유사하다.
④ 행동주의 학습이론과 사회학습이론, 인지주의의 영향을 많이 받았으며, 그 외 다른 치료기법들도 절충적으로 사용한다.

099 3단계 상담모델(탐색단계, 통찰단계, 실행단계)에서 탐색단계의 특징에 해당하는 것은?

① 내담자가 그들의 감정을 표현하고 복잡한 문제를 통한 그들의 생각을 표현하는 기회를 제공한다.
② 내담자들이 새로운 밝은 면을 볼 수 있도록 돕는다.
③ 내담자에게 어떤 사건을 만드는데 원형을 제공하고 그들이 더 좋은 선택을 할 수 있도록 돕는다.
④ 내담자가 왜 그들이 행동하고, 생각하고, 느끼는가에 관하여 이해할 수 있게 해준다.

100 청소년을 대상으로 한 자살 위험 평가에 대한 설명으로 <u>틀린</u> 것은?

① 개별적으로 임상 면담을 실시한다.
② 자살 준비에 대한 구체적인 질문은 자살가능성을 높일 수 있으므로 피한다.
③ 자살의도를 유보하고 있는 기간이라면 청소년의 강점과 자원을 탐색한다.
④ 자살에 대해 생각할 수 있으나 행동으로 실천하지 않겠다는 구체적인 약속을 한다.

제3회 임상심리사 2급 필기 기출문제

정답 및 해설 p.471

제1과목 | 심리학개론

001 다음은 무엇에 관한 설명인가?

> 물속에서 기억한 내용을 물속에서 회상시킨 경우가 물 밖에서 회상시킨 경우에 비해서 회상이 잘된다.

① 인출단서효과　　　　　　　② 맥락효과
③ 기분효과　　　　　　　　　④ 도식효과

002 호감에 영향을 미치는 요인과 가장 거리가 먼 것은?

① 물리적 근접성　　　　　　　② 유사성
③ 상보성　　　　　　　　　　④ 내향성

003 뉴런이 휴식기에 있을 때의 상태로 옳은 것은?

① 칼륨 이온이 뉴런 밖으로 나간다.
② 나트륨 이온이 뉴런 안으로 밀려온다.
③ 뉴런이 발화한다.
④ 뉴런 내부는 외부와 비교하여 음성(-)을 띠고 있다.

004 Freud의 발달이론에서 오이디푸스 갈등을 경험하는 시기는?

① 구강기　　　　　　　　　　② 항문기
③ 남근기　　　　　　　　　　④ 잠복기

005 Ainsworth의 낯선 상황 실험에서 낯선 장소에서 어머니가 사라졌을 때 걱정하는 모습을 약간 보이다가 어머니가 돌아왔을 때 어머니를 피하는 아이의 애착 유형은?

① 안정 애착
② 불안정 혼란 애착
③ 불안정 회피 애착
④ 불안정 양가 애착

006 Freud의 세 가지 성격 구성요소 중 현실 원리를 따르는 것은?

① 원초아(id)
② 자아(ego)
③ 초자아(superego)
④ 원초아(id)와 자아(ego)

007 혼자 있을 때 보다 옆에 누가 있을 때 과제의 수행이 더 우수한 것을 일컫는 현상은?

① 몰개성화
② 군중 행동
③ 사회적 촉진
④ 동조 행동

008 잔인한 아버지가 자식을 무자비하게 때리면서 매질이 자식을 위한 것으로 확신하고 있다고 하는 것처럼, 자기 자신의 감정이나 행위를 보다 허용 가능한 것으로 해석하는 방어기제는?

① 투사
② 반동형성
③ 동일시
④ 합리화

009 놀이방에서 몇 명의 아동에게 몇 가지 인형을 주어 노는 방법의 변화를 1주일에 1시간씩 관찰하는 연구방법은?

① 실험법
② 자연 관찰법
③ 실험 관찰법
④ 설문조사법

010 연결망을 통해 원하는 만큼 많은 수의 표본을 추출하는 방법은?

① 눈덩이 표집(snowball sampling)
② 유의 표집(purposive sampling)
③ 임의 표집(convenient sampling)
④ 할당 표집(quota sampling)

011 아동으로 하여금 매일 아침 자신의 침대를 정리하도록 하는데 효과가 있는 것을 모두 고른 것은?

처벌, 긍정적 강화, 부정적 강화, 모방

① 처벌
② 처벌, 긍정적 강화
③ 처벌, 긍정적 강화, 부정적 강화
④ 처벌, 긍정적 강화, 부정적 강화, 모방

012 Maslow의 5단계 욕구 중 "금강산도 식후경"이라는 속담의 의미와 일치하는 욕구는?

① 생리적 욕구
② 안전의 욕구
③ 자기실현의 욕구
④ 소속 및 애정의 욕구

013 무작위적 반응 중에서 긍정적 결과가 뒤따르는 반응들을 통해서 행동이 증가하는 학습법칙은?

① 시행착오 법칙
② 효과의 법칙
③ 연습의 법칙
④ 연합의 법칙

014 두 변인 간의 높은 정적 상관을 보이는 산포도의 형태는?

① 좌상단에서 우하단으로 가면서 흩어진 정도가 매우 큰 산포도
② 좌상단에서 우하단으로 가면서 흩어진 정도가 매우 작은 산포도
③ 좌하단에서 우상단으로 가면서 흩어진 정도가 매우 큰 산포도
④ 좌하단에서 우상단으로 가면서 흩어진 정도가 매우 작은 산포도

015 통계적 검증력이 증가하는 경우는?

① 표본의 크기가 작은 경우
② 각 전집 표준편차의 크기가 다른 경우
③ 양방검증 대신 일방검증을 채택한 경우
④ 제 2종 오류인 β를 늘리는 경우

016 강화계획 중 소거에 대한 저항이 가장 큰 것은?

① 고정간격 강화계획
② 변동간격 강화계획
③ 고정비율 강화계획
④ 변동비율 강화계획

017 방어기제와 그 예가 틀리게 짝지어진 것은?

① 대치 - 방문을 세게 쾅 닫으며 화를 내게 만든 사람이 아닌 다른 사람에게 소리 지르는 경우

② 합리화 - 자기 자신이 부정직하다고 생각하기 때문에 다른 사람도 역시 부정직하다고 판단하는 경우

③ 동일시 - 괴롭힘을 당한 아이가 다른 아이들을 괴롭히는 사람이 되는 경우

④ 승화 - 분노를 축구나 럭비 또는 신체 접촉이 이루어지는 스포츠를 함으로써 해소하는 경우

018 걸맞추기(matching) 현상과 관련된 매력의 결정요인은?

① 근접성　　　　　　　　　② 친숙성
③ 유사성　　　　　　　　　④ 상보성

019 기억 정보의 인출에 대한 설명으로 옳은 것은?

① 인출 시의 맥락과 부호화 시의 맥락이 유사할 때 인출 가능성이 클 것이라는 주장을 부호화 명세성(특수성) 원리라고 한다.

② 설단현상은 특정 정보가 저장되어 있지 않다는 증거로 볼 수 있다.

③ 회상과 같은 명시적 인출방법과 대조되는 방법으로 재인과 같은 암묵적 방법이 있다.

④ 기억탐색 과정은 일반적으로 외부적 자극정보를 부호화하는 과정을 말한다.

020 특질을 기본적인 특질과 부수적인 특질로 구분하는 경우, 기본적인 특질에 해당하지 <u>않는</u> 것은?

① Allport의 중심 성향　　　　② Eysenck의 외향성
③ Cattell의 원천 특질　　　　④ Allport의 2차적 성향

021 알츠하이머병으로 인한 신경인지장애에 관한 설명으로 **틀린** 것은?

① 여성호르몬 estrogen과 상관이 있다.

② Apo - E 유전자 형태와 관련이 있다.

③ 허혈성 혈관 문제 혹은 뇌경색과 관련이 있다.

④ 노인성 반점(senile plaques)과 신경섬유다발(neurofibrillary tangle)과 관련이 있다.

022 알코올 금단에 대한 설명으로 **틀린** 것은?

① 과도하게 장기적으로 사용하다가 중단(혹은 감량) 후에 나타난다.

② 수시간에서 수일 이내에 진전, 오심 및 구토 등이 나타난다.

③ 알코올 금단을 경험하는 대부분의 사람들은 진전섬망을 경험한다.

④ 알코올이나 벤조디아제핀을 투여하면 금단증상이 경감된다.

023 이상행동의 설명모형 중 통합적 입장에 해당하는 것은?

① 대상관계이론   ② 사회적 학습이론

③ 소인 - 스트레스 모델   ④ 세로토닌 - 도파민 가설

024 다음 (   )에 알맞은 증상은?

> DSM - 5 주요 우울 삽화의 진단에는 9가지 증상 중 5개 혹은 그 이상의 증상이 연속 2주 동안 지속되며, 증상이 사회적, 직업적, 또는 기타 중요 기능 영역에서 임상적으로 현저한 고통이나 손상을 초래한다. 여기서 말하는 9가지 증상 가운데 적어도 하나는 (   ) 이거나 (   ) 이다.

① 우울기분 - 무가치감

② 불면 - 무가치감

③ 우울기분 - 흥미나 즐거움의 상실

④ 불면 - 사고력이나 집중력의 감소

025 DSM - 5 사회공포증 진단 기준으로 틀린 것은?

① 사회적 상황에서 수치스럽거나 당혹스런 방식으로 행동할까봐 두려워한다.

② 공포가 너무 지나치거나 비합리적임을 인식하지 못한다.

③ 공포, 불안, 회피는 전형적으로 6개월 이상 지속되어야 한다.

④ 공포가 대중 앞에서 말하거나 수행하는 것에 국한될 때 수행형 단독으로 명시한다.

026 이상심리학의 역사에 대한 설명으로 옳은 것은?

① Hippocrates는 정신병자에게 인도주의적 대우를 해 주어야 한다고 주장한 최초의 사람이다.

② Kraepelin은 치료와 입원이 필요한 정신장애에 대한 분류 체계를 제시하였다.

③ 1939년에는 최초의 집단용 지능 검사인 Wechsler 검사가 제작되었다.

④ 1948년 세계 보건 기구는 정신장애 분류 체계인 DSM - I을 발표하였다.

027 70세가 넘은 할아버지가 기억력 저하를 호소한다. 가장 가능성이 적은 문제는?

① 뇌경색   ② 알츠하이머 병

③ 주요우울장애   ④ 정신병질

028 도박장애는 DSM - 5의 어느 진단 범주에 속하는가?

① 성격장애

② 파괴적, 충동조절 및 품행 장애

③ 물질관련 및 중독 장애

④ 적응장애

029 타인에 대한 강한 불신과 의심을 가지고 적대적인 태도를 나타내어 사회적 부적응을 나타내는 성격특성을
지닌 것은?

① 편집성 성격장애   ② 조현성 성격장애

③ 반사회성 성격장애   ④ 연극성 성격장애

030 다음 중 정신장애에 대한 사회문화적 치료와 가장 거리가 먼 것은?

① 커플치료　　　　　　　　　　　② 집단치료

③ 가족치료　　　　　　　　　　　④ 게슈탈트치료

031 주의력결핍 과잉행동 장애(ADHD)에 대한 설명으로 가장 적절하지 않은 것은?

① 유전성이 높다.

② 학령전기에는 과잉행동이, 초등학생 시기에는 부주의 증상이 더욱 두드러진다.

③ 페닐알라닌 수산화 효소 부족으로 인해 발생한다.

④ 몇 가지의 부주의 또는 과잉 행동 - 충동성 증상은 12세 이전에 나타나야 한다.

032 강간, 폭행, 교통사고, 자연재해, 가족이나 친구의 죽음 등 충격적 사건에 뒤따라 침습 증상, 지속적 회피, 인지와 감정의 부정적 변화, 각성과 반응성의 뚜렷한 변화 등이 나타나는 심리적 장애는?

① 주요 우울증　　　　　　　　　　② 공황장애

③ 외상후 스트레스 장애　　　　　　④ 강박장애

033 경계성 성격장애의 치료에 대한 설명으로 틀린 것은?

① 대상관계적 이론가들은 초기에 부모로부터 수용받지 못해 자존감 상실, 의존성 증가, 분리에 대한 대처 능력 부족 등이 나타난다고 보았다.

② 변증법적 행동치료에서는 내담자 중심치료의 공감이나 무조건적인 수용을 비판하고 지시적인 방법으로 경계성 성격장애를 가진 사람들의 행동을 수정하는 데 집중한다.

③ 정신역동적 치료자들은 경계성 성격장애를 가진 사람들이 아동기에 겪은 갈등을 치유하는 데 집중한다.

④ 인지치료에서는 경계성 성격장애를 가진 사람들의 인지적 오류를 수정하려고 한다.

034 조현병의 증상 중 의지결여, 정서의 메마름, 언어빈곤, 사회적 철회 등은 다음 중 무엇에 해당하는가?

① 양성 증상　　　　　　　　　　　② 음성 증상

③ 혼란 증상　　　　　　　　　　　④ 만성 증상

035 우울증의 원인론에 관한 설명으로 **틀린** 것은?

① 생리학적으로 세로토닌 수준이 높아지면 우울증에 걸리게 된다고 설명하고 있다.

② Freud의 정신분석 이론에서 상징적 상실 또는 상상의 상실로 설명하고 있다.

③ Beck의 인지이론에서 인지적 왜곡으로 우울증을 설명하고 있다.

④ 자신의 삶을 통제할 수 없다는 느낌과 개인의 수동적 태도가 학습되어 무기력감을 가지게 된 결과가 우울증을 유발한다는 주장이 있다.

036 신경발달장애에 해당하지 <u>않는</u> 것은?

① 발달성 협응장애   ② 탈억제성 사회적 유대감 장애

③ 상동증적 운동장애   ④ 투렛장애

037 급식 및 섭식장애에서 부적절한 보상행동에 포함되는 것은?

① 폭식   ② 과식

③ 되새김   ④ 하제 사용

038 조현병의 좋은 예후 요인을 모두 고른 것은?

ㄱ. 높은 병전 기능	ㄴ. 양성 증상이 두드러짐
ㄷ. 나이가 들어서 발병	ㄹ. 높은 지능

① ㄱ, ㄴ   ② ㄱ, ㄷ, ㄹ

③ ㄴ, ㄷ, ㄹ   ④ ㄱ, ㄴ, ㄷ, ㄹ

039 성별 불쾌감에 대한 설명으로 **틀린** 것은?

① 자신의 1차 및 2차 성징을 제거하고자 하는 강한 갈망이 있다.

② 반대 성이 되고 싶은 강한 갈망이 있다.

③ 반대 성의 전형적인 느낌과 반응을 가지고 있다는 강한 확신이 있다.

④ 강력한 성적 흥분을 느끼기 위해 반대 성의 옷을 입는다.

040 다음에 제시된 장애유형 중 같은 유형으로 모두 묶은 것은?

ㄱ. 신체증상 장애	ㄴ. 질병불안 장애
ㄷ. 전환 장애	ㄹ. 공황 장애

① ㄱ, ㄴ

② ㄴ, ㄷ, ㄹ

③ ㄱ, ㄴ, ㄷ

④ ㄱ, ㄴ, ㄷ, ㄹ

041 스탠포드 - 비네 지능검사에 대한 설명으로 <u>틀린</u> 것은?

① IQ는 대부분의 점수가 100 근처에 모인다.
② 언어성 검사와 동작성 검사 두 부분으로 나누어져 있다'
③ 언어 추리, 추상적/시각적 추리, 양 추리, 단기기억 영역을 포함한다.
④ IQ 분포는 종 모양의 정상분포 곡선을 그린다.

042 MMPI - 2에서 내용척도 CYN의 설명과 가장 거리가 <u>먼</u> 것은?

① 근거 없는 염세적 신념을 보인다.
② 자신의 위선, 속임수를 정당화한다.
③ 어려움에 쉽게 포기하거나 타인에게 복종한다.
④ 쉽게 비난받는다고 여기며 타인을 경계한다.

043 뇌손상의 영향에 관한 설명으로 가장 적합한 것은?

① 뇌손상 이후 일반적인 지적 능력을 유지하지 못하여 원래의 지적 능력 수준이 떨어진다.
② 의사소통장애가 있는 모든 뇌손상환자들이 실어증을 수반한다.
③ 뇌손상이 있는 환자는 복잡한 자극보다는 단순한 자극에 더 시지각장애를 보인다.
④ 뇌손상이 있는 환자는 대부분 일차 기억보다 최신 기억을 더 상세하게 기억한다.

044 다음 K - WAIS 검사 결과가 나타내는 정신장애로 가장 적합한 것은?

> - 토막짜기, 바꿔쓰기, 차례맞추기, 모양맞추기 점수 낮음
> - 숫자외우기 소검사에서 바로 따라 외우기와 거꾸로 따라 외우기 점수 간에 큰 차이를 보임
> - 공통성 문제 점수 낮음 : 개념적 사고의 손상
> - 어휘, 상식, 이해 소검사의 점수는 비교적 유지되어 있음

① 강박장애   ② 기질적 뇌손상
③ 불안장애   ④ 반사회성 성격장애

045 표준화된 검사가 다른 검사에 비하여 객관적인 해석을 가능하게 해 주는 이유로 가장 적합한 것은?

① 타당도가 높기 때문이다.　　　　　② 규준이 마련되어 있기 때문이다.
③ 신뢰도가 높기 때문이다.　　　　　④ 실시가 용이하기 때문이다.

046 Rorschach 검사의 질문단계에서 검사자의 질문 또는 반응으로 가장 적절하지 <u>않은</u> 것은?

① "말씀하신 것은 주로 형태인가요?", "색깔인가요?"
② "당신이 어디를 그렇게 보았는지를 잘 모르겠네요."
③ "그냥 그렇게 보인다고 하셨는데 어떤 것을 말씀하시는 것인지 조금 더 구체적으로 설명해 주세요."
④ "그것처럼 보이게 만든 것은 무엇인가요?"

047 MMPI - 2에서 4 - 6코드의 대표적인 특성으로 옳은 것은?

① 기묘한 성적 강박관념과 반응을 가질 수 있다.
② 외향적이고 수다스러우며 사교적이면서도 긴장하고 안절부절못한다.
③ 연극적이고 증상과 관련된 수단을 통해 사람을 통제한다.
④ 자신의 잘못에 대해 타인을 비난하기 때문에 이에 대한 자신의 통찰이 약하다.

048 조직에서 직원을 선발할 때 적성검사를 사용하는 경우, 적성검사의 준거관련타당도는 어떻게 구하는 것이 가장 바람직한가?

① 적성검사의 요인을 분석한다.
② 적성검사와 다른 선발용 검사와의 상관을 구한다.
③ 적성검사의 내용을 전문가들이 판단하도록 한다.
④ 적성검사와 직원이 입사 후 이들의 직무수행점수와의 상관을 구한다.

049 MMPI - 2에서 임상척도의 중요성을 평가할 때 고려할 사항과 가장 거리가 <u>먼</u> 것은?

① 전체프로파일 해석에서 타당도척도보다 임상척도를 먼저 해석해야 한다.
② 정신병리에 대해 임상척도와 소척도를 함께 살펴봐야 한다.
③ 정신병리를 측정하는 내용 척도 및 내용 소척도와도 비교해야 한다.
④ 연령이나 성별과 같은 인구통계학적 변인들과 임상척도들 사이의 관계를 고려해야 한다.

050 실행적 기능(executive function)을 담당하는 뇌 부위가 손상된 환자에 대한 평가결과와 가장 거리가 먼 것은?

① BGT에서 도형의 배치 순서를 평가하는 항목의 점수가 유의하게 낮다.

② Trail Making Test에서 반응시간이 평균보다 2표준편차이상 높았다.

③ Stroop test의 간섭시행 단계에서 특히 점수가 낮았다.

④ 웩슬러 지능검사에서 상식 소검사의 점수가 유의하게 낮았다.

051 WAIS - IV의 연속적인 수준 해석 절차의 2단계는?

① 소검사 반응내용 분석

② 전체척도 IQ 해석

③ 소검사 변산성 해석

④ 지수점수 및 CHC 군집 해석

052 신경인지장애가 의심되는 노인 환자를 대상으로 실시하기에 적합하지 않은 검사는?

① NEO - PI - R   ② MMSE

③ COWA Test   ④ CERAD

053 아동용 시지각 - 운동통합의 발달검사로, 24개의 기하학적 형태의 도형으로 이루어진 지필검사는?

① VMI   ② BGT

③ CPT   ④ CBCL

054 지능이론에 대한 설명으로 옳은 것은?

① Thurstone은 지능이 g요인과 s요인으로 구분하여 지능의 개념을 가정하였다.

② Cattell은 지능을 선천적이며 개인의 경험과 무관한 결정성 지능과, 후천적이며 학습된 지식과 관련된 유동성 지능으로 구분하였다.

③ Gardner는 다중지능을 기술하여 언어적, 음악적, 공간적 등 여러 가지 지능이 있다고 하였다.

④ Spearman은 지능을 7개의 요인으로 구성되어 있다고 보는 다요인설을 주장하고, 이를 인간의 기본정신능력이라고 하였다.

055 노인을 대상으로 HTP 검사를 실시하는 방법으로 옳은 것은?

① 노인의 보호자가 옆에서 지켜보면서 격려하도록 한다.

② HTP 실시할 때 각 대상은 별도의 용지를 사용하여 실시한다.

③ 그림을 그린 다음에는 수정하지 못하게 한다.

④ 그림이 완성된 후 보호자에게 사후 질문을 하는 것이 일반적이다.

056 발달검사의 특징에 관한 설명으로 옳은 것은?

① 아동을 직접 검사하지 않고 보호자의 보고에 의존하는 발달검사도구도 있다.

② 발달검사의 목적은 유아의 지적능력 파악이 주목적 이다.

③ 영유아 기준 발달상 미숙한 단계이므로 다양한 영역을 측정하기 어렵다.

④ 발달검사는 주로 언어이해 및 표현능력으로 구성되어 있다.

057 MMPI의 타당도 척도 중 평가하는 내용이 나머지와 다른 하나는?

① F   ② K

③ L   ④ S

058 Guilford의 지능구조(Structure of Intellect, SOI) 3요소가 <u>아닌</u> 것은?

① 조작(operations)   ② 내용(contents)

③ 과정(processes)   ④ 결과물(products)

059 MMPI - 2에서 타당성을 고려할 때 '?' 지표에 대한 설명으로 <u>틀린</u> 것은?

① 각 척도별 '?' 반응의 비율을 확인해 보는 것은 유용할 수 있다.

② '?' 반응이 300번 이내의 문항에서만 발견되었다면 L, F, K 척도는 표준적인 해석이 가능하다.

③ '?' 반응이 3개 미만인 경우에도 해당 문항에 대한 재반응을 요청하는 등의 사전검토 작업이 필요하다.

④ '?' 반응은 수검자가 질문에 대해 답변을 하지 않을 경우뿐만 아니라 '그렇다'와 '아니다'에 모두 응답했을 경우에도 해당된다.

060 K - WISC - IV를 통해 일반능력을 알아볼 수 있는 소검사끼리 바르게 묶은 것은?

① 공통그림찾기, 단어추리, 순차연결　　　　② 상식, 숫자, 동형찾기

③ 공통성, 토막짜기, 이해　　　　　　　　　④ 행렬추리, 기호쓰기, 어휘

061 건강심리학 분야의 초점 영역과 가장 거리가 먼 것은?

① 고혈압   ② 과민성 대장증후군

③ 결핵   ④ 통증

062 아동을 상담할 때 일반적으로 고려해야 할 사항과 가장 거리가 먼 것은?

① 아동에게 치료 중 일어난 일은 성인의 경우와 마찬가지로 부모 등에게는 반드시 비밀로 유지되어야만 한다.

② 아동은 놀이를 통해 자신의 생각과 감정을 표현하기 때문에 놀이의 기능을 중요하게 다루어야 한다.

③ 아동은 발달과정에 있기 때문에 생활조건을 변화시키는데 있어 거의 무력하다.

④ 아동은 부모에게 의존적 상태에 있기 때문에 상담자는 가족의 역동을 이해하고 변화시키는 것이 바람직하다.

063 지역사회 심리학에서 지향하는 바가 아닌 것은?

① 자원 봉사자 등 비전문 인력의 활용   ② 정신 장애의 예방

③ 정신 장애인의 사회 복귀   ④ 정신병원시설의 확장

064 심리치료 장면에서 치료자의 3가지 기본 특성 혹은 태도가 강조된다. 이는 인간중심 심리치료의 기본적 치료 기제로도 알려져 있는데, 이러한 치료자의 기본 특성에 해당되지 않는 것은?

① 무조건적인 존중   ② 정확한 공감

③ 적극적 경청   ④ 진솔성

065 임상심리학자의 윤리에 관한 일반원칙 중 다음에 해당하는 것은?

> 모든 사람은 심리서비스를 이용하고 이익을 얻을 권리가 있다. 심리학자는 자신이 가진 편견과 능력의 한계를 인지하고 있어야 한다.

① 공정성   ② 유능성

③ 성실성   ④ 권리와 존엄성의 존중

066 Dougherty가 정의한 임상심리학자들의 6가지 공통적인 자문 역할에 해당하지 <u>않는</u> 것은?

① 협력자   ② 진상 조사자
③ 옹호자   ④ 조직 관리자

067 심리치료기법에서 해석에 관한 설명으로 적절하지 <u>못한</u> 것은?

① 핵심적인 주제가 더 잘 드러나도록 사용한다.
② 저항에 대한 해석보다는 무의식적 갈등에 대한 해석을 우선시 한다.
③ 내담자가 상담자의 해석을 받아들일 수 있는 것부터 해석한다.
④ 내담자의 생각 중 명확하지 않은 부분에 대해 상담자가 추리하여 설명해준다.

068 정신건강의학과 병동에 입원한 환자들 중 단체생활의 규칙을 잘 지키지 <u>않는</u> 환자들의 행동문제들을 개선하는데 가장 효과적인 치료적 접근은?

① 자기주장훈련(self - assertiveness training)
② 체계적 둔감법(systematic desensitization)
③ 유관성 관리(contingency management)
④ 내재적 예민화(covert sensitization)

069 1950년대 이후 정신역동적 접근에 대한 대안적 접근들이 임상심리학에 많은 영향을 주었다. 이와 가장 관련이 <u>적은</u> 것은?

① 형태주의적 접근
② 행동주의적 접근
③ 가족체계적 접근
④ 생물심리사회적 접근

070 자해 행동을 보이는 아동에 대한 심리평가로 가장 적합한 것은?

① 부모면접   ② 자기보고형 성격검사
③ 투사법 검사   ④ 행동평가

071 다음 중 혐오치료를 적용하기에 가장 적합한 장애는?

① 광장공포증   ② 소아기호증
③ 우울증   ④ 공황장애

072 다음에 제시된 방어기제 중 Vaillant의 성숙한 방어에 해당하지 <u>않는</u> 것은?

① 승화   ② 유머
③ 이타주의   ④ 합리화

073 다음은 어떤 치료에 대한 설명인가?

> 경계성 성격장애와 감정조절의 어려움과 충동성이 문제가 되는 상태를 치료하기 위해 상대적으로 최근에 개발된 인지행동치료이다. 주로 자살 행동을 보이는 여자 환자들과의 임상 경험을 바탕으로 개발되었다.

① ACT(Acceptance and Commitment Therapy)
② DBT(Dialectical Behavior Therapy)
③ MBSR(Mindfulness Based Stress Reduction)
④ EMDR(Eye Movement Desensitization and Reprocessing)

074 원판 MMPI에 관한 설명으로 가장 거리가 <u>먼</u> 것은?

① T점수로 변환하여 모든 척도 점수의 분포가 동일한 정규 분포가 되도록 했다.
② 적어도 중학생 이상의 독해능력 혹은 IQ 80 이상 등의 조건에서 실시한다.
③ 불가피한 경우가 아니면 맹목 해석(blind interpretation)을 하지 말아야 한다.
④ 개별 척도의 의미뿐만 아니라 척도의 연관성을 함께 고려해야 한다.

075 투사검사의 일반적인 특성이 <u>아닌</u> 것은?

① 환자의 성격구조가 드러나며 욕구, 소망, 또는 갈등을 표출시킨다.
② 자극재료의 모호성이 풍부하다.
③ 반응범위가 거의 무한하게 허용된다.
④ 환자의 욕구나 근심이 드러나도록 구조화하여 질문한다.

076 DSM - 5에 관한 설명으로 옳은 것은?

① DSM - IV에 있던 GAF 점수 사용을 중단하였다.

② DSM - IV에 있던 다축진단체계를 유지한다.

③ 모든 진단은 정신병리의 차원모형에 근거하고 있다.

④ DSM - IV에 있던 모든 진단이 유지되었다.

077 일반적으로 의미적 인출(semantic retrieval) 및 일화적 부호화(episodic encoding)를 담당하는 곳은?

① 브로카의 영역

② 우전전두 피질 영역

③ 베르니케 영역

④ 좌전전두 피질 영역

078 다음은 어떤 조건형성에 해당하는가?

> 연구자가 종소리를 들려주고 10초 후 피실험자에게 전기 자극을 주었다고 가정해보자. 몇 번의 시행 이후 다음 종소리에 피실험자는 긴장하기 시작했다.

① 지연 조건형성

② 흔적 조건형성

③ 동시 조건형성

④ 후향 조건형성

079 행동평가 방법 중 참여관찰법에 비교할 때 비참여 관찰법의 특성과 가장 거리가 먼 것은?

① 내담자의 외현적 행동을 기록하는데 유리하다.

② 관찰자 훈련에 많은 시간과 비용이 소요된다.

③ 관찰자가 다른 활동 때문에 관찰에 지장을 받아 기록에 오류를 범할 가능성이 높다.

④ 행동에 관한 정밀한 측정이 요구되고, 연구자가 충분한 인적 자원을 갖고 있는 경우 유용하다.

080 평가자간 신뢰도를 알아보기 위한 지표로 사용되지 않는 것은?

① Pearson'r

② 계층 간 상관계수

③ Kappa 계수

④ Cronbach's alpha

081 청소년 상담에서 특히 고려해야 할 요인과 가장 거리가 <u>먼</u> 것은?

① 일반적인 청소년의 발달과정에 대한 규준적 정보

② 한 개인의 발달단계와 과업수행 정도

③ 내담자 개인의 영역별 발달수준

④ 내담자의 이전 상담경력과 관련된 사항

082 AA(Alcoholic Anonymous)에서 이루어지는 활동의 대표적인 특징은?

① 알코올 중독 치료 후에 사교적인 음주를 허용한다.

② 술이나 중독물의 부작용을 생생하게 상상하고 논의한다.

③ 알코올 중독을 병으로 인정하고 단주를 목표로 한다.

④ 술과 함께 심한 부작용을 일으키는 혐오적 약물치료를 한다.

083 사이버상담에 대한 설명으로 <u>틀린</u> 것은?

① 사이버상담은 전화상담처럼 자살을 비롯한 위기 상담이라는 뚜렷한 목적을 갖고 시작되었다.

② 사이버상담자들의 전문성과 윤리성 등을 통제하고 관리하는 체제가 필요하다.

③ 사이버상담의 전문화를 위해 기존 면대면상담과는 다른 새로운 상담기법을 개발하고 실험을 통해 효과를 검증할 필요가 있다.

④ 사이버상담은 기존의 면대면상담과 전화상담에 참여하지 않았던 새로운 내담자군의 출현을 가져왔다.

084 학습문제 상담의 시간관리전략에서 강조하는 것은?

① 기억하고자 하는 의도를 갖도록 노력한다.

② 학습의 목표를 중요도와 긴급도에 따라 구체적으로 수립한다.

③ 시험이 끝난 후 오답을 점검한다.

④ 처음부터 장시간 공부하기 보다는 조금씩 자주 하면서 체계적으로 학습한다.

085 상담의 초기단계에서 다루어야 할 내용과 가장 거리가 <u>먼</u> 것은?

① 도움을 청하는 직접적인 이유의 확인　　　② 과정적 목표의 설정과 달성

③ 상담 진행방식의 합의　　　　　　　　　④ 촉진적 상담관계의 형성

086 Rogers의 인간중심 상담에 대한 설명으로 **틀린** 것은?

① 내담자는 불일치 상태에 있고 상처받기 쉬우며 초조하다.

② 상담자는 내담자와의 관계에서 일치성을 보이며 통합적이다.

③ 상담자는 내담자의 내적 참조 틀을 바탕으로 한 공감적 이해를 경험하고 내담자에게 자신의 경험을 전달하려고 시도한다.

④ 내담자는 의사소통의 과정에서 상담자의 선택적인 긍정적 존중 및 공감적 이해를 지각하고 경험한다.

087 상담자가 내담자를 직면시키기에 바람직한 시기가 <u>아닌</u> 것은?

① 문제가 드러날 때 즉각적으로 내담자의 잘못을 직면시켜서 뉘우치게 한다.

② 내담자와 적당한 신뢰관계가 형성되었을 때 시도한다.

③ 내담자의 말과 행동의 불일치가 보일 때 시도한다.

④ 부정적인 자아상을 가진 내담자가 처음 긍정적인 진술을 할 때 시도한다.

088 다음 사례에서 사용된 상담기법은?

> 상담자가 금연을 하고자 하는 철수 씨에게 금연을 시도하기 전 얼마의 기간 동안 흡연량을 대폭 줄여 하루에 특정한 시간에 특정한 장소에서만 흡연하도록 권하였다.

① 조건자극 줄이기(narrowing)　　　　② 행동 감소법(action - reducing)

③ 연결 끊기(link - cutting)　　　　　④ 중독 둔감법(de - sensing)

089 Adler 상담이론의 주요 개념이 <u>아닌</u> 것은?

① 우월성 추구　　　　　　　　　② 자기 초월

③ 생활양식　　　　　　　　　　④ 사회적 관심

090 상담에서 나타날 수 있는 윤리적 갈등의 해결단계를 바르게 나열한 것은?

> ㄱ. 관련 윤리강령, 법, 규정 등을 살펴본다.　　ㄴ. 한 사람 이상의 전문가에게 자문을 구한다.
> ㄷ. 상황에서 문제점이나 딜레마를 확인한다.　　ㄹ. 다양한 결정의 결과를 열거해보고 결정한다.

① ㄱ → ㄷ → ㄴ → ㄹ　　　　　　② ㄴ → ㄷ → ㄱ → ㄹ

③ ㄷ → ㄱ → ㄴ → ㄹ　　　　　　④ ㄷ → ㄱ → ㄹ → ㄴ

091 집단상담의 후기 단계에서 주어지는 피드백에 대한 설명으로 <u>틀린</u> 것은?

① 구성원들에게 친밀감, 독립적인 평가를 제공할 수 있다.
② 긍정적인 피드백은 적절한 행동을 강화할 수 있다.
③ 지도자는 효과적인 피드백 모델이 될 수 있다.
④ 교정적인 피드백이 긍정적인 피드백보다 중요하다.

092 성피해자에 대한 심리치료 과정 중 초기 단계에서 상담자가 유의해야 할 사항과 가장 거리가 <u>먼</u> 것은?

① 치료의 관계형성을 위해 수치스럽고 창피한 감정이 정상적인 감정임을 공감한다.
② 피해상황에 대한 진술은 상담자 주도로 이루어져야 한다.
③ 성피해 사실에 대한 내담자의 부정을 허락한다.
④ 내담자에게 치료자에 대한 감정을 묻고 치료자를 선택할 수 있도록 해 준다.

093 진로상담의 목표와 가장 거리가 <u>먼</u> 것은?

① 내담자가 이미 결정한 직업적인 선택과 계획을 확인하도록 돕는다.
② 내담자 자신의 직업적 목표를 명확하게 해 준다.
③ 내담자로 하여금 자아와 직업세계에 대한 구체적인 이해와 새로운 사실을 발견하도록 한다.
④ 직업선택과 직업생활에서 순응적인 태도를 함양하도록 돕는다.

094 다음 설명에 해당하는 Golan의 위기단계는?

- 위기에 대해서 인지하고 위기와 관련된 감정을 표현한다.
- 변화를 수용하고 새로운 대처능력을 개발한다.
- 위기상황을 성공적으로 극복함으로써 자기효능감이 증진될 수 있다.

① 취약상태   ② 촉진적요인
③ 위기상태   ④ 재통합

095 다음 중 상담의 바람직한 목표설정 방향과 가장 거리가 <u>먼</u> 것은?

① 목표는 구체적이어야 한다.   ② 목표는 실현가능해야 한다.
③ 목표는 상담자의 의도에 맞추어야 한다.   ④ 목표는 내담자가 원하고 바라는 것이어야 한다.

096 게슈탈트 상담에 대한 설명으로 <u>틀린</u> 것은?

① 보조자아(auxiliary ego) 활용은 집단 상담에 많이 사용하는 기법으로 한 구성원의 문제를 집중적으로 다룬다.

② 알아차림(awareness)과 접촉(contact)을 방해하는 한 요인인 융합(confluence)은 자신과 타인의 경계가 불분명한 지점에서 타인의 의견에 동의하는 것이다.

③ Zinker는 알아차림 - 접촉 주기를 배경, 감각, 알아차림, 에너지/흥분, 행동, 접촉 등 여섯 단계로 설명한다.

④ 알아차림은 개체가 자신의 유기체적 욕구나 감정을 지각한 다음 게슈탈트를 형성하여 명료한 전경으로 떠올리는 것을 말한다.

097 다음에 제시된 집단상담 경험에 해당하는 치료적 요인은?

> 지난 집단상담 과정에서 집단지도자가 나의 반응에 민감성을 보여 주지 않은 것에 대해 불만을 가지고 있었다. 이번 회기에는 지도자에게 나의 마음을 표현함으로써 마음이 편해졌다.

① 자기이해   ② 대리학습

③ 정화   ④ 대인간 행동학습

098 처벌을 사용할 때 고려해야 할 사항이 <u>아닌</u> 것은?

① 강도   ② 융통성

③ 일관성   ④ 즉시성

099 기본적 오류에 대한 옳은 설명을 모두 고른 것은?

> ㄱ. 과잉일반화 : "나는 절대로 옳지 않은 것을 할 수 없어."
> ㄴ. 안전에 대한 그릇된 확신 : "잘못하면 끝이 날 거야."
> ㄷ. 삶의 요구에 대한 잘못된 지각 : "나는 쉴 수가 없어."
> ㄹ. 그릇된 가치 : "이용당하기 전에 다른 사람을 이용하라."

① ㄱ, ㄴ   ② ㄴ, ㄷ

③ ㄴ, ㄷ, ㄹ   ④ ㄱ, ㄴ, ㄷ, ㄹ

100 단기상담에 적합한 내담자의 특성으로 옳은 것은?

① 반사회적 성격장애가 있다.

② 구체적이거나 발달과정상의 문제가 있다.

③ 지지적인 대화상대자가 전혀 없다.

④ 만성적이고 복합적인 문제가 있다.

김 형 준 교수

| 학력 및 경력

- 사회복지학 박사 / 교육학 박사 / 심리학 박사
- 현) 오산대학교 사회복지상담학과 겸임교수
- 현) 노량진 메가공무원학원 심리학 전임교수
- 현) 서울복지상담협동조합 이사장
- 현) 대한민국가족지킴이(비영리 사단법인) 등기이사
- 현) 나눔복지교육원, 나눔book 대표
- 현) 에이치알디러닝 (주) 대표이사

유 상 현 교수

| 학력 및 경력

- 상담학 박사 / 전문상담사 1급(No. 847)
- 전) 천안보호관찰소 상담위원
- 현) 제페토상담센터 센터장
- 현) 한국법무보호복지공단 충남지부 상담위원
- 현) 직업상담사 2급 전임교수(직업상담학, 나눔복지교육원)
- 현) 직업상담사 1급 전임교수(고급직업상담학, 나눔복지교육원)
- 전) 단국대학교 보건복지대학원 강사

2025 임상심리사 2급 필기 기출문제집 문제편

발행일 2025년 1월 20일

발행처 인성재단(나눔book)

발행인 조순자

편저자 김형준, 유상현

편집디자인 서시영

※ 낙장이나 파본은 교환해 드립니다.
※ 이 책의 무단 전제 또는 복제행위는 저작권법 제136조에 의거하여 처벌을 받게 됩니다.

ISBN 979-11-94539-30-8(전2권)

정 가 49,000원